SUPERGA

HANS EHLENZ / MANFRED GROSSER /
ELKE ZIMMERMANN
unter Mitarbeit von Ferdinand Tusker
und Fritz Zintl

KRAFT-TRAINING

GRUNDLAGEN, METHODEN, ÜBUNGEN,
LEISTUNGSSTEUERUNG, TRAININGSPROGRAMME

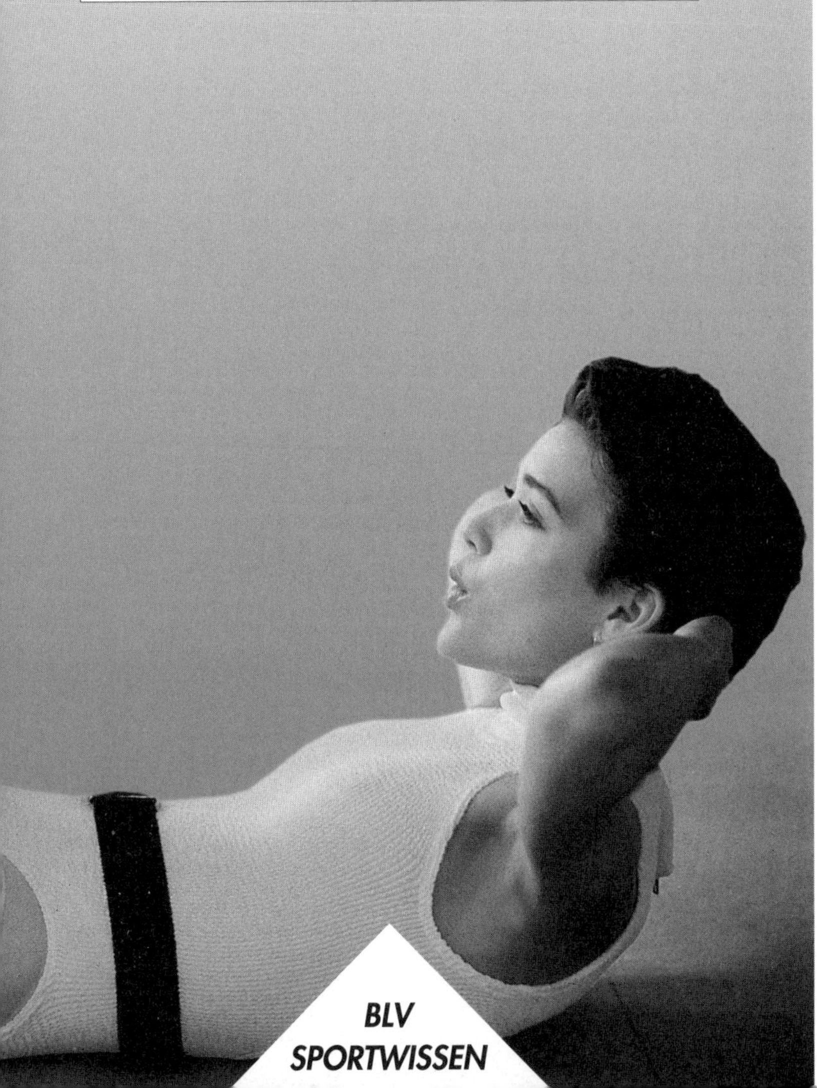

BLV
SPORTWISSEN

BLV

Die Deutsche Bibliothek – CIP-Einheitsaufnahme

Ehlenz, Hans:
Krafttraining : Grundlagen, Methoden, Übungen, Leistungssteuerung, Trainingsprogramme / Hans Ehlenz/Manfred Grosser/Elke Zimmermann. Unter Mitarb. von Ferdinand Tusker und Fritz Zintl. – 6., erw. Aufl. – München ; Wien ; Zürich : BLV, 1998
(BLV Sportwissen)
5. Aufl. u. d. T.: Krafttraining
ISBN 3-405-15583-5

Bildnachweis

Alle Fotos von Manfred Grosser außer:
ZEFA-PINTO S. 2/3
Alle Grafiken von Hannes Limmer außer:
Peter Zipfel S. 17, 20, 21, 23, 28, 36, 42, 59, 60, 61
Sybille Yorck v. Wartenburg S. 81, 82
Umschlagfoto: ZEFA R. Miller

Fachredaktion: Prof. Manfred Grosser

BLV Verlagsgesellschaft mbH
München Wien Zürich
80797 München

BLV Sportwissen

Sechste, erweiterte Auflage

Gesamtherstellung: Pustet, Regensburg

Gedruckt auf chlorfrei gebleichtem Papier

Printed in Germany · ISBN 3-405-15583-5

Inhalt

Vorbemerkung 7

1 Grundlagen der Muskelkraft 10
Kraft und sportliche Leistung 10
Was ist Kraft im Sport? – Was ist sportliche Leistung? – Beispiele für Kraftfähigkeiten bei sportlichen Leistungen
Biologische Grundlagen von Kraftleistungen 15
Bewegung und Muskulatur – Zum strukturellen Aufbau der Skelettmuskelfasern – Zur Sicherung von Nervenimpulsen als Kontraktionsauslöser – Stiffness des tendomuskulären Systems – Zur Energiebereitstellung und zur Regeneration
Physikalische Aspekte von Kraftleistungen 51
Kraft als physikalische Größe – Beziehung zwischen Körpermasse und Relativkraft – Gesamtkraft und Bewegungsgeschwindigkeit (Kontraktionsgeschwindigkeit) – Weitere ausgewählte mechanische Aspekte und Sportarten-Beispiele
Erscheinungsformen der Kraft 64
Motorische Kraft – Dynamische und statische Realisierung – Anwendungsformen der Praxis
Kraft, Geschlecht und Alter 72
Kraft und Geschlecht – Kraft im Kindes- und Jugendalter – Kraft im Alternsgang

2 Muskeln, Funktionen und Kraftübungen 79
Muskeldarstellungen 79
Funktionsmuskeln und Kraftübungen 80
Funktionsbeschreibung – Tabellarische Darstellung – Kraftübungsauswahl und Praxishinweise

3 Arten und Methoden des Krafttrainings 105
Vorbemerkung 105
Trainingsziele – Kraftarten – Anwendungsbereiche 105
Zur komplexen Kraftentwicklung – Zur differenzierten und speziellen Kraftentwicklung
Trainingsmethoden und Methoden-Erklärungen 107
Basistraining – Methoden der komplexen Kraftentwicklung 109
Muskeltraining für Gesundheit, allgemeine Fitneß, Kinder,

Jugendliche – Fitneßtraining für sportliche Anfänger – Fitneßtraining für Fortgeschrittene
Methoden der differenzierten Entwicklung einzelner Kraftarten 111
Maximalkrafttraining – Schnellkrafttraining – Reaktivkrafttraining – Kraftausdauertraining
Spezielles Krafttraining 122

4 Steuerung des Krafttrainings 124
Was ist Training- bzw. Leistungssteuerung? 124
Definition – Anteilige Elemente – Steuerungselemente
Trainingsprinzipien und biologische Anpassung 125
Prinzipien zur Auslösung der Anpassung 127
Prinzip des wirksamen Belastungsreizes – Prinzip der progressiven Belastungssteigerung – Prinzip der Variation der Trainingsbelastung
Prinzipien zur Sicherung der Anpassung 129
Prinzip der optimalen Gestaltung von Belastung und Erholung – Prinzip der Wiederholung und Dauerhaftigkeit (Kontinuität) – Prinzip der Periodisierung und Zyklisierung
Prinzipien zur spezifischen Steuerung der Anpassung 142
Prinzip der Individualität und Altersgemäßheit (Entwicklungsgemäßheit) – Prinzip der zunehmenden Spezialisierung – Prinzip der regulierenden Wechselwirkung der einzelnen Trainingselemente

5 Trainingsmittel und Trainingsbedingungen 145
Trainingsmittel 145
Eigener Körper – Kasten – Medizinball – Gummizüge – Gewichtsschuhe – Gewichtsweste – Sandsack – Kurzhantel – Langhantel – Krafttrainingsmaschine – Geräte der Elektrotherapie
Trainingsbedingungen 152
Bekleidung – Aufwärmen – Hygiene – Regenerationsmaßnahmen – Ernährung

6 Krafttrainingsprogramme 162
Allgemeine Erklärung und Anwendung der Programme 162
Zur komplexen Kraftentwicklung – Beispiel eines Fitneßprogramms . 162
Maximal- und Schnellkraftprogramme zur differenzierten Kraftverbesserung für Leistungssportler 174
Programmerklärung – Übersicht von Trainingsübungen mit Geräten für einzelne Muskelgruppen

7 Krafttrainingsmethoden und Programme für Kinder und Jugendliche 179

Literatur 197

Sachwortverzeichnis 199

Vorbemerkung

Die Kraft spielt im menschlichen, insbesondere sportlichen, Bewegungsleben eine überragende Rolle; ihre Erhaltung und Förderung jedoch sind bis dato für den Praktiker nicht klar genug dargestellt worden.
Das vorliegende ›Krafttraining‹ entstand somit aus der Notwendigkeit, diesen für den Praktiker und Wissenschaftler gleichermaßen wichtigen Bereich in einer neuen Gesamtkonzeption aufzuarbeiten – es ist das erste Buch dieser Art.
Durch Bewegungsmangel als Folge zunehmender Automatisation und Mechanisierung wird die *körperliche Verfassung des Menschen* immer unzureichender. Herz- und Kreislauferkrankungen, Haltungsschäden, Muskelschwäche und Fettleibigkeit sind bekanntlich die Folgen in unserer Gesellschaft. Massenaktionen wie Jogging, Trimming 130, Skating und Aerobics versuchen, diesen Gefahren entgegenzutreten – ihre Wirkungen beziehen sich vorwiegend auf die Verbesserung der allgemeinen Ausdauer und z. T. auch auf die Beweglichkeit.

Kraft benötigt jeder

Die allgemeine Verfassung des *Fitneß-Sportlers* und die spezielle Kondition des *Leistungssportlers* werden jedoch auch sehr stark von Kraft und Schnelligkeitsfähigkeiten geprägt.
Warum? Mangelnde Kraftfähigkeiten, vor allem im Bereich der Rückenmuskulatur, führen zu Fehlhaltungen des Oberkörpers, die wiederum das Skelettsystem, den Bandapparat und die Muskulatur über Gebühr strapazieren oder schädigen. Weiterhin werden durch mangelnde Kraftfähigkeiten auch die übrigen konditionellen Elemente negativ beeinflußt, da sie mehr oder weniger von der Kraft abhängig sind. Als Alternative bieten sich für den Fitneß-Sport eine Synthese von Kreislauf- und komplexem Muskeltraining an und für den Leistungssport ein differenziertes und spezielles Krafttraining.
Dafür müßten allerdings hierzulande bestehende Vorurteile gegen Krafttraining abgebaut werden. Selbst im Leistungssport, in dem in den meisten Sportarten Krafttraining seit Jahren zumindest als Basis- oder Aufbautraining betrieben wird, ist es bei manchen Sportlern, Trainern oder Medizinern noch umstritten. Dies liegt weniger am Krafttraining als eher an der fehlenden Kenntnis über biologische und physikalische Grundlagen, situative bzw. Rahmenbedingungen und die praktischen Methoden des Krafttrainings selbst.

Ziele des Krafttraining

Aufgabe dieses Buches ist es, hier eine Hilfe zu bieten, um folgende vielfältigen *Ziele eines Krafttrainings* (vgl. Abb. 1, S. 9) realisieren zu können:

1. **Krafttraining als differenzierte und sportartspezifische Trainingsmaßnahme** im Leistungs- und Hochleistungssport, z. B. in den Sportarten Gewichtheben, Leichtathletik, Ski, Tennis, Fußball, Rudern usw., mit den besonderen Zielstellungen:

- Steigerung der Kraft ohne Muskelzuwachs bzw. Körpergewichtszunahme bei Sportarten mit Gewichtsklasseneinteilung wie Boxen, Gewichtheben, Judo und Ringen; außerdem bei vielen ›Schnellkraftdisziplinen‹;
- Steigerung der Kraft mit Muskelzuwachs bzw. Körpergewichtszunahme bei Sportarten bzw. Disziplinen, in denen ein hohes Körpergewicht keine wesentliche Rolle spielt oder aus Gründen der Chancengleichheit sogar erforderlich ist, z. B. beim Diskuswerfen, Hammerwerfen, Kugelstoßen und den Superschwer- oder Offenen Klassen im Boxen, Gewichtheben, Judo und Ringen;
- Veränderung von Körperproportionen, z. B. im Bodybuilding.

Kraft hat vielfältige Aufgaben

2. **Krafttraining als Basistraining und Prävention** bzw. zum Abbau spezifischer Schwächen im Schul-, Breiten-, Leistungs- und Hochleistungssport, so beispielsweise die Steigerung der Kraft bestimmter Muskelgruppen, eines Muskels oder Muskelsektors mit oder ohne Muskelzuwachs bzw. Körpergewichtszunahme (v. a. auch bei Kindern ab ca. 8 Jahren).
3. **Krafttraining als Fitneßtraining,** d. h. zur allgemeinen ›Körperstärkung‹ oder spezifischer, um z. B. bei Übergewicht eine Reduzierung des Körpergewichtes (Fettabbau u. ä.) durch Muskeltraining oder umgekehrt bei Untergewicht eine Steigerung des Körpergewichtes durch Muskelzuwachs zu erreichen.
4. **Krafttraining als Rehabilitations- bzw. Regenerationsmaßnahme** zur schnellen bzw. vollständigen Wiederherstellung nach Verletzung oder Krankheit; so z. B. die Steigerung der Kraft einer bestimmten Muskelgruppe, eines Muskels oder Muskelsektors mit oder ohne Muskelzuwachs. Hier wird in der Regel die Steigerung der Kraft aber nur durch Muskelzuwachs angestrebt.

Um ein Krafttraining trotz dieser vielfältigen und unterschiedlichen Ziele effektiv und erfolgreich gestalten zu können, bedarf es der richtigen Anwendung der Trainingsarten, Trainingsmethoden, Trainingsmittel sowie spezifischer Trainingsprinzipien. Dies setzt zum Teil Kenntnisse der Trainingslehre voraus, die nicht von jedem Freizeit-, Fitneß- oder Leistungssportler zu erwarten sind und somit erst der Vermittlung bedürfen.

Aufbau des Buches

Das Buch ist deshalb so aufgebaut, daß

- im *Kapitel 1* zunächst eine relativ umfangreiche theoretische Grundlagendarstellung gegeben wird, die insbesondere auf die physiologischen und physikalischen Gesetzmäßigkeiten von Kraft und ›Kraftbewegungen‹ eingeht und die in der Praxis vorkommenden Erscheinungsformen der Kraft beschreibt. Hinweise zum Kraftvergleich von Frau und Mann und zum Krafttraining mit Kindern und Jugendlichen beschließen dieses Kapitel.
- Das *Kapitel 2* listet die für ein Krafttraining wichtigsten Muskeln am menschlichen Körper auf, erörtert deren Funktionen für sportliche Bewegungen und gibt mit über 100 Bildern Beispiele für Kraftübungen aller aufgeführten Muskelgruppen.
- Im *Kapitel 3* werden die für den Praktiker so wichtigen Arten und Methoden des Krafttrainings in einer z. T. völlig neuen Konzeption vorgetragen.
- Das *Kapitel 4* beinhaltet die Steuerung des Krafttrainings, d. h. Hinweise zur Einteilung, Planung, Periodisierung, Durchführung, Kontrolle und insbesondere zu den Trainingsprinzipien als steuernde Elemente.

- Das *Kapitel 5* gibt einen Überblick zu den im Krafttraining am häufigsten verwendeten Trainingsmitteln (Geräten usw.) und zu speziellen Trainingsbedingungen wie beispielsweise dem ›Aufwärmen‹ oder der Ernährung.
- Das *Kapitel 6* schließlich stellt ausgearbeitete Krafttrainingsprogramme zu verschiedenen Anwendungsbereichen dar.
- Das *Kapitel 7* behandelt Krafttrainingsmethoden, Trainingsübungen und Programme für Kinder und Jugendliche.

Wen spricht das Buch an?

Wir haben uns bemüht, die nicht ganz einfache Thematik in einer allgemein verständlichen Form darzubieten, um somit folgende theoretisch und praktisch orientierte Interessenten mit diesem Buch anzusprechen:
- Trainer, Übungsleiter, Dozenten, Lehrer und Ärzte;
- Studenten und Kollegiaten;
- Leistungs- und Hochleistungssportler aller Disziplinen;
- Bodybuilder;
- Fitneß- und Breitensportler und
- Rehabilitanden.

Hinweis für Praktiker

Noch ein *Hinweis an den ›Praktiker‹:* Das 1. Kapitel bis einschließlich Seite 64 ist theoretisch ziemlich anspruchsvoll und für den physiologisch nicht Vorgebildeten eventuell schwer verständlich. Die Thematik dieses Kapitels erlaubt jedoch keine reduzierte Darstellung, so daß wir auf diese Ausführungen nicht verzichten konnten.
Es ist durchaus möglich, mit dem Lesen des Buches erst auf Seite 64 zu beginnen. Es fehlen dem Interessierten zwar dann einige Grundlagenkenntnisse – die praktische Durchführung von Krafttraining ist deshalb aber keineswegs beeinträchtigt.

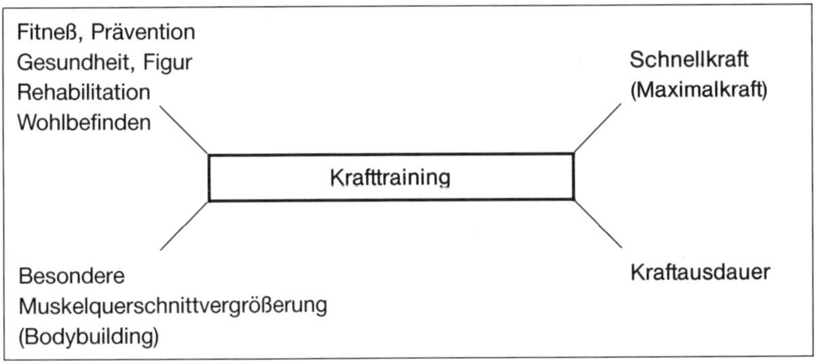

Abbildung 1 Allgemeine Ziele des Krafttrainings (zur Ansteuerung differenzierter und spezieller Krafttrainingsziele, vgl. S. 105ff. und Tab. 16, S. 108).

1 Grundlagen der Muskelkraft

Kraft und sportliche Leistung

Alle körperlichen Tätigkeiten des Menschen sind ohne Kraft undenkbar. Insbesondere können sportliche Leistungen nur mit einem bestimmten Einsatz an motorischer Kraft verwirklicht werden.

Was ist Kraft im Sport?

Die Kraft wird neben der Schnelligkeit, Ausdauer und Flexibilität zu den sog. motorisch-konditionellen Fähigkeiten[1)] gezählt; sie ist derzeit (1) physikalisch und (2) biologisch definierbar.

Definition Kraft im physikalischen Sinne

1. Kraft im physikalischen Sinne ist das Produkt aus Masse und Beschleunigung; ausgedrückt in der Formel $\vec{F} = m \cdot \vec{a}$
mit F = Kraft, m = Masse und a = Beschleunigung. Die Einheit der Kraft ist Newton, abgekürzt N[2)]. [F] = N; 1 N = 1 kg · m/s².

Aus der Formel ›Kraft = Masse mal Beschleunigung‹ ergeben sich für den Sport zwei interessante Folgerungen:

1. ist die Beschleunigung ein Maß für die wirkende Kraft: $\vec{a} = \frac{\vec{F}}{m}$; und
2. kann durch eine konstante Kraft eine gegebene Masse (Körper) eine konstante Beschleunigung erfahren[3)].

Physikalisch gesehen ist eine Masse (Körper, Sportgerät) nach dem Trägheitsgesetz[4)] stets bestrebt, einen vorhandenen Ruhezustand oder eine vorgegebene Geschwindigkeit einzuhalten.

---

1) Für motorisch-konditionelle Fähigkeiten werden in der Literatur auch folgende gleichbedeutende Begriffe verwendet: körperliche Fähigkeiten bzw. Eigenschaften, physische bzw. psycho-physische Eigenschaften, (sport-)motorische (Grund-)Eigenschaften, physische Leistungsfaktoren, Leistungsgrundlagen, Leistungsmerkmale, motorische Beanspruchungsformen.

2) N bedeutet ›1 Newton‹; das ist diejenige Kraft, die einer Masse von 1 kg die Beschleunigung 1 m/s² erteilt; 1 Newton entspricht ca. 0,1 kg.

3) Näheres vgl. auch Bäumler/Schneider: Sportmechanik. blv sportwissen, München 1981, 55f., Baumann, W.: Grundlagen der Biomechanik. Schorndorf 1989, 24ff.

4) Das Maß für die Trägheit ist die gegebene Masse m.

Kräfte können diesen Zustand entsprechend verändern, d. h., daß

- nach dem *ersten* NEWTON*schen Gesetz* eine äußere Kraft notwendig ist, um den Zustand der Ruhe oder gleichförmigen Bewegung zu ändern;
- nach dem *zweiten* NEWTON*schen Gesetz* eine Proportionalität besteht zwischen der Zustandsänderung (d. h. die auf die Zeiteinheit bezogene Änderung der Bewegungsgröße) und der einwirkenden äußeren Kraft; und daß
- nach dem *dritten* NEWTON*schen Gesetz* ›actio = reactio‹ ist, d. h. eine einwirkende Kraft eine gleich große aber entgegengesetzt gerichtete Kraft auslöst.

Newtonsche Gesetze

Betrachten wir nun die biologische Definition der Kraft:

2. Kraft im biologischen Sinne ist die Fähigkeit des Nerv-Muskelsystems, durch Muskeltätigkeit (= Innervations- und Stoffwechselprozesse mit Muskelkontraktionen) Widerstände zu überwinden (konzentrische Kontraktion), ihnen entgegenzuwirken (exzentrische Kontraktion) bzw. sie zu halten (isometrische Kontraktion).

Definition Kraft im biologischen Sinne

Die in der ›Muskeltätigkeit‹ steckende Muskelspannung, Muskeldehnung, der Energiestoffwechsel und andere Parameter beschreiben folglich die Krafterzeugung in biologischen Systemen. Kraft im trainingswissenschaftlichen Sinne ist folglich neben physikalischen Meßgrößen auch mit physiologischen und biochemischen Beschreibungsgrößen zu erfassen.

Beide Kraftbeschreibungen, die physikalische und die biologische, sind für die Analyse und das Verständnis sportlicher Leistungen von außerordentlicher Bedeutung. Mit wesentlichen Grundlagenaspekten beider Bereiche werden wir uns in den nächsten Abschnitten beschäftigen; zunächst fragen wir im Hinblick auf ein besseres Verständnis des Zusammenhanges von Kraft und sportlichen Leistungen nach diesem letzteren Komplex.

Was ist sportliche Leistung?

Sportliche Leistung

Eine sportliche Leistung, z. B. ein Weitsprung, eine Turnkür, ein Skislalom u. a. m., muß als ein Komplex, bestehend aus einer Vielzahl einzelner Fähigkeitsbereiche, Fähigkeiten, Elemente und Bedingungen gesehen werden. Modellhaft kann man sich diesen Komponenten-Komplex ungefähr wie in Abb. 2, S. 12 aufgezeigt vorstellen.

Diese Fähigkeiten, Elemente und Bedingungen sind als unterscheidbare Aspekte, nicht aber als eindeutig abgrenzbare Bereiche (menschlicher) sportlicher Leistungen zu sehen; sie beeinflussen sich stets stark, ihre Übergänge sind z. T. sehr fließend.

Neben dieser und anderen Modelldarstellungen ist die sportliche Leistung derzeit trainingswissenschaftlich von vier Ansatzpunkten aus definierbar:

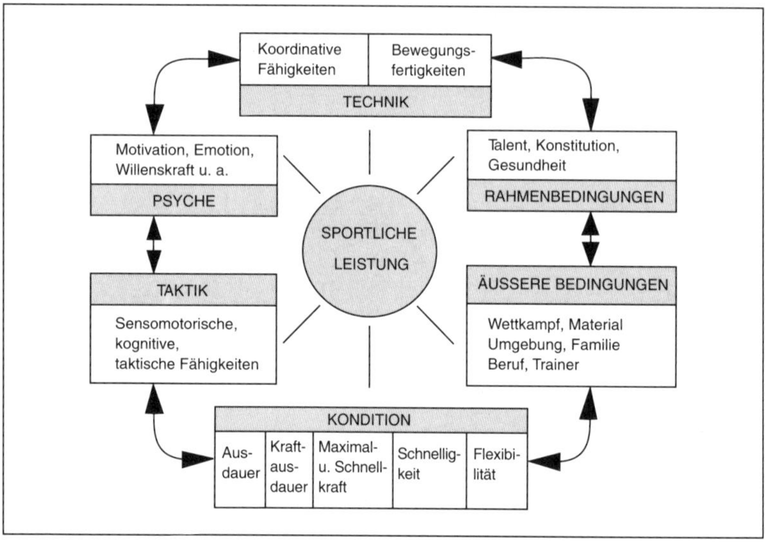

Abbildung 2 Die sportliche Leistung und ihre möglichen Komponenten.

Definitionen von Leistung

1. **Trainingspädagogisch** gesehen ist Leistung die Einheit von Vollzug und Ergebnis einer sportlichen Bewegungshandlung, orientiert an einer bestimmten gesellschaftlichen Norm.
2. **Physikalisch** gesehen ist Leistung der Quotient aus Arbeit und der für die Arbeit benötigten Zeit:
Leistung = $\frac{\text{Arbeit}}{\text{Zeit}}$; $P = \frac{W}{t}$; da Arbeit = Kraft mal Weg ist, ergibt sich: $P = \frac{\vec{F} \cdot s}{t}$;
und da $\frac{s}{t} = \vec{v}$ (= Geschwindigkeit) ist, ergibt sich:
Leistung = Kraft mal Geschwindigkeit, $P = \vec{F} \cdot \vec{v}$. Die Einheit ist Watt; [P] = W.
3. **Physiologisch** gesehen ist Leistung der Energieumsatz pro Zeiteinheit.
4. **Psychologisch** gesehen ist Leistung das klassifizierbare Bewältigen vorgegebener Testaufgaben bzw. das Erreichen spezieller kognitiver, affektiver und psychomotorischer Fähigkeiten.

Beispiele für Kraftfähigkeiten bei sportlichen Leistungen

Die motorische Kraft tritt bei verschiedenen Sportarten bzw. sportlichen Leistungen z. T. in unterschiedlichen Formen auf. Im wesentlichen handelt es sich hierbei um vier Erscheinungsformen, die jedoch nicht gleichrangig zu sehen sind: die Maximalkraft, die Schnellkraft, die Reaktivkraft und die Kraftausdauer. Die nachstehenden Beispiele verdeutlichen dies näher. (Ausführliche Beschreibungen vgl. Seiten 64 ff.)[1)]

Beispiel Gewichtheben: Schnellkraft – Maximalkraft

Gewichtheber brauchen Maximalkraft

Charakterisierung: Hierbei geht es um die Fähigkeit, einen Widerstand (hier: Hantel, vgl. Abb. 3) in der für diesen Widerstand kürzestmöglichen Zeit zu überwinden. Eine individuelle höchste Kraftfähigkeit, die als Maximalkraft bezeichnet wird (und gegen einen unüberwindlichen Widerstand meßtechnisch nachgewiesen werden kann; vgl. S. 67 ff.), ist hierfür Voraussetzung.

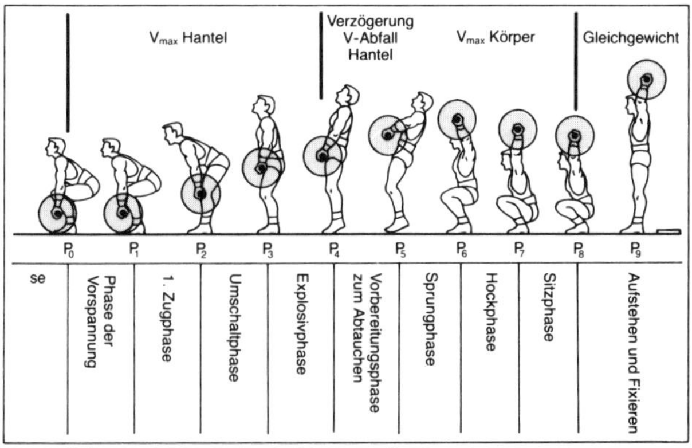

Abbildung 3 Gewichtheber und Kraftdiagramm (nach SPITZ/PIETKA 1980).

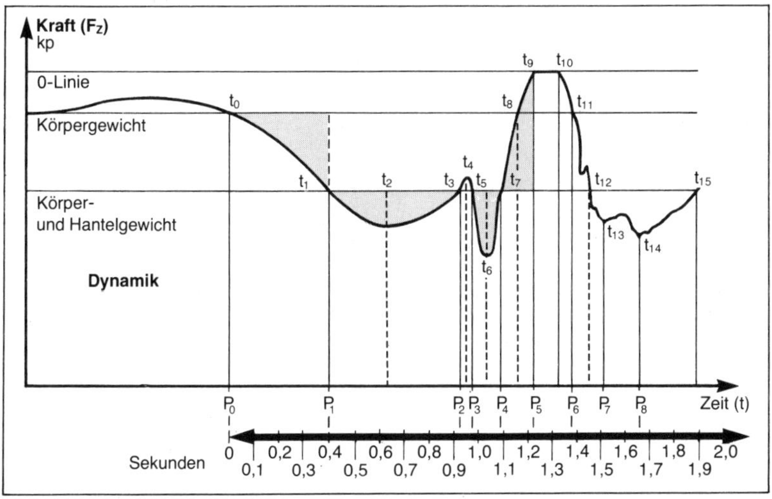

Absolut- und relative Kraft

[1] Außerdem spricht man von einer *Absolutkraft,* unter der man die willkürlich realisierbare maximale Kraft zuzüglich der durch psychische und unwillkürliche physiologische Komponenten freigesetzten Leistungsreserven versteht (sie kann z. B. in exzentrischen Muskelkontraktionen realisiert werden); und einer *relativen Kraft,* die das Verhältnis von Maximalkraft zum Körpergewicht darstellt.

Beispiel Weitsprung: Schnellkraft – Reaktivkraft

Schnellkraft und Reaktivkraft für Springer

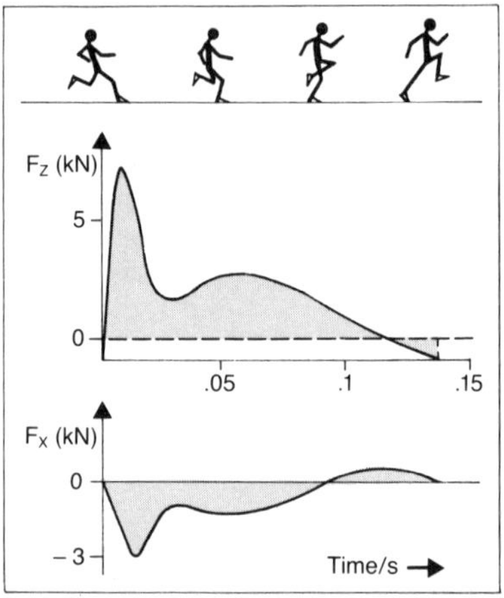

Charakterisierung: Hierbei geht es ebenfalls um die Fähigkeit, einen Widerstand (in diesem Fall den eigenen Körper; vgl. Abb. 4) in kürzestmöglicher Zeit zu überwinden bzw. zu beschleunigen. Die Maximalkraft ist hier ebenfalls eine wichtige Voraussetzung; jedoch gibt es auch noch andere Komponenten (vgl. S. 69ff.).

Abbildung 4 Weitspringer und Absprung-Kraftdiagramm (zeitliche Verläufe der vertikalen – Fz – und horizontalen – Fx – Bodenreaktionskräfte während der Stützphase beim Weitsprung; in Anlehnung an Kollath 1980, 93 und 95; zur Verfügung gestellt vom Institut für Biomechanik der Deutschen Sporthochschule Köln).

Beispiel Rudern: Kraftausdauer

Kraftausdauer für alle längeranhaltende Widerstände

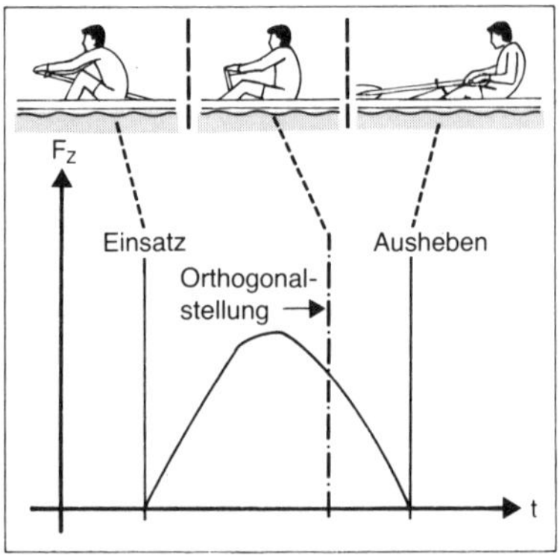

Charakterisierung: Hierbei wird Kraft über einen längeren Zeitraum gegen äußere und innere Widerstände (vgl. Abb. 5) aufrechterhalten. Z. T. ist die Maximalkraft auch hier eine Voraussetzung.

Abbildung 5 Ruderer und Zugkraftkurve (idealisierter Verlauf; nach Nolte 1982).

Zum tieferen Verständnis dieser und anderer Erscheinungsformen der Kraft müssen wir vorerst einige wichtige Grundlagenaspekte erläutern; deshalb beschreiben wir die Erscheinungsformen ausführlicher erst auf den Seiten 64–73. Zunächst gehen wir davon aus, daß Kraftfähigkeiten ursächlich von nachstehenden Bedingungen und Komponenten abhängig sind:

Kraftfähigkeiten sind von vielen Komponenten abhängig

- Biologischen Bedingungen wie Muskelstruktur, Muskelfaseranzahl, Muskelfaserquerschnitt, Muskelqualität, intra- und intermuskulärer Koordination (Steuerung und Erregbarkeit), Kontraktionsgeschwindigkeit, Energiebereitstellung, biochemischen Prozessen u. a.;
- physikalisch-mechanischen Bedingungen wie Achsen, Hebel, Ebenen, Zugwinkel, Drehmomente u. a.;
- Alter und Geschlecht;
- Trainingsalter, Trainingszustand, Motivation, situative und Rahmen-Bedingungen.

Auf die wesentlichsten dieser Bedingungen gehen wir im folgenden näher ein.

Biologische Grundlagen von Kraftleistungen

Bewegung und Muskulatur

Jede Bewegungsausführung erfordert die Kontraktionsfähigkeit der Skelettmuskulatur. Die Muskulatur ist somit das »ausführende Organ« von Bewegungen; hier wird die Kraft entwickelt, die den Menschen und entsprechende Sportgeräte ›bewegt‹.

Die Kontraktion selbst beruht auf dem Zusammenspiel der sog. kontraktilen Eiweißmoleküle Aktin und Myosin. Da zumindest das Aktin auch in vielen anderen Zellen auftritt, ist die Kontraktionsfähigkeit als Phänomen nicht an die Muskulatur allein gebunden. Selbst die Bewegung der weißen Blutkörperchen erfolgt nach dem Prinzip der Interaktion kontraktiler Proteine. Im Gegensatz zum Kontraktionsvermögen zahlreicher Nicht-Muskelzellen, die sich in einem gewissen Rahmen bewegen, um ihrer eigentlichen Hauptfunktion gerecht werden zu können, stellt die Skelettmuskulatur einen hochspezialisierten Zellverband dar, dessen Hauptfunktion die *Kontraktion ist.*

Skelettmuskulatur ist ein hochspezialisierter Zellverband

Wie kann die einzelne Zelle des Verbandes dieser Funktion gerecht werden?
Eine reichere Ausstattung mit Aktin und Myosin eröffnet der Zelle bessere Voraussetzungen zur Kontraktion gegen größere äußere Widerstände. Aber eine solche Anhäufung von kontraktilen Eiweißen reicht noch nicht aus, um der Skelettmuskulatur die beobachtbaren Bewegungsmöglichkeiten zu eröffnen. Vielmehr ist es darüber hinaus notwendig, daß die für Kontraktionen spezialisierten Zellverbände gezielt gesteuert werden können. So erst wird der Kontraktionsvorgang perfektioniert. Ziel der Perfektionierung ist eine *bewußt einleitbare, in Kraft- und Geschwindigkeitsentwicklung abstufbare Kontraktion.* Dies bedarf besonderer organisatorischer Maßnahmen, die in der quergestreiften Skelettmuskulatur verwirklicht worden sind.

Welcher Art sind nun die besonderen organisatorischen Maßnahmen, die die Skelettmuskulatur zu einem ›Organ‹ werden lassen, das die Möglichkeit zu gesteuerten Bewegungen eröffnet? Im wesentlichen sind zur Erläuterung dieser Frage die folgenden Gesichtspunkte zu erörtern:

1. Der strukturelle Aufbau der Skelettmuskelfasern.
2. Die Sicherung des Nervenimpulses als alleiniger Auslöser einer Kontraktion (unter physiologischen Bedingungen).
3. Die Energiebereitstellung und die Regeneration.

Zum strukturellen Aufbau der Skelettmuskelfasern

Kontraktile Elemente

Die Skelettmuskelfaser ist die kleinste zelluläre Einheit

Der menschliche Skelettmuskel (vgl. Abb. 6, a) besteht aus vielen Faserbündeln (Abb. 6, b), diese aus Fasern (= Zellen, Abb. 6, c), diese wiederum aus sog. Myofibrillen (Abb. 6, d) und diese schließlich aus sog. Sarkomeren (vgl. S. 18). Die kleinste zelluläre Einheit der Skelettmuskulatur[1)] ist die *Skelettmuskelfaser,* die eine außerordentlich langgestreckte (bis 12 cm), vielkernige (bis zu mehreren tausend) Zelle darstellt. Ihre Gestalt ergibt sich aus der Aufgabe, die die kontraktilen Eiweiße Aktin und Myosin nur optimal erfüllen können, wenn sie in der gewünschten Kontraktionsrichtung angeordnet werden: Das Myosinmolekül

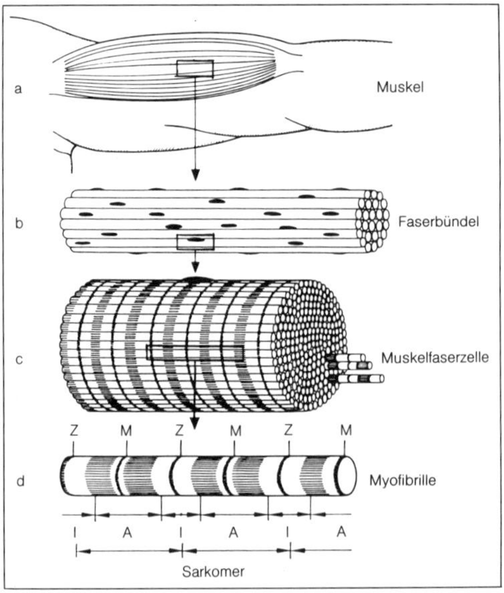

Abbildung 6 Histologischer Aufbau eines quergestreiften Muskels. Der M. biceps des Oberarmes (a) enthält eine große Anzahl von Faserbündeln (b), welche sich wiederum aus vielen Muskelfaserzellen (c) zusammensetzen. Jede Muskelfaserzelle ist angefüllt mit Myofibrillen (d), die vom Sarkoplasma umspült werden. Die kleinste Organisationseinheit ist das Sarkomer. M = M-Linie; Z = Z-Linie; A = anisotrope Bande; I = isotrope Bande (nach AFTING 1981; aus: GROSSER et al. 1996, 16).

1) Neben der Skelettmuskulatur unterscheidet die Anatomie noch die glatte Muskulatur (z. B. in Gefäßwänden) und die Herzmuskulatur.

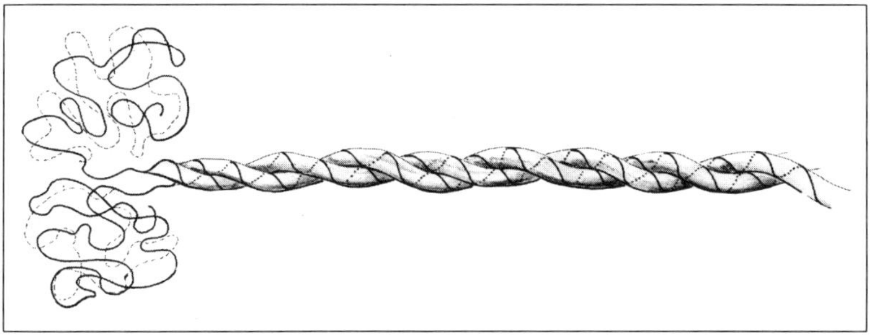

Abbildung 7 Myosinmolekül.

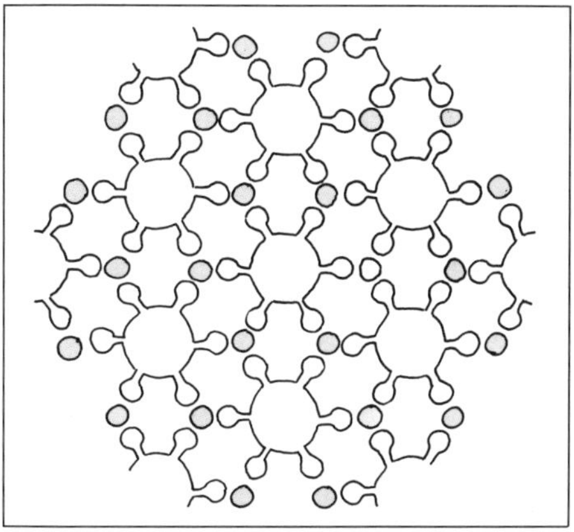

Abbildung 8 Querschnitt durch eine Muskelfaser: kontraktile Elemente.

Myosin und Aktin

(vgl. Abb. 7) läßt sich schematisch in Form einer langgestreckten (Schwanzteil) und einer kugeligen Molekülkomponente (Myosinköpfchen) darstellen.
Mehrere Myosinmoleküle (ca. 400) sind jeweils in charakteristischer Weise zu einem Bündel (= dickes Filament) zusammengefaßt, so daß in regelmäßigen Abständen die Köpfchen ringsum aus dem Bündel der Myosinmoleküle herausragen können.
Das Aktin kann man sich – um bei der grobschematischen Darstellung zu bleiben – als kugeliges Molekül vorstellen. Die Anordnung der Aktinmoleküle in Form einer zweireihigen ›Perlenkette‹ führt zur Bildung eines sog. dünnen Filamentes. (Zur Erläuterung der Kontraktion werden wir auf den Seiten 20ff. und 45ff. noch einmal genauer auf diese Strukturen zu sprechen kommen.) Diese Anordnung der Eiweißmoleküle in Form von Filamenten stellt die denkbar günstigsten Voraussetzungen für eine gleichgerichtete Kontraktion dar:
Der Querschnitt durch eine Muskelfaser (vgl. Abb. 8) zeigt, daß jedes Myosinfilament von 6 Aktinfilamenten umgeben ist, so daß jedes Myosinköpfchen der dicken Filamente Kontakt zu einem Aktinmolekül des dünnen Filamentes aufnehmen kann.

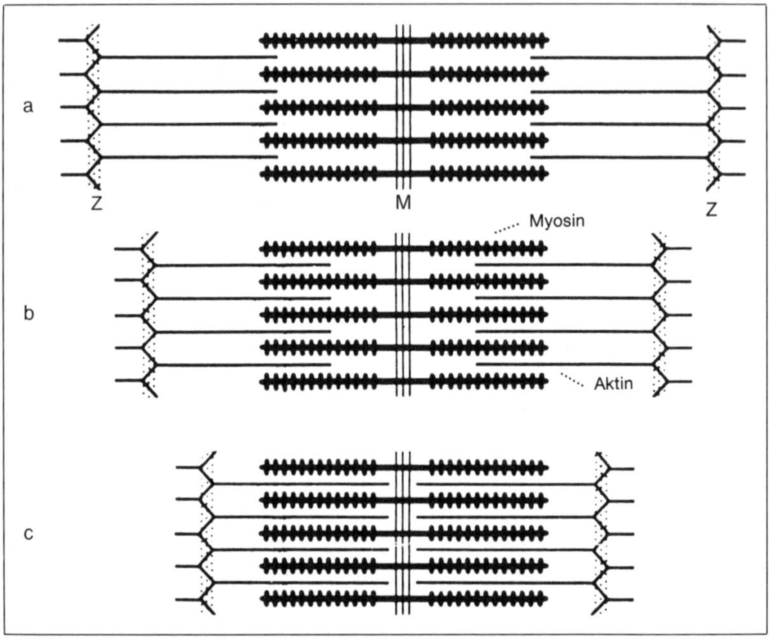

Abbildung 9 Längsschnitt durch eine Muskelfaser, hier durch ein Sarkomer. a = gedehnt, b = Ruhelage, c = kontrahiert. Z = Z-Membran, M = M-Membran.

Die Kontraktion kommt nun dadurch zustande, daß die Myosinköpfchen sich unter den gegebenen Bedingungen an den Aktinfilamenten ›entlang hangeln‹, d. h., sie ziehen das Aktinfilament in Richtung des Schwanzendes der Myosinmoleküle. Die spezielle Anordnung der Myosinmoleküle im dicken Filament hat damit zur Folge, daß die Aktinfilamente von beiden Enden des Myosinfilamentes aufeinander zugezogen werden (vgl. Abb. 9, Längsschnittdarstellung).
Im Längsschnitt zeigt sich, daß den Filamenten genügend Spielraum gegeben ist, um sich gegeneinander zu verschieben. Eine Verkürzung um 50% ist möglich; für die Begrenzung ist ein Aneinanderstoßen der Aktinfilamente denkbar oder das Anstoßen der Myosin-Filamente gegen die Z-Linie.

Das Sarkomer

Die hier dargestellte Organisationsform (vgl. Abb. 9) stellt die kleinste kontraktile Einheit innerhalb einer Skelettmuskelfaser dar, das *Sarkomer.*
Es hat eine Länge von 2 μm (= millionster Teil eines Meters) und kann sich um die Hälfte dieser Ausgangslage verkürzen, eine Dehnung kann nur auf ca. 2,5 μm erfolgen.
Durch *Hintereinanderschaltung* vieler tausend Sarkomere entsteht die Myofibrille (vgl. Abb. 6, d, S. 16), deren Länge die Skelettmuskelfaserlänge festlegt. Die *Parallelschaltung* aller Myofibrillen in einer Muskelfaser (vgl. Abb. 6, c, S. 16) bedingt die von der einzelnen Faser aufgebrachte Kontraktionskraft.

Zur Sicherung von Nervenimpulsen als Kontraktionsauslöser

Erregung der Skelettmuskelfaser und das Maximalkraftniveau
Die Anordnung der kontraktilen Eiweiße bzw. ihrer Filamente zu Sarkomeren stellt eine besonders effektive Einrichtung im Hinblick auf die Funktionsfähigkeit der Skelettmuskulatur dar. Nicht nur daß hierdurch eine gerichtete Kontraktion gewährleistet wird, sie ist auch für die prompte Realisierung des Kontraktionsvorganges von entscheidender Bedeutung: Die Kontraktion der Skelettmuskelfasern wird durch Nervenimpulse ausgelöst. Grundsätzlich gilt für erregbare Gewebe, daß sie nach Reizung für eine gewisse Zeitspanne auf einen neuerlichen Reiz nicht reagieren können (= Refraktärphase)[1].

Refraktärphase

Demzufolge ist nach der Auslösung eines Kontraktionsvorganges die Auslösung einer weiteren Kontraktion der Skelettmuskelfaser erst nach einer gewissen Refraktärzeit wieder möglich. Beim Skelettmuskel ist die Refraktärzeit aber so kurz, daß mit einer Impulsserie hoher Frequenz nicht nur Einzelzuckungen neu ausgelöst werden können, sondern daß es zu einer Zuckungssummierung (Superposition der Kontraktion) kommen kann. D. h. die »folgende Erregung trifft auf eine noch nicht völlig erschlaffte Muskelfaser. Auf diesen Kontraktionsrückstand lagert sich die nächste Kontraktion auf und so fort. Diese Superposition ist dadurch möglich, daß die Kontraktion selbst 10mal langsamer abläuft als die vorausgegangene Erregung. Bei Erhöhung der Zahl der Erregungen entsteht schließlich eine Dauerverkürzung des Muskels (Tetanus) mit Zunahme der Kontraktionsamplitude« (de Marées 1979, 62–63; vgl. auch Abb. 10).

Tetanus

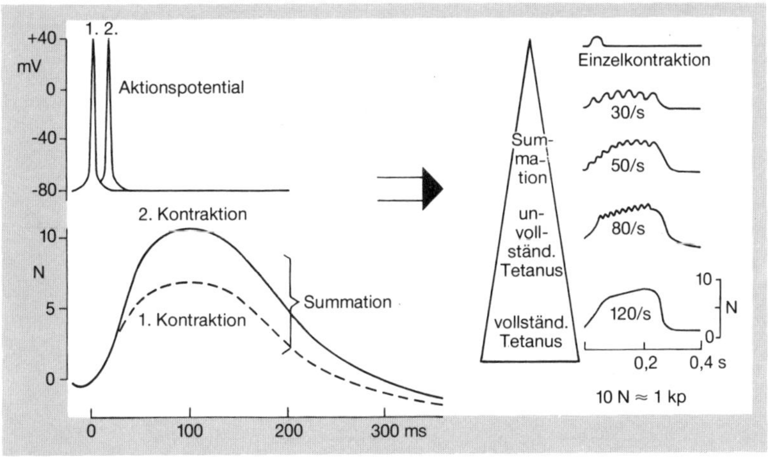

Abbildung 10 Summation von Einzelkontraktionen (nach de Marées 1979, 63).

[1] Die Länge der Zeitspanne ist abhängig von der Gewebeart.

Die Impulsfrequenz und die Dauer der Reizung des Muskels durch Nervenimpulse entscheiden damit über die *Schnelligkeit der Kontraktion* und das *Ausmaß der Verkürzung des Muskels*[1].

Impulsfrequenz und Zuckungssummation

Die entwickelte Kraft aber hängt unbeirrt der Impulsfrequenz und der Dauer der Reizung von der Anzahl der Querbrückenbildungen zwischen Myosin und Aktin ab. Damit wird verständlich, daß zum Erreichen der für die einzelnen Muskelfasern mögliche **Maximalkraft** eine gewisse Zeitspanne notwendig ist. Die Länge dieser Zeitspanne ist abhängig von der Impulsfrequenz, die das Ausmaß der Zuckungssummation der Skelettmuskelfasern und damit die Anzahl der Querbrückenbildungen zwischen Aktin und Myosin bestimmt. Die Registrierung des Kraft-Zeit-Verlaufes während der maximalen Willkürkontraktion an einem statischen Widerstand ergibt daher folgendes Bild (vgl. Abb. 11, vgl. auch Abb. 34, S. 70):

Je schneller eine hohe Impulsfrequenz erreicht wird, desto kürzer ist die Zeitspanne (tmax) zum Erreichen der Maximalkraft: → Erhöhung der Anzahl der Querbrücken durch Erhöhung der Impulsfrequenz.

Zum Niveau der Maximalkraft

Das Niveau der Maximalkraft (Fmax) (unter der Voraussetzung der optimalen Nutzung der Impulsfrequenz der einzelnen Skelettmuskelfaser) ist damit abhängig von der Anzahl der parallel geschalteten Myofibrillen.

Je mehr Myofibrillen in einer Skelettmuskelfaser vorhanden sind, um so höher kann die von ihr entwickelbare Kraft sein: → Erhöhung der Anzahl der Querbrücken durch mehr parallele Myofibrillen in der Faser.

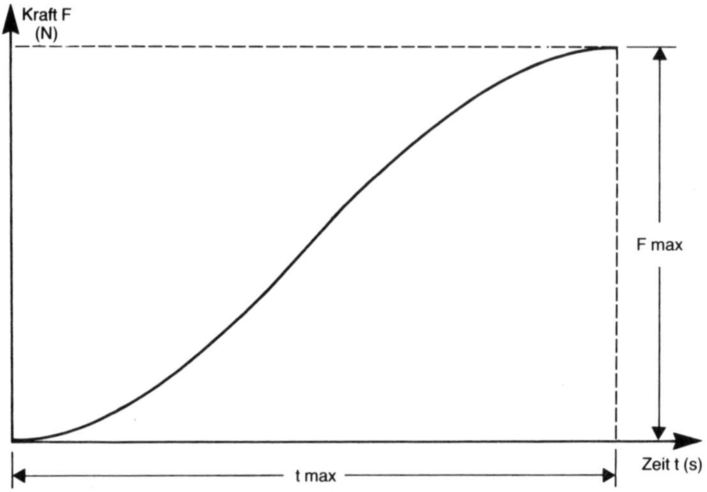

Abbildung 11 Kraft-Zeitkurve (vgl. auch Abb. 34, S. 70).

[1] Bei isometrischer Kontraktion entscheiden sie über die Aufrechterhaltung der Kontraktion der Sarkomere.

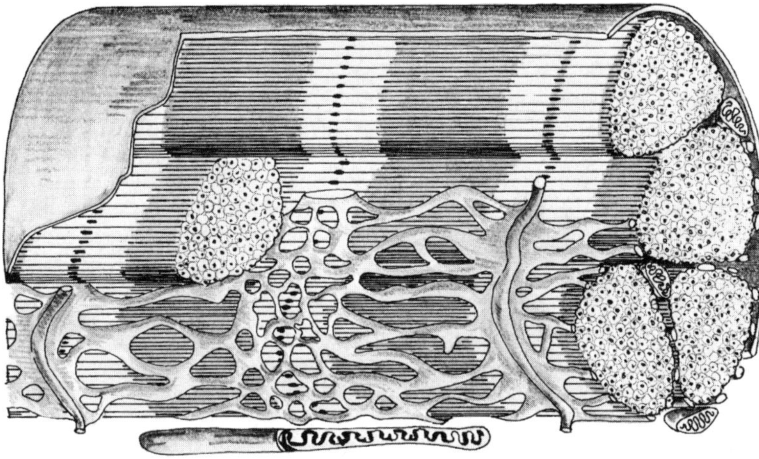

Abbildung 12 Modell der Muskelfaser.

Bedingungen innerhalb der Skelettmuskelfaser

Bevor auf die Kontraktion des Gesamtmuskels näher eingegangen werden kann, sollten zunächst die Bedingungen innerhalb der **Skelettmuskelfasern** betrachtet werden, die im Dienste seiner Kontraktionsfähigkeit stehen. Die Myofibrillen können bis zu 80% des Gesamtvolumens der Skelettmuskelfaser einnehmen. Um dieses kontraktile Potential nutzen zu können, muß allerdings gewährleistet werden, daß die Depolarisation (= Verminderung des Membranpotentials) der Muskelfasermembran, ausgelöst durch den Nervenimpuls, bei ihrer Weiterleitung nicht nur die in unmittelbarem Kontakt zur Membran liegenden oberflächlichen Myofibrillen erreicht, sondern auch die tief im Innern der Muskelfaser gelegenen.

Die sicherste und schnellste Übertragung ist gegeben, wenn jedes Sarkomer mit der depolarisierbaren Membran direkten Kontakt hat. Da aufgrund der großen Menge an Myofibrillen nicht alle oberflächlich liegen können, bildet die Zellmembran Einstülpungen aus, die als sog. T-System (= System transversaler Tubuli) sicherstellen, daß jede Erregung der Zellmembran auch von allen Myofibrillen, gleichgültig wie tief sie im Innern der Skelettmuskelfaser liegen, mit möglichst geringer Zeitverzögerung erfaßt werden kann. ›Erfaßt werden‹ bedeutet für das Sarkomer, daß durch die Erregung der Zellmembran, bzw. des T-Systems, die Bedingungen geschaffen werden, die die Eiweiße Aktin und Myosin zur Reaktion (= ›Brückenbildung‹) miteinander aktivieren.

Zu den notwendigen Bedingungen, die geschaffen werden müssen, gehört zunächst die explosive Erhöhung der Ca^{++}-Konzentration im Sarkoplasma der Muskelfaser. Die Abb. 12 zeigt neben den bisher beschriebenen Strukturen ein Gebilde, das das gesamte Sarkomer umspinnt. Es handelt sich um das sog. sarkoplasmatische Reticulum, ein Kanälchensystem, das z. T. zu Zisternen erweitert ist. Hier wird in hoher Konzentration Calcium gespeichert. Die Depolari-

sation der Zellmembran der Skelettmuskelfaser bzw. des T-Systems durch den Nervenimpuls leitet sich direkt auf das sarkoplasmatische Reticulum fort, das hierdurch für die Ca^{++}-Ionen durchlässig wird. Die Ca^{++}-Ionen strömen aus, kommen in Kontakt mit den Myofilamenten und schaffen damit die Voraussetzung für die Brückenbildung zwischen Aktin und Myosin (vgl. hierzu S. 16ff.).
Die bisherige Darstellung bezieht sich auf den Kontraktionsvorgang der einzelnen Muskelfasern. Wenn die Anzahl der Brückenbildungen aber entscheidend für die Maximalkraft des Gesamtmuskels ist, so muß der Muskel mit der größten kontraktilen Masse (= Menge an Myofibrillen) die besten Voraussetzungen für eine hohe Maximalkraft bieten. Masse allein genügt aber noch nicht, die kontraktilen Elemente müssen auch synchron zusammenarbeiten.
Wollte man das potentielle Kraftniveau eines Muskels realisieren, müßte man sämtliche möglichen Querbrücken zwischen Aktin und Myosin synchron bilden. Dies könnte aber nur gelingen, wenn der Gesamtmuskel nach dem Alles-oder-nichts-Gesetz reagieren würde. Die auf den ersten Blick verlockend anmutende Möglichkeit stellt jedoch eine für die Aufgabe der Muskulatur völlig unsinnige Konstruktion dar. Die Kraftentwicklung soll abstufbar, die Geschwindigkeit der Kontraktion variabel sein, um koordinierte Bewegungen des Gesamtorganismus zu ermöglichen. Bekanntlich kontrahiert die einzelne Muskelfaser nach dem *Alles-oder-nichts-Gesetz,* so daß erst durch Rekrutierung und Frequenzierung einer unterschiedlichen Anzahl von Fasern eine Kontraktionsabstufung des Gesamtmuskels möglich ist.

Alles-oder-nichts-Gesetz

Eine ansatzweise Darstellung der dafür zur Verfügung stehenden ›Einrichtungen‹ wird im folgenden skizziert.

Abstufbarkeit des Muskeleinsatzes und motorische Einheiten

Die Kontraktionsvorgänge in einer Zelle benötigen ein auslösendes Moment, eine Erregung der Zelle. Die in Ruhe befindliche Zelle weist gegenüber dem umgebenden Milieu eine Ionenkonzentrationsdifferenz auf, so daß das Zellinnere gegenüber dem Zelläußeren negativ geladen ist. Verantwortlich für die Aufrechterhaltung dieser Ionenkonzentrationsdifferenz ist die Zellmembran.
Durch Reizung der Zellmembran (z. B. mit Nervenimpulsen) ist es möglich, die Durchlässigkeit der Zellmembran zu verändern, so daß die Potentialdifferenz zwischen Zelläußerem und -innerem ausgeglichen wird, d. h., die Zelle wird depolarisiert und damit erregt. Je höher aber die sog. Membranschwelle liegt, desto schwieriger ist es, die Zelle aus dem Ruhezustand in den Erregungszustand zu versetzen. Während z. B. glatte Muskelzellen eine derart niedrige Schwelle besitzen, daß es sogar spontan, ohne Nervenimpuls, zu einer Depolarisierung der Zelle kommen kann, benötigen die Skelettmuskelmembranen eine sehr intensive Anregung durch Nervenimpulse, damit es zu einer fortgeleiteten Erregung kommt, die die Voraussetzungen für die Auslösung der Kontraktion der Sarkomere darstellt.

Membranschwelle und Erregungszustand

Die hohe Membranschwelle der einzelnen Skelettmuskelfaser und vor allem die Bindegewebsräume dazwischen verhindern, daß sich die Erregung einer Skelettmuskelfaser auf die benachbarten Fasern fortleitet, wie dies z. B. im Zellenverbund glatter Muskelzellen geschieht. Dies bedeutet, daß jede Skelettmuskelfaser ihren eigenen ›Reizlieferanten‹, sprich motorische Nerven, benötigt, um aktiviert zu werden. Dieser offensichtliche Luxus gewährleistet, daß jede Skelettmuskelfaser kontrolliert zur Kontraktion gebracht werden kann. Je nachdem, ob die feine Abstufbarkeit des Muskeleinsatzes oder aber die Kraftentwicklung eines Muskels (z. B. Fingermuskulatur; Gesäßmuskulatur) die vornehmliche Aufgabe eines Muskels darstellt, sind in gewissem Umfang Rationalisierungsmaßnahmen getroffen worden.

So steht nicht jeder Muskelfaser ein eigenes motorisches Neuron (Neuron = Nervenzellkörper mit Fortsätzen) zur Verfügung, sondern jedes motorische Neuron hat die Möglichkeit, mehrere Muskelfasern zu innervieren, indem sein Neurit[1)] sich aufzweigt und so Kontakt mit verschiedenen Muskelfasern aufnehmen kann. Alle von einem Neuron erfaßten Muskelfasern werden damit synchron aktiviert und reagieren folglich einheitlich, man spricht von einer *»motorischen Einheit«* (vgl. Abb. 13).

Motorische Einheiten und Muskeleinsatz

Je kleiner die motorischen Einheiten in einem Muskel sind (weniger Fasern pro Motoneuron), desto feiner ist sein Einsatz kontrollierbar (s. Finger-, Gesichtsmuskeln). Je größer dagegen die motorischen Einheiten eines Muskels, desto

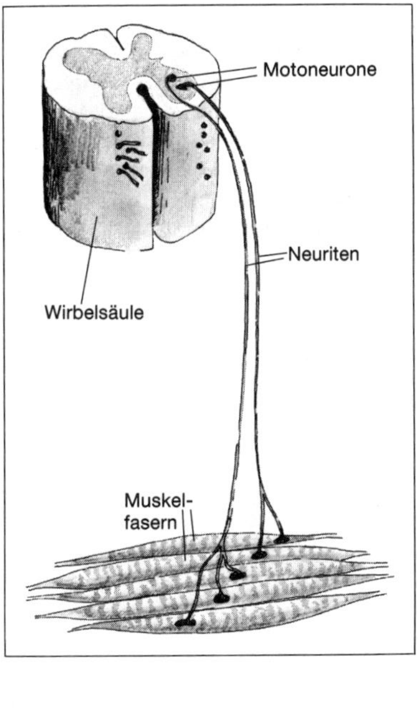

Abbildung 13 Darstellung von zwei motorischen Einheiten.

1) Ein Neurit ist der Fortsatz einer Nervenzelle (Neuron), der den Impuls vom Zellkörper fortleitet. Die Motoneuronen senden dabei efferente Impulse, d. h. die vom Rückenmark an die Muskeln gehen.

größer ist die Kontraktionsabstufung in einem solchen Muskel, und dies ist bei den Muskeln verwirklicht, die eine hohe Kraft aufbringen können (Gesäßmuskel, Rückenmuskel).

Zusammenfassung

Fassen wir zusammen:
Die Kontraktion des Skelettmuskels soll
- in ihrem Ausmaß,
- in ihrer Geschwindigkeit und
- in ihrer Kraftentwicklung steuerbar sein.

Die durch die kontraktilen Eiweiße Aktin und Myosin gegebenen Voraussetzungen zur Kontraktion erfordern zur Erfüllung dieser »Wunschliste«
- die Organisation der kontraktilen Eiweiße in Form von Sarkomeren zu Myofibrillen,
- die Möglichkeit der Zuckungssummation, initiiert durch die Frequenz der Nervenimpulse,
- die Isolierung der einzelnen Muskelfasern und
- die Synchronisation einer variablen Menge motorischer Einheiten.

Die bisherigen Ausführungen verdeutlichen, welche Voraussetzungen von seiten des Muskels gegeben sein müssen, damit er als ›ausführendes Organ‹ eine Bewegung realisieren kann. Neben dem besonderen Aufbau der Skelettmuskelfaser spielt insbesondere die Tatsache eine besondere Rolle, daß die Kontraktion ausschließlich durch Nervenimpulse ausgelöst werden kann. Hierdurch wird gewährleistet, daß keine spontane Kontraktion ausgelöst wird. Die Unterbindung spontaner Kontraktionen ergibt aber nur einen Sinn, wenn die Bindung der Kontraktionsauslösung an Nervenimpulse die Möglichkeit der Steuerbarkeit eröffnen bzw. verbessern soll.
Im Sinne des koordinierten Einsatzes der verschiedenen Muskelgruppen stellt die Steuerbarkeit natürlich eine unverzichtbare Komponente dar.
Steuerbar wird ein System nur, wenn die Steuerzentrale Information/Rückmeldung über die zu steuernde Größe erhält. D. h., die zentrale Stelle, die den Muskel zur Kontraktion bringen kann, muß zunächst Informationen darüber erhalten, in welchem Zustand sich der Muskel befindet. Als Informationsquelle dienen hierfür sog. Muskelspindeln und Golgi-Organe der Sehnen. Beide stellen Rezeptoren dar, die jede Veränderung des Muskels bezüglich Länge (Dehnung) oder Spannung registrieren und unmittelbar als Information an die Zentrale (Zentral-Nervensystem [ZNS], hierzu gehören das Gehirn und das Rückenmark) weitergeben.

Muskelspindeln

Die Muskelspindeln liegen parallel zu den Skelettmuskelfasern, sind aber bedeutend kürzer als diese. Sie bestehen aus 3–6 sehr dünnen quergestreiften Muskelfasern, die sich in der Mitte etwas verdicken (→ spindelförmiges Aussehen) und hier keine Querstreifung mehr aufweisen. Die Enden der Muskelspindeln sind sehnig und verankern sich im Bindegewebe, das die Skelettmuskelfasern umgibt.

Muskelspindeln und Dehnung

Diese Lage hat zur Folge, daß die Muskelspindel jede Längenveränderung der umliegenden Muskelfasern mitvollziehen muß. Da der Mittelteil der Spindelfasern nicht kontraktil und kaum dehnbar ist, ›wehrt‹ sich die Muskelspindel gegen jede Dehnung. ›Wehren‹ kann sie sich aber nur, indem sie an die Zentrale meldet, daß sie gereizt wird. Die Abb. 19 (s. S. 42) stellt dar, daß die Meldung mittels Nervenleitung (AI-, von anderen Autoren auch Ia-Fasern genannt, Leitungsgeschwindigkeit 80–120 m/s) an das Rückenmark erfolgt.

Die Ia-Faser verläuft also vom nicht-kontraktilen Mittelteil ihrer Muskelspindel ausgehend zum Rückenmark. Sie tritt als afferente[1] Faser von dorsal (hinten) im Bereich des sog. Hinterhornes in das Rückenmark ein. In Höhe ihrer Eintrittsstelle liegt im sog. Vorderhorn diejenige motorische Nervenzelle, die exakt die Skelettmuskelfasern zur Kontraktion veranlassen kann, die im selben Muskel liegen, aus dem die Dehnungsmeldung kommt.

Die Ia-Faser gibt ihren Impuls an das Motoneuron weiter, das diesen Reiz sofort über seinen Neuriten (= efferente Faser) auf alle seine motorischen Endplatten weitergibt.

Diese depolarisieren ihre Muskelfasern, und es kommt zur Kontraktion. Die Zeit zwischen Reizung der Muskelspindel und Kontraktion der Muskelfasern heißt *Reflexzeit*, sie beträgt ca. 9–23 ms. Die mit der Kontraktion eingeleitete Verkürzung der Muskelfasern läßt den auf die Muskelspindel ausgeübten Dehnungsreiz abklingen. Die Ia-Faser reizt damit nicht mehr das Motoneuron, und die Kontraktion der Muskelfaser wird beendet.

Reflexzeit

Jede **Dehnung** hat also eine über die Ia-Fasern der Muskelspindeln induzierte Aktivierung der Motoneurone zur Folge. Die Muskelspindeln können aber ihrerseits durch sog. γ-Fasern aktiviert werden, was zu einer Verkürzung der kontraktilen Fasern der Muskelspindeln führt. Hierdurch wird die Empfindlichkeit des nicht-kontraktilen Mittelstückes der Muskelspindeln erhöht, was schon bei geringer Dehnung des Muskels eine Zunahme der exzitatorischen Reize über die Ia-Fasern auf die Motoneurone bewirkt.

γ-Fasern

Je stärker die Dehnung des Muskels, desto mehr Muskelspindeln werden gereizt und desto intensiver feuern die Ia-Fasern der Muskelspindeln und veranlassen den Muskel zur Kontraktion.

Golgi-Organe

Wird aber ein bestimmtes Maß der Dehnung überschritten, unterbleibt die reflektorisch ausgelöste Kontraktion plötzlich. In diesem Fall wurden die Golgi-Organe (= Sehnenrezeptoren) aktiv. Sie liegen im Bereich der Sehnen und sind in Serie geschaltet, so daß sie jede Spannungsänderung des Muskels in ihrer Auswirkung auf die Sehnen registrieren. Die afferenten Fasern (AII, oder Ib) der Golgi-Organe nehmen den gleichen Verlauf wie die Ia-Fasern der Muskelspindeln, lösen bei ihrer Reizung aber keine Erregung, sondern eine Hemmung des Motoneurons aus. Auf diese Weise *unterbinden* sie die Kontraktion der zugehörigen Muskelfasern (vgl. *Stretching*-Wirkung).

[1] Nervenfasern aus der Peripherie (z. B. von Muskeln oder Haut), die Informationen an das Rückenmark oder Großhirn leiten, nennt man ›afferent‹.

Die reflektorische Hemmung

Diese **reflektorische Hemmung** der Muskelkontraktion verhindert, daß die Sehne bei Dehnung des Muskels übermäßig beansprucht wird, und ermöglicht, auf die Dehnungsreserve der Muskelfaser zurückzugreifen. In gleicher Weise reagieren die Golgi-Organe auch bei starker Kontraktion auf die zunehmende Verkürzung des Muskels. Da die Verkürzung des Muskels die Sehne beansprucht, ist es als eine Schutzreaktion anzusehen, wenn ab einer gewissen Beanspruchung der Dehnfähigkeit der Sehne eine reflektorische Hemmung bei weiterer Muskelkontraktion ausgelöst wird.

Die hier dargestellte Aufgabe der Muskelspindeln und Golgi-Organe kann leicht durch gezielte Dehnungsreize demonstriert werden. Bekannt ist der Patellarsehnenreflex, wobei häufig vergessen wird, daß nicht der Reflex als »schnelle Kontraktion« die enorme Bedeutung der Muskelspindelwirkung ausmacht, sondern die durch sie eröffnete Möglichkeit, ständig Informationen über den Muskel an das ZNS leiten zu können.

Erstes System der Sensomotorik

Da die Information aus den Muskelspindeln und Golgi-Organen bereits auf Rückenmarksebene geeignete Reaktionen des Muskels auslöst, deren Auswirkung ihrerseits wieder an das Rückenmark gemeldet wird, entsteht eine funktionelle Einheit, die als *1. System der Sensomotorik* bezeichnet wird.

Die Aufgabe des ersten Systems der Sensomotorik

Dieses System hat primär die Aufgabe, eine bestimmte Muskellänge und -spannung (Muskeltonus) aufrechtzuerhalten. Indem aber alle Meldungen, die in diesem System beantwortet werden können, gleichzeitig auch in andere Bereiche des Zentralnervensystems geleitet werden, können Informationen nicht nur aus Rezeptoren der verschiedenen Muskeln und Sehnen, sondern z. B. auch von Rezeptoren anderer Organe (Haut, Gleichgewichtsorgane u. a.) in übergeordneten Zentren des ZNS verarbeitet werden. Auf diese Weise ist die Reaktion abstimmbar. Abstimmung bedeutet, daß gezielt einzelne Motoneurone angeregt, andere gehemmt werden, so daß eine Bewegung erfolgen kann. Entscheidend dabei ist, daß alle Informationen an den Muskel ausschließlich über die α-Motoneurone erfolgen können, gleichgültig durch welche Reizkonstellation sie zustande gekommen sind, entweder

- auf dem einfachsten Weg durch Reizung der Muskelspindel mit direkter Reizung des Motoneurons oder
- komplizierter durch Reizung entsprechender Rezeptoren anderer Organe (der Haut, des Gleichgewichtsorganes), die ihre Information erst nach mehrfacher Umschaltung auf verschiedene Neurone (polysynaptisch) an das Motoneuron geben können.

Da jede Bewegung bzw. Kontraktion der verschiedenen Muskeln rückgemeldet wird und zudem Verlaß darauf ist, daß die Muskeln ausschließlich vermittels Motoneuron und nicht auf Eigeninitiative zur Kontraktion gebracht werden können, werden die durch Schwerkraft, Hautreizung oder Gleichgewichtsveränderung hervorgerufenen afferenten Impulse durch geeignete, aufeinander abgestimmte Muskelkontraktionen beantwortet.

Auf diese Weise sind komplizierte Tonus- und Gleichgewichtsregulationen, evtl. sogar Fluchtreaktionen möglich, die komplexe Bewegungen darstellen.

Willkürliche Bewegungsausführungen
Nun haben höher entwickelte Säuger, insbesondere der Mensch, über die hier genannten Bewegungsmöglichkeiten hinaus die Fähigkeit, von den regulatorischen Bewegungen abweichende Bewegungen auszuführen.
Ohne zur Zeit genau sagen zu können, wie die Auslösung solcher Bewegungsabläufe zustande kommt, weiß man, daß mit der Entscheidung zur Durchführung einer Bewegung Impulse vom Großhirn über andere motorische Zentren (Stammganglien) auf nervalem Weg an die Motoneurone weitergegeben werden.
Kompliziert wird die Angelegenheit paradoxerweise durch die Einfachheit der Anordnung: Die von der Großhirnrinde ausgehenden Impulse werden nämlich direkt zu den zugehörigen Motoneuronen geleitet und lösen dort eine Kontraktion der entsprechenden Muskelfasern aus.
Diese ›Direktleitung‹, aufgrund morphologischer Besonderheiten ›Pyramidenbahn‹ genannt, fügt sich damit zunächst überhaupt nicht in das diffizile, fein abgestimmte Erregungs- und Hemmungskonzept der bisher beschriebenen Systeme.

Zentralnervensystem und Pyramidenbahn

Glücklicherweise gibt die Pyramidenbahn auf ihrem Weg zu den Motoneuronen im Rückenmark zahlreiche Kollaterale (Querverbindungen) ab, die die anderen Regionen des Zentralnervensystems über das ›Vorhaben‹ der Pyramidenbahn informieren. Auf diese Weise wird eine Abstimmung zwischen willkürlich eingeleitetem Bewegungsvorhaben und den durch äußere Gegebenheiten eventuell eingeschränkten Realisierungsmöglichkeiten eingeleitet: Je nachdem, ob die afferenten Informationen aus der Peripherie (von denen hier Muskelspindeln, Golgi-Organe, Gleichgewichtsorgan angesprochen worden sind) mit der Information aus der Pyramidenbahn vereinbar oder nicht vereinbar sind, werden von den verschiedenen Zentren des ZNS auf sog. extrapyramidalen Bahnen Impulse an die Motoneurone gegeben, die eine Aktivierung des Motoneurons unterstützen oder hemmen.

Die im Rahmen einer bestimmten Bewegungsausführung beteiligten Motoneurone erhalten also nur zwei verschiedene Arten von Informationen: Aktivierung oder Hemmung. Diese erreichen die Motoneurone aber von den verschiedensten Zentren, so daß durch die Vielzahl der Informationen die Erregung des Motoneurons moduliert wird. Die Abb. 14, S. 28 zeigt die unüberschaubare Menge von Zuleitungen an einem Motoneuron.

Inhibitorische und exzitatorische Reize

Überwiegen die hemmenden Impulse (inhibitorischen Reize), so kann die Membran des Motoneurons nicht depolarisiert werden, eine Impulsgabe über den Neuriten an die Muskelfaser erfolgt nicht. Reichen die erregenden Impulse (exzitatorischen Reize) zur Depolarisation aus, so kann eine Impulsweitergabe an die Muskelfaser erfolgen. Je deutlicher die exzitatorischen die hemmenden Impulse überwiegen, um so dichter wird die Impulsfolge, was sich als hohe Impulsfrequenz – wie bereits angesprochen – positiv auf die Kontraktionsintensität der Faser auswirkt.
Die Sonderstellung, die der über die Pyramidenbahn auslösbaren Motorik zugesprochen wird, beruht auf der Möglichkeit, über diese Bahn Bewegung willkürlich auszulösen.

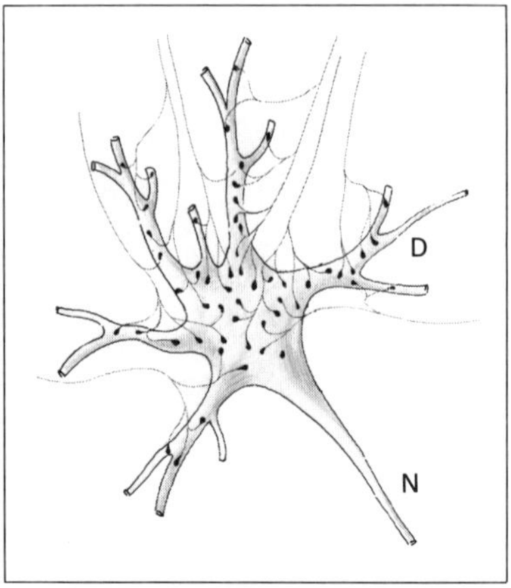

Abbildung 14 Motoneuron mit Neurit (N) und Dendriten (D), welche die über Synapsen zugeführten Reize an die Zelle weiterleiten.

Sie eröffnet damit die Freiheit, neue Bewegungen durchzuführen, die über die festen Programme der Instinkthandlung und reflektorischen Haltungskorrekturen hinausgehen. Die Durchführung solcher willkürlich initiierter Bewegungsvorhaben bereitet aber meist Schwierigkeiten, der Bewegungsablauf ist stockend, mühevoll, unharmonisch. Wie beschrieben, erklärt sich dies aus der Direktbahnung Hirnrinde – motorisches Neuron; die Abstimmung (›Harmonisierung‹) mit anderen, die Motoneurone beeinflussenden Systeme wird sträflich vernachlässigt.

Automatisierung, Koordination

Willkürliche automatische Bewegungen

Andererseits gibt es eine Vielzahl von Bewegungen, von denen man ebenfalls den Eindruck der willkürlichen Auslösbarkeit hat, die aber durchaus harmonisch ablaufen. Bewegungen dieser Art nennt man *automatisiert.* Auch sie gehen von den Pyramidenzellen der motorischen Großhirnrinde aus, aber die Weiterleitung erfolgt im Nebenschluß über viele Neurone mit zahlreichen Querverbindungen zu verschiedenen Bereichen des ZNS – Ausdruck des regen Informationsaustausches, der die Gewähr für eine optimale, rechtzeitige Abstimmung der initiierten Bewegung mit anderen Einflußfaktoren auf die Motoneurone bietet.
Da die Weiterleitung der initiierten Bewegung in diesem Fall nicht nur über die Pyramidenbahn verläuft, nennt man sie *extrapyramidal.* Die formale Trennung zwischen pyramidal und extrapyramidal ist bei der Betrachtung eines komplexen Bewegungsablaufes aber nicht mehr konsequent haltbar. Viele Bewegungskomponenten eines neuen, willkürlich eingeleiteten Bewegungsvorhabens sind meist bereits automatisiert, so daß sie extrapyramidal ablaufen können, und damit die Irritation (Reizung) der sensomotorischen Systeme durch die unbekannten, pyramidal verlaufenden Bewegungen gering halten können.
Auf der Fähigkeit, Bewegungen mit der Zeit in zunehmendem Maße extrapyramidal ablaufen zu lassen, *beruht die Möglichkeit zur Koordinationsverbesserung.*

Vordergründig handelt es sich dabei um das ›Einschleifen eines Bewegungsablaufes‹, **›Automatisieren‹.** Um die Bedeutung der Koordinationsverbesserung in ihrer ganzen Tragweite zu erkennen, ist es aber wesentlich, den Aspekt des ›*Ausschaltens von Störgrößen*‹ zu betonen.

Damit wird die gemeinsame Endstrecke aller vom ZNS ausgelösten Einflüsse auf die Bewegungsausführung angesprochen, die Strecke Motoneuron – Muskelfaser. Da ausschließlich über das Motoneuron Befehle an den Muskel gegeben werden können, müssen alle Informationen, die an das Motoneuron gegeben werden, optimal aufeinander abgestimmt sein, um die Ausführung des Befehls zu gewährleisten. Für die *Kraftausübung* bedeutet dies, daß das Motoneuron mit möglichst hoher Frequenz Impulse über den Neuriten an die motorische Endplatte geben muß, um in möglichst dichter Folge die Skelettmuskelfaser zu depolarisieren. Nur auf diese Weise können die für die Kraft entscheidenden Querbrücken zwischen Aktin und Myosin gebildet werden. Eine hohe Impulsfrequenz ist aber nur möglich, wenn die Zahl der hemmenden Informationen (= Störgrößen) an das Motoneuron niedriger gehalten wird. Das durch Koordinationsverbesserung angestrebte ›Ausschalten von Störgrößen‹ ist also die entscheidende Maßnahme, um das durch die Menge an Aktin und Myosin vorgegebene Kraftpotential nutzbar machen zu können. Dies gilt für die einzelne Muskelfaser ebenso wie für den Gesamtmuskel.

Die Bedeutung der Koordination für Kraftentwicklungen

Demzufolge kommt – neben der kontraktilen Masse – der Koordination die wesentliche Rolle für die Kraftentwicklung eines Muskels zu.

Für den einzelnen Muskel bedeutet dies: Die aktive Masse ist verantwortlich für das Kraftpotential des Muskels. Der Prozentsatz der Nutzbarkeit dieses Kraftpotentials ist aber abhängig von der Erregung der Muskelfasern durch die zugehörigen Motoneurone.

Damit möglichst viele Motoneurone eines Muskels synchron Impulse an ihre Muskelfasern weiterleiten können, müssen die die Motoneurone hemmenden Impulse niedrig gehalten werden. Hemmimpulse können z. B. über den Vestibularapparat (Gleichgewichtsorgan) und die Golgi-Organe ausgelöst werden. Störungen des Gleichgewichtes sowie starke Dehnung oder Verkürzung des beanspruchten Muskels müssen also während der Kraftbeanspruchung vermieden werden, wenn ein hoher Krafteinsatz erreicht werden soll. Je besser erfaßt wird, welche Informationen im Rahmen der Muskelkoordination im ZNS verarbeitet werden und damit Einfluß auf die zu aktivierenden Motoneurone gewinnen, desto eher eröffnen sich Möglichkeiten zur gezielten Verbesserung der Kraftrealisierung bei unverändertem Kraftpotential.

Jede Trainingsmaßnahme, die zur Verbesserung der Kraft bei unveränderter Masse durchgeführt wird, kann mithin als Koordinationstraining aufgefaßt werden.
Für den einzelnen Muskel wird dabei eine **intramuskuläre Koordinationsverbesserung** angestrebt (vgl. auch S. 34 ff.), im Zusammenwirken mit verschiedenen Muskeln wird hingegen die **intermuskuläre Koordinationsverbesserung** erarbeitet.

Die synchrone Aktivierung mehrerer motorischer Einheiten ist trainierbar, man bezeichnet sie als ›intramuskuläre Koordination‹; sie ist bestimmend für das Ausmaß der realisierbaren Kraft eines Muskels (vgl. auch S. 34ff.).
Bei gleicher kontraktiler Masse eines Muskels (potentieller Kraft) wird der Athlet mit der besseren intramuskulären Koordinationsfähigkeit die größere Kraft ausüben können (realisierbare Kraft).
Die beschriebenen Zusammenhänge verdeutlichen die auf Untersuchungsergebnissen basierende Darstellung der Literatur, die den Einfluß verschiedener Krafttrainingsformen charakterisiert durch Veränderungen
– der Maximalkraft und
– der isometrischen Kraft-Zeit-Kurve.

Die kontraktile Masse und die Koordination

Alle drei Aspekte der Kraft erfordern zur Verbesserung
– *eine Vermehrung der kontraktilen Masse und*
– *eine Verbesserung der Koordination.*

Um eine gezielte Übungsauswahl treffen zu können, die in ihrer Auswirkung dem gewünschten Aspekt gerecht wird, muß also klar auseinandergehalten werden, ob eine Massenzunahme erforderlich oder eine Verbesserung der Koordination (d. h. eine Ausschöpfung des Potentials) günstiger ist. Je nach Disziplin wird die Neigung für die eine oder andere Maßnahme zu voreiligen Entscheidungen führen, die möglicherweise Ausschließlichkeitscharakter haben. Bekanntlich stellt eine Nur-Massenzunahme zur Kraftverbesserung nicht den optimalen Weg zur Leistungssteigerung dar. Daß aber auch die ausschließliche Konzentration auf Koordinationsverbesserung das Leistungspotential nicht maximal ausschöpfen kann, sollte ebenfalls betont werden.
Die Konzentration auf techniknahe Übungen hat dann zur Folge, daß die Verbesserungsmöglichkeiten relativ frühzeitig ausgeschöpft sind und die Bedeutung des Krafttrainings wieder niedriger eingeschätzt wird, so daß ein Krafttraining von vielen Athleten häufig schon von vornherein oder aber nach kurzer Erprobungszeit abgelehnt wird.
Auf diese Aspekte gehen wir im folgenden weiter ein.

Muskelformen und -funktionen

Der funktionelle Aufbau der Skelettmuskelfaser und die Abhängigkeit seines Motoneurons von exzitatorischen Impulsen aus dem ZNS wurde bereits dargestellt.
Wesentlich ist nun die Betrachtung der Skelettmuskelfaser im Organ ›Muskel‹. Je nach Anordnung der Fasern ergibt sich für den Gesamtmuskel ein unterschiedlicher Aufbau, der für seine Funktionsfähigkeit entscheidende Bedeutung erlangt.

Gefiederte und spindelförmige Muskeln

Verlaufen die Muskelfasern in Zugrichtung oder greifen sie in einem mehr oder weniger starken Winkel ein- oder beidseitig an der Sehne an, so spricht man von spindelförmigen, von einfach und doppelt gefiederten Muskeln (vgl. Abb. 15, S. 31).
Vergleicht man die Kraft eines **gefiederten Muskels** mit der eines **spindelförmigen,** so stellt man fest, daß der gefiederte – obwohl er äußerlich nicht größer wirkt – bedeutend stärker ist. Diese Diskrepanz zwischen Erscheinungsbild und entwickelbarer Kraft beruht auf der Faseranordnung: Im gefiederten Muskel kön-

Abbildung 15 Verschiedene Arten der Muskelfaseranordnung: a spindelförmiger, b einfach gefiederter, c doppelt gefiederter Muskel. Anatomischer Querschnitt: Waagrechte in a; physiologischer Querschnitt: Additionslinie der zu den Fasern verlaufenden Senkrechten in d.

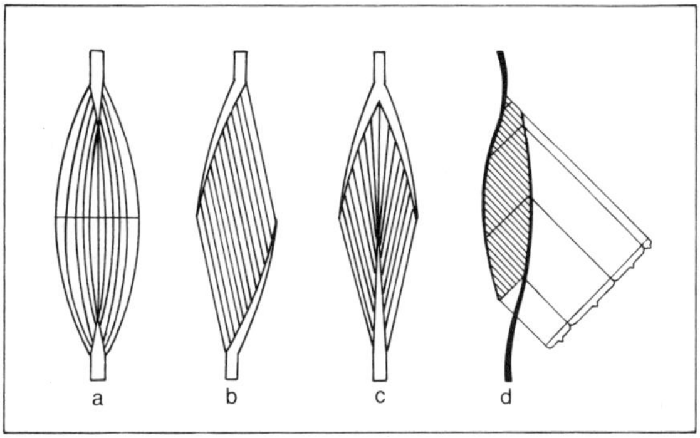

nen mehr Fasern vermittels der Sehne am Knochen angreifen. Je mehr parallele Fasern der Muskel aufweist, desto größer ist aber seine potentielle Kraft.

Will man die potentielle Kraft eines Muskels abschätzen, so muß man den Beitrag aller beteiligten Myofibrillen erfassen. Dies erfordert, daß man den Querschnitt des Gesamtmuskels so bestimmt, daß jede Muskelfaser senkrecht zu ihrem Verlauf gemessen und in die Rechnung mit einbezogen wird. Man nennt diese Größe den *›physiologischen Querschnitt‹*. Der anatomische Querschnitt mißt hingegen ungeachtet des Faserverlaufes den Querschnitt an der dicksten Stelle des Muskelbauches und gibt damit einen Eindruck über den Umfang des Muskels, bzw. seinen Platzverbrauch (vgl. Abb. 15). Der gefiederte Muskel hat somit den Vorteil einer großen Kraftentwicklung bei geringem Platzbedarf, so daß er sich besonders in Bereichen findet, die vornehmlich durch starke Kraft- und Haltearbeit gefordert werden; aufgrund des Fiederungswinkels nähern sich während der Kontraktion Ansatz und Ursprung nicht so deutlich wie bei spindelförmigen Muskeln, so daß die Kontraktionen gefiederter Muskeln keine raumgreifenden Bewegungen bewirken.

Der physiologische Querschnitt

Beim spindelförmigen Muskel fallen anatomischer und physiologischer Querschnitt zusammen, er eröffnet durch seine Anordnung der Muskelfasern die Möglichkeit, sich in Zugrichtung bei der Kontraktion stark zu verkürzen, was für den Bewegungsausschlag eines Gelenkes von entscheidender Bedeutung sein kann.

Hiermit kommt aus funktioneller Sicht ein wesentlicher Aspekt der anatomischen Anordnung der Muskelgruppen zur Sprache: Häufig ist die Knochenführung eines Gelenkes nicht ausreichend, um das Gelenk zu stabilisieren, so daß Bänder und Muskeln das Gelenk sichern müssen. Während die Bänder vornehmlich extreme Bewegungsausschläge verhindern sollen, muß die Muskulatur im Verlauf der gesamten Bewegungsausführung das Gelenk sichern helfen. Beispiele für den Einsatz bestimmter Muskelgruppen als Stabilisierungsfaktor des Gelenkes findet man insbesondere im Bereich des Schultergelenks.

Muskeln dieser Art liegen dem Gelenk möglichst dicht an, so daß sie an keinem großen Hebel ansetzen und damit eine große Gelenkwirkung erzielen. Häufig haben Muskeln aber auch eine solche **Stabilisierungsfunktion** an Gelenken, die eine ausgezeichnete Knochenführung aufweisen, z. B. das Hüftgelenk und die Wirbelsäule. Diesen beiden Bereichen fällt aber eine große Belastung durch Haltearbeit zu. Um dieser gerecht zu werden, andererseits aber auch eine genügend große Beweglichkeit aufrechterhalten zu können, muß neben Knochen- und Bandführung die Muskulatur zur Stabilisierung des Gelenkes beitragen. Solche Muskeln haben folglich eine *Haltefunktion*. Ihre Bedeutung für die Leistungsfähigkeit darf nicht unterschätzt werden, wie sich im folgenden zeigt.

Die Bedeutung der Haltefunktion

Jede Beanspruchung eines Gelenkes erfordert eine einwandfreie Gelenkführung. Ist diese nicht gewährleistet, kommt es zu Schmerzempfindungen, die über afferente Nervenbahnen an das ZNS geleitet werden und dort bereits auf Rückenmarksebene Hemmimpulse an die Motoneurone der Bewegungs-Funktionsmuskulatur geben. Diese reflektorisch ausgelöste Hemmung der Motoneurone wirkt sich als Beeinträchtigung der Bewegungsausführung aus, die um so deutlicher wird, je schnellkräftiger die Bewegung erfolgt.

Soll also die Leistung in einer **Schnellkraftdisziplin** verbessert werden, so beobachtet man häufig, daß die Maximalkraft der Hauptfunktionsmuskeln gezielt gesteigert wird, vornehmlich durch Trainingsreize, die die Muskelmasse vermehren sollen. Das anschließende Koordinationstraining bringt aber dann doch nicht den erwarteten Erfolg. Die Diskrepanz zwischen der realisierbaren Maximalkraft der ›Funktionsmuskeln‹ und der in der Bewegungsausführung erbrachten Schnellkraft verdeutlicht, daß die Muskulatur ihr Leistungsvermögen nicht zeigen kann. Der voreilige Schluß ›Er kann vor Kraft nicht laufen (schwimmen, springen oder ähnl.)‹ oder gar die Resignation ›Er kann die Kraft nicht umsetzen‹, verschließt dann leider den Blick auf die ursächlichen Zusammenhänge: Wird ein Gelenk einer erhöhten Beanspruchung unterworfen, so erhöhen sich gleichzeitig auch die Anforderungen an die Stabilisierung des Gelenkes.

Wird dem nicht Rechnung getragen, so werden ständig Informationen von den Rezeptoren der Gelenke, der Muskeln und Sehnen als sensorische Reize an das ZNS geleitet, die zur Auslösung von Hemmimpulsen führen. Dies bedeutet Aktivierung inhibitorischer (hemmender) Neurone, die das Membranpotential der Motoneurone der ›Funktionsmuskulatur‹ so stabilisieren, daß die willkürlich initiierten, exzitatorischen Impulse nur schwer eine Depolarisation der Membran des Motoneurons bewirken können. Die Folge ist eine reduzierte Impulsfrequenz der motorischen Nerven, die Kontraktionsfähigkeit des Muskels sowohl bezüglich Schnelligkeit als auch Kraft kann nicht maximal genutzt werden.
Die hier dargestellten Zusammenhänge verdeutlichen noch einmal die Bedeutung der Information aus der Peripherie für die Durchführbarkeit einer Muskelkontraktion.

Rezeptoren

Es ist nicht bekannt, aus wie vielen **Rezeptoren** Informationen zum ZNS geleitet werden und mit ihrer Verarbeitung Einfluß auf die Aktivierung oder Hemmung der Motoneurone erlangen können. Diese Vielfalt der Einflußfaktoren erklärt, warum die auf Erfahrung basierenden Trainingshinweise nicht ohne weiteres reproduzierbar sind. Es ist also notwendig, die ›Informanten‹ des ZNS und ihre Botschaft kennenzulernen, nur dann wird ihr Einfluß kontrollierbar. Testverfahren können gezwungenermaßen nur bedingt den Informanten (Rezeptor) erfas-

sen. Durch die strenge Führung eines Trainingsbuches und geschickt eingesetzte Tests kann aber Kenntnis über die möglichen Einflußfaktoren erlangt werden, die als spezifischer Reiz bestimmte Rezeptoren anregen, deren Impuls dann die Ansprechbarkeit der Motorneurone modulieren.
Wichtig ist, daß, auch wenn nicht alle hemmend wirkenden Einflüsse bekannt sind (und möglicherweise auch nie bekannt werden), das Ausschalten einiger bereits eine starke Verbesserung der Kraft zur Folge hat.

Reize und Rezeptoren

Die Begründung liegt in der Überlappung sensibler Einheiten. Ein intensiver Reiz aktiviert nicht nur unmittelbar betroffene Rezeptoren, sondern auch solche in einem größeren Umkreis, so daß mehrere sensible Einheiten aktiviert werden. Die einzelnen Rezeptoren einer sensiblen Einheit haben zudem unterschiedlich hohe Membranschwellen. Je intensiver der Reiz, desto mehr Rezeptoren der einzelnen sensiblen Einheit werden aktiviert und desto höher ist die Impulsfrequenz, die die einzelne sensible Einheit an das ZNS weiterleitet. Durch die Einbeziehung weiterer sensibler Einheiten bekommt das ZNS den Eindruck einer sehr intensiven Reizung vermittelt. Gelingt es, solche Reizung niedrig zu halten (Beispiel: Stabilisierung des Gelenkes), so werden nicht nur weniger sensible Einheiten aktiviert, sondern auch weniger Rezeptoren (diejenigen mit der niedrigsten Reizschwelle) der betroffenen sensiblen Einheit. Damit wird die Zahl der aktivierten afferenten Nervenbahnen reduziert und die Impulsfrequenz der gereizten sensiblen Einheit erniedrigt. Die Relation zwischen Reizstärke und Empfindung im ZNS kann daher als Potenzfunktion beschrieben werden (Ganong 1979, 87). Da der Grad der Empfindungsstärke über die Beeinflussung der Motoneurone entscheidet, wird deutlich, welche enormen Effekte eine Reduzierung offensichtlicher Störreize (Beispiel: mangelnde Stabilisierung des Gelenkes) für die Leistungssteigerung haben wird.

Notwendige Testanwendung

Um solche Effekte nutzen zu können, muß jede Trainingsmaßnahme auf der gewissenhaften Auswertung gezielter Tests basieren. Die Tests müssen Auskunft geben über

- die **Maximalkraft** der ›Funktionsmuskulatur‹ (bei einer möglichst isolierten Beanspruchung) und über
- die **Schnellkraft** eines spezifischen Bewegungsablaufes.

Zur Messung der Maximalkraft

Im Idealfall sollten bei der Messung der Maximalkraft die Kraft-Zeit-Kurve (vgl. Abb. 34, S. 70) und das **Kraftdefizit** (vgl. S. 68ff.) registriert werden. Auf diese Weise erhält man eine Information über den Stand der intramuskulären Koordination. Das Verhältnis zwischen Maximalkraft und Schnellkraft sollte dahingehend entwickelt werden, daß bei relativ geringer Maximalkraft ein hohes Schnellkraftniveau erreicht wird – als Ausdruck guter intermuskulärer Koordination mit wenig hemmenden Impulsen auf die aktivierenden Motoneurone (weitere Erklärungen hierzu vgl. S. 67ff.).
Ist dieses Verhältnis zugunsten der Maximalkraft verschoben, muß festgestellt werden, ob

- die physikalischen Gesetzmäßigkeiten der Bewegungsausführung beachtet werden (vgl. hierzu »physikalische Aspekte« S. 51ff.);

- die intramuskuläre Koordination auf hohem Niveau ist;
- mangelnde Stabilität der Gelenke, unsichere Haltung, mangelnde Dehnfähigkeit des Bewegungsapparates u. ä. über Gelenkrezeptoren, Golgi-Organe oder Muskelspindeln zur direkten oder indirekten Auslösung von Hemmimpulsen auf die Motoneurone führen;
- Ermüdung, mangelnde Energiebereitstellung oder ähnliches die Ansprechbarkeit des ZNS und/oder der Muskulatur reduzieren (vgl. hierzu S. 45ff.).

Intramuskuläre Koordination und Muskelhypertrophie

Zur Verbesserung der intramuskulären Koordination

Die Frage der intramuskulären Koordinationsverbesserung ist problematisch. **Intramuskuläre Koordinationsverbesserung** wird oft als ›Ausreizen‹ auf einem bestimmten Massenniveau bezeichnet, gemeint ist die synchrone Aktivierung *(Rektrutierung)* von bis zu 90–100% der motorischen Einheiten eines Muskels, die als das maximal willkürlich Erreichbare angesehen wird. Problematisch ist die Entscheidung insbesondere beim Anfänger. Zur Verbesserung der intramuskulären Koordination ist häufig ein hohes, intensives Trainingspensum zu absolvieren. Dies bedeutet aber eine starke Belastung für den passiven Bewegungsapparat, der noch nicht optimal durch Muskulatur geschützt wird.

In diesem Fall ist es wahrscheinlich günstiger, durch ein allgemeines Krafttraining die ›Verpackung‹ zu verbessern und eine Zunahme der Gesamtmuskelmasse zu akzeptieren, bevor die Möglichkeit der Leistungssteigerung durch Verbesserung der intramuskulären Koordination genutzt worden ist. Ein junger Athlet wird deshalb sein Trainingsziel auf eine allseitige Muskelausbildung konzentrieren und dabei eine Zunahme an Muskulatur erreichen.

Ein Athlet mit langjähriger Praxis und vergleichbarem Körpergewicht wird hingegen bei guter muskulärer Absicherung des passiven Bewegungsapparates sein Training auf eine intramuskuläre Koordinationsverbesserung ausrichten. Erst wenn hierdurch keine entscheidende Leistungssteigerung mehr zu erwarten ist, wird er eine Zunahme der Muskelmasse erwägen.

Die Unterteilung in *muskelaufbauendes* und *intramuskulär-koordinatives Training* darf in der isolierten Form in der Trainingspraxis allerdings nicht überzogen werden. Am Beispiel der intra- und intermuskulären Koordinationsverbesserung wurde dies bereits dargestellt (vgl. S. 29f.).

Hypertrophie und Funktionsfähigkeit

Eine ausschließliche Konzentration auf Maßnahmen zur **Hypertrophie** der Muskelfasern hat zur Folge, daß der Muskel zwar volumenreich wird, aber seine Funktionsfähigkeit in hohem Maße einbüßt. Durch die Hypertrophie der Muskelfasern kommt es bei einer Beanspruchung des Muskels (Dehnung, Verkürzung, isometrische Kontraktion) zu einer frühzeitigen Aktivierung der Golgi-Organe, die sich mit den bekannten Konsequenzen für die für das Kraftniveau entscheidende Brückenbildung zwischen Aktin und Myosin negativ auf die Motoneurone des Muskels auswirkt.

Ob die Golgi-Organe die alleinige Einflußgröße sind, ist nicht erwiesen, da sie aber auf ›niedrigster Ebene‹ (Rückenmarkebene) direkten Zugang zum Motoneuron haben, sind sie enorm wirksam in ihrer Hemmfunktion. Aber auch hier gilt ›Gefahr erkannt, Gefahr gebannt‹: Die Golgi-Organe stellen keine dem Leistungssport feindlich gesonnene Einrichtung dar, ihre Funktion dient dem

Massenzunahme muß mit Dehnübungen verbunden werden

Schutz der Sehne vor Überbeanspruchung. D. h., die *Massenzunahme des Skelettmuskels muß mit Dehnübungen verbunden werden.* Die hierdurch ausgelösten Anpassungsvorgänge in Muskel und Sehne verhindern, daß die Golgi-Organe bei Muskelhypertrophie vorzeitig die Kontraktion des Muskels hemmen.
Hierin liegt einer der entscheidenden Gründe, weshalb *Bodybuilder* bei einem Vergleich der entwickelbaren Kraft im *submaximalen* Bereich durchaus den Gewichthebern vergleichbare Leistungen zeigen, in der Maximalkraft aber deutlich unterlegen sind. Der Verzicht auf Dehnübungen zugunsten der Hypertrophie möglichst zahlreicher Muskeln reduziert den Erfolg eines eventuell durchgeführten Koordinationstrainings und damit die maximal realisierbare Kraft.
In diesem Zusammenhang sei auch auf die mögliche Gefahr hingewiesen, wenn eine *Inaktivitätsatrophie* bestimmter Muskelgruppen (z. B. nach Stillegung durch Gipsverband) durch ausschließlich isometrisches Training überwunden werden soll, ohne daß eine dynamische Beanspruchung erfolgt, die auch eine Dehnung beinhaltet. Im Tierversuch konnte gezeigt werden (WILLIAMS/GOLDSPINK 1971), daß die Immobilisation eines Muskels in verkürztem Zustand zu einer Abnahme der Zahl der in den Muskelfasern hintereinander geschalteten Sarkomere führt, während in gedehnt eingegipsten Muskeln mehr Sarkomere angebaut werden sollen.
Somit liegt der Schluß nahe, daß eine direkte Abhängigkeit zwischen **Bewegungsausmaß** und Zahl der Sarkomere in Serie besteht. Deshalb ist eine dynamische Arbeitsweise notwendig, um die Leistungsfähigkeit der Muskulatur zu gewährleisten. Daß sich die Abhängigkeit vom Bewegungsausmaß nicht nur auf die Zahl der Sarkomere in Serie auswirkt, sondern auch zu einer Faserhypertrophie führen kann, belegen Untersuchungen von SWATLAND (1980), die zeigen, daß der gefiederte Muskel sich durch Dickenzunahme seiner Fasern die Möglichkeit zur Längenzunahme verschafft (vgl. Abb. 16, S. 36). D. h., daß dynamische Beanspruchungen gefiederter Muskeln mit besonderer Beachtung der dehnenden Komponente eine Hypertrophie der Muskelfasern bewirken.
Diese Beobachtung gewinnt ihre besondere Bedeutung aus den ansonsten schwierig zu gestaltenden Maßnahmen zur Kraftsteigerung gefiederter Muskeln. Die Fiederung macht den Muskel, wie beschrieben, zu einem sehr starken Muskel. Will man durch isometrische Kontraktionen eine Hypertrophie erreichen, um die Kraft des Muskels zu erhöhen, muß man mit sehr hoher Intensität arbeiten. Dies bedeutet aber gleichzeitig eine starke Belastung des passiven Bewegungsapparates. Hat aber auch die auxotonische Kontraktion (vgl. S. 65) mit dehnender Komponente einen Effekt auf die Hypertrophie der Muskelfasern, so bedeutet dies: Training mit geringeren Gewichten, Entlastung des passiven Bewegungsapparates. Schon die geringfügige Hypertrophie der Muskelfasern gefiederter Muskeln hat einen großen Kraftzuwuchs zur Folge, da die Dickenzunahme der Fasern zu einer Veränderung des Ansatzwinkels führt, die einer Verbesserung der Wirkung gleichkommt, noch bevor der anatomische Querschnitt des Gesamtmuskels eine bedeutende Zunahme zeigt.

Vorsicht vor isometrischen Kontraktionen

Die Bedeutung der **dynamischen Bewegungsabläufe** neben den isometrischen Kontraktionen könnte zu der Schlußfolgerung führen, in das Krafttrainingsprogramm von vornherein nur noch disziplinnahe Übungen, am besten gleich die

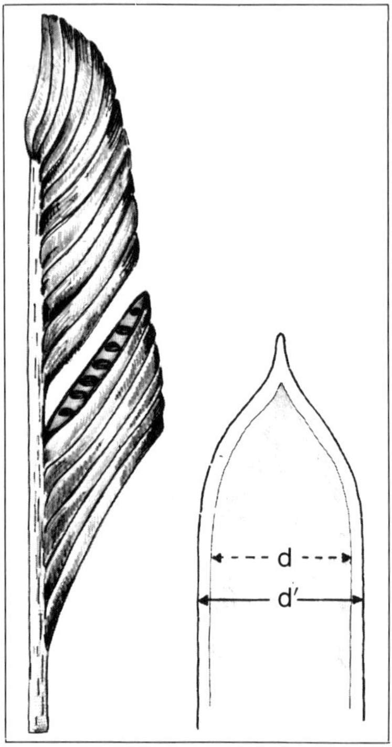

Abbildung 16 Längenanpassung des gefiederten Muskels durch Muskelfaserhypertrophie.

Wettkampfübungen, einzuplanen. Der Erfolg einer solchen Maßnahme ist beschränkt – nicht nur durch die erhöhte Gefahr der Schädigung des passiven Bewegungsapparates. Abgesehen von der unvermeidbaren Monotonie sind auch die angestrebten Adaptationsvorgänge nicht erreichbar: Ohne Zusatzlast hat ein solches Training nur so lange Erfolg, solange eine Verbesserung der intermuskulären Koordination und der Kontraktionsgeschwindigkeit möglich ist. Mit Zusatzlast verlangsamt sich der Bewegungsablauf, weil unter diesen Bedingungen die ›Funktionsmuskulatur‹ nicht mehr im erforderlichen Maße durch die Haltemuskulatur unterstützt werden kann, da diese nicht mehr kräftig genug ist. Der Trainingsreiz bewirkt eine Hypertrophie der *›Funktionsmuskulatur‹* bei gleichzeitiger Veränderung des Innervationsmusters. Die *Schnelligkeitskomponente* wird damit trotz Kraftzuwachs negativ beeinflußt.

Die Bedeutung der intramuskulären Koordination

Deshalb ist das Niveau der intramuskulären Koordination von entscheidender Bedeutung, wenn das Ausmaß der Hypertrophie bewußt in Grenzen gehalten werden muß.

Muskelfasertypen

Wurde die Skelettmuskulatur bis zu diesem Punkt in ihrer Aufgabe als ausführendes Organ von Bewegungen unter Berücksichtigung anatomischer Gegebenheiten (kontraktile Elemente, Muskelformen) und neurophysiologischer Bedingungen ihres Einsatzes (Erregung der Skelettmuskelfaser, Muskelspindeln, Erstes System der Sensomotorik) beschrieben, so ergaben sich hieraus Schlußfolgerungen für die Trainingspraxis, die erfolgversprechende Maßnahmen durch

- Verbesserung der intramuskulären Koordination und durch
- Muskelaufbau (Hypertrophie) erklären.

Die Erfahrung der Trainingspraxis zeigt jedoch, daß nicht jeder Athlet, der sich den entsprechenden Trainingsmaßnahmen unterzieht, den gleichen Erfolg hat. Ein entscheidender Grund hierfür liegt offensichtlich darin, daß verschiedene Muskelfasertypen existieren, deren Verteilung innerhalb der Muskelgruppen genetisch festgelegt ist.

Zwar haben alle Skelettmuskelfasern den prinzipiell gleichen Aufbau, sie sind aber hinsichtlich ihres Einsatzes abhängig von Informationen, die sie ausschließlich vermittels der sie versorgenden Nerven erhalten (vgl. S. 16). In Abhängigkeit von der Impulsfrequenz, die die Skelettmuskelfaser erreicht, wird sie vor die Aufgabe gestellt, geeignete Voraussetzungen zu schaffen, um die Impulse mit Reaktionen ihrer Sarkomere beantworten zu können – ein Vorgang, der die Kontraktion der Muskelfaser bewirken soll.

Die Größe der Motoneurone

Nun unterscheiden sich die **Motoneurone** bezüglich der Größe ihrer Zellkörper und der Dicke ihrer Neurite und leiten damit Impulse mit unterschiedlicher Geschwindigkeit.

Große Motoneurone mit schneller Impulsleitung, die die Muskelfaser mit hoher Impulsfrequenz zu Kontraktionen veranlassen können, bewirken in den von ihnen versorgten Fasern eine Spezialisierung im Sinne anaerober Energiebereitstellung. Sie erlauben allerdings auch eine reiche Ausstattung mit Myofibrillen, da die Sauerstoffversorgung unter Belastungsbedingungen für diese Fasern eine untergeordnete Rolle spielt, und die Dickenzunahme der Muskelfaser in Kauf genommen werden kann.

Derart innervierte Muskelfasern (›weiße Fasern‹ oder Fast-Twich-Glycolytic-Fasern, sog. FTG-Fasern) scheinen damit für Schnellkraft-Beanspruchungen prädestiniert zu sein.

Kleine Motoneurone mit geringer Impulsfrequenz ermöglichen den von ihnen innervierten Muskelfasern (›rote Fasern‹ oder Slow-Twich-Fasern, sog. ST-Fasern) die aerobe Energiebereitstellung und begünstigen folglich die Ausprägung all jener Komponenten, die die Muskelfaser zur langandauernden Arbeit befähigen (z. B. Anreicherung mit sauerstoffbindendem Myoglobin, Ausstattung aerober Enzyme, Gewährung günstiger Diffusionsbedingungen; vgl. Tab. 1, S. 40). Die Übergänge zwischen den Größen der Motoneurone sind fließend. Die entsprechend unterschiedlichen Einflüsse auf die Muskelfasern können histochemisch erfaßt werden und erlauben die Darstellung unterschiedlicher Muskelfasertypen. Für die Praxis hat sich eine Beschränkung auf drei Muskelfasertypen bewährt: Neben den bereits vorgestellten FTG- und ST-Fasern zählt hierzu der sog. Intermediär-Typ, der zwar schneller als die roten Fasern kontrahieren kann, trotzdem aber noch vergleichsweise günstige Bedingungen für die aerobe Energiebereitstellung bietet (Fast-Twich-Oxidativ-Faser, sog. FTO-Fasern).

Zum Einsatz und Training der Muskelfasertypen

Die verschiedenen Muskelgruppen des Menschen sind jeweils aus weißen, intermediären und roten Muskelfasertypen zusammengesetzt.

Es bereitet Schwierigkeiten, Angaben über den Einsatz dieser FTG-, FTO- und ST-Fasern mittels Messungen zu erhalten, da ein direkter Zugang zu den einzelnen Fasern im Rahmen eines Bewegungsablaufes nicht möglich ist. Wir sind demzufolge gezwungen, meßtechnisch mögliche Untersuchungen hinsichtlich ihrer Ergebnisse unter Nutzung der Kenntnisse aus der Neurophysiologie zu diskutieren. (Zur Überprüfung, ob die Ergebnisse derzeit korrekt interpretiert werden, müssen künftige Untersuchungen der Biomechanik und Neurophysiologie abgewartet werden.)

Einsatz und Kraftwirkungen von Muskelfasern

Der Einsatz und die **Kraftwirkung der Muskelfasern** bei Bewegungen müssen in Verbindung gesehen werden mit:

- der prozentualen Verteilung von FT- und ST-Fasern,
- der Anzahl der Fasern in einem Muskel,
- der synchronen Aktivierungsfähigkeit dieser Fasern (Rekrutierung, intramuskuläre Koordination),
- dem Querschnitt der Fasern,
- der Anspannungs- bzw. Kontraktionsgeschwindigkeit der Fasern (Impulsfrequenz) und
- dem äußeren Widerstand (Belastung).

Derzeit können unseres Erachtens hierzu folgende Vorstellungen aufgezeigt werden:

Fasereinsatz bei langsamem Kraftanstieg

Unabhängig von der prozentualen Faserverteilung kann man sich den Einsatz der Fasern bei langsamen Bewegungen und ansteigender Belastung wie in Abb. 17 skizziert vorstellen: Bei bis ca. 40% Belastungsintensität werden vorwiegend ST-Fasern beansprucht; bei steigender Belastung schalten sich entsprechend die FTO- und FTG-Fasern zu, bis das Maximum des Fasereinsatzes von ca. 95% erreicht ist. Die Muskeln verfügen dann stets noch über eine sog. Faserreserve, d. h. es kommen offensichtlich nie alle Fasern gleichzeitig zum Einsatz (Schutzmechanismus). Die individuelle Kraftrealisierung ist dann um so höher, je stärker sich Anzahl und Querschnitt der Fasern in Verbindung mit der intramuskulären Koordination durch ein Training in den hohen Intensitätsbereichen herausgebildet haben.

Fasereinsatz in Abhängigkeit von der Anspannungsgeschwindigkeit

Bei konstanter Größe eines äußeren hohen Widerstandes werden bei geringen Anspannungsgeschwindigkeiten der Muskulatur zunächst ausschließlich rote Fasern aktiviert. Steigert sich die Anspannungsgeschwindigkeit, übernehmen die FT-Fasergruppen die Arbeit (vgl. Abb. 18). Das bedeutet in der Praxis für die Maximalkraft, die letztlich vom Faserquerschnitt, der Frequenz und der Rekru-

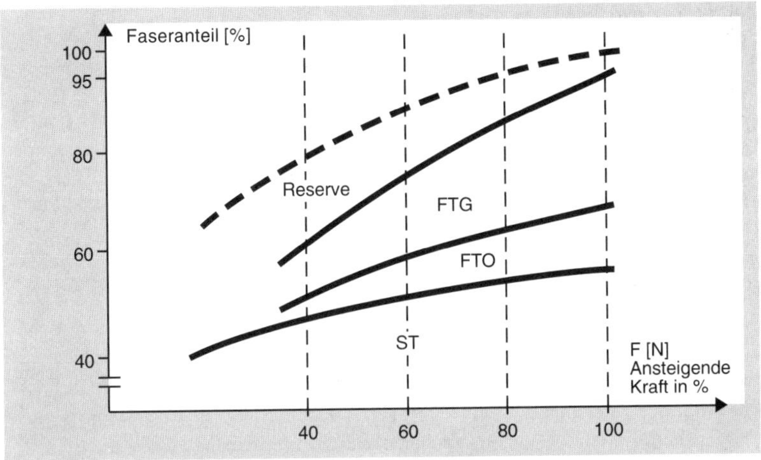

Abbildung 17 Möglicher Fasereinsatz bei langsamen Bewegungen und ansteigender Kraftrealisierung.

tierung möglichst vieler Fasern gleichzeitig gekennzeichnet ist, daß die Effektivität ihrer Steigerung von hohen Widerständen mit der gleichzeitigen Anwendung hoher Anspannungsgeschwindigkeiten abhängig ist (vgl. auch SCHMIDTBLEICHER 1980 und RÜHL/WITTEKOPF 1984).

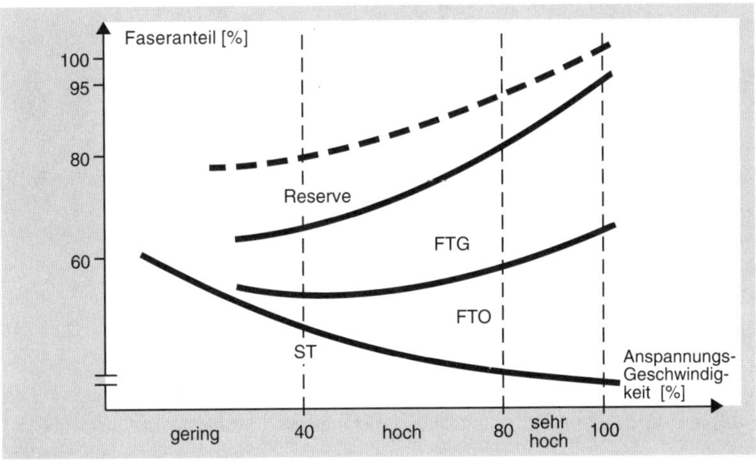

Abbildung 18 Vorstellungsmodell des möglichen Fasereinsatzes in Abhängigkeit von der Anspannungsgeschwindigkeit bei konstant hohen Bewegungswiderständen.

Zur Besonderheit der FT-Fasern und zur Schnellkraft

Der Prozentsatz der FT-Fasern ist auch bei genetisch bedingtem hohem Anteil (sog. ›geborene Sprinter‹) nicht ausreichend, um neben der schnellen Verkürzung möglichst auch die entsprechende Kraft zu bieten. Man kann die FT-Fasern zwar durch Trainingsmaßnahmen zur Hypertrophie anregen, aber die Möglichkeiten sind begrenzt: Die Belastung zur Auslösung von Hypertrophievorgängen muß hoch sein. Um aber sicher zu sein, daß auch wirklich gezielt die FT-Fasern angesprochen werden, müßten die Kontraktionen schnell und mit einer Verkürzung des Muskels erfolgen. Die Reizintensität ist damit auf ein für kraftinduzierende Wirkung recht niedriges Niveau gezwungen. Die anaerob-alaktazide Energie-

Wie werden FT-Fasern gereizt?

›Rote‹ und ›weiße‹ Muskelfasern

Tabelle 1 Vergleichende Darstellung »roter« und »weißer« Muskelfasern

Aussehen im unbehandelten Zustand	»rot« (aufgrund eines hohen Myoglobingehalts) dünn	»weiß« (blaß im Vergleich zur sog. roten Faser) dick
Kontraktionsgeschwindigkeit	langsam	schnell
Hauptfunktion	Ausdauer, aber auch günstige Voraussetzungen für Haltearbeit	Schnellkraft
Beispiele für Muskeln mit überwiegendem Gehalt an bestimmten Fasertypen	– gerader Bauchmuskel (M. rectus abdominis) – Schollenmuskel (M. soleus)	– Zweiköpfiger Oberarmmuskel (M. biceps brachii) – Wadenmuskel (M. gastrocnemius)
Faserverteilung (genetisch festgelegt?) embryonal	im wesentlichen nur langsame Fasern	
Normalperson	40%	60%
Gewichtheber	50%	50%
Marathonläufer	überwiegend »rote« Fasern (?)	(?)
Sprinter	(?)	überwiegend »weiße« Fasern (?)
Trainingswirkung stat. Krafttraining	Querschnittzunahme[1] bis 15%	Querschnittzunahme bis 11%
dyn. Krafttraining	Querschnittzunahme um 13%	Querschnittzunahme um 14%
aerobes Ausdauertraining	Zunahme der oxydativen Aktivität	Zunahme der oxydativen und anoxydativen Aktivität

[1] Die Zunahme ist abhängig vom Leistungszustand

bereitstellung erfordert darüber hinaus, daß das Training im erholten Zustand und nur mit wenigen Wiederholungen (ca. 6 pro Satz/Serie) durchgeführt wird, so daß auch die Reizdauer begrenzt ist.
Die Einhaltung dieser Bedingungen erzwingt eine sehr kontrollierte Trainingsarbeit, deren Erfolg in keinem Verhältnis zum Aufwand steht. Da ein solches Training Spaß macht (›nicht zu hart, nicht zu lang, aber schnell‹), wird es von den Athleten gern akzeptiert.
Der Trainer, ständig auf der Suche nach motivierenden Trainingsformen, die gewünschte Adaptationen hervorrufen, wird sich nun überlegen müssen, wann und wo er diese Übung ins Trainingsprogramm einbaut.
Die Übung gehört an den Anfang einer Trainingseinheit unmittelbar nach der intensiven (!) Aufwärmarbeit.
Warum? Das Interesse an der Beanspruchung der FT-Fasern liegt im Rahmen des **Schnellkrafttrainings** weniger in einer Hypertrophieauslösung der FT-Fasern als vielmehr in der Wirkung auf die Motoneurone der langsamen Muskelfasern (vgl. Abb. 19, S. 42).
Wie ist das zu verstehen?
Bei der Besprechung der Muskelfasern wurde auf die Empfindlichkeit der Muskelspindeln auf Dehnung bereits hingewiesen (vgl. S. 24ff.).

Zur Aktivierung der γ-Fasern

Durch die obengenannten Übungen (und wie überhaupt bei jeder Bewegung) wird die Aktivierung der γ-Fasern eingeleitet: Die Bewegung, vom Großhirn initiiert, verläuft weitgehend extrapyramidal und aktiviert gleichzeitig mit den α-Motoneuronen der Muskelfasern auch die γ-Motoneuronen der Muskelspindeln. Die hierdurch reaktiv ausgelösten exzitatorischen Impulse werden auch auf Motoneurone mit hoher Membranschwelle (sie aktivieren die ›roten‹ Fasern) geleitet. Diesen Effekt gilt es zu nutzen!
Wird nach der einleitenden Übung die Kraftbeanspruchung gesteigert, so ist der Muskel auf den Einsatz der langsameren Fasern angewiesen. Deren Membranschwelle ist aber durch die exzitatorischen Reize während der einleitenden Übung bereits deutlich erniedrigt, so daß die Erregbarkeitsdifferenz zwischen den Motoneuronen schneller und langsamer Fasern nicht mehr so hoch ist. Bei guter intermuskulärer Koordination wird die Menge inhibitorischer Impulse niedrig gehalten, so daß die Möglichkeit zur hohen Impulsfrequenz der Motoneurone auch von dieser Seite positiv beeinflußt wird.
Der Einsatz kurzer Beanspruchungsübungen der FT-Fasern wirkt sich damit positiv auf die Schnellkraftleistung des Gesamtmuskels aus.
Bei starker Beanspruchung eines Motoneurons wird allerdings eine vom Neuriten abzweigende Faser aktiviert, die direkt zum Rückenmark zurückläuft und dort über eine sog. Renshaw-Zelle einen Hemmimpuls an das Motoneuron bewirkt. Dieser Mechanismus ist unvermeidbar, aber man kann versuchen, seine Effektivität einzuschränken, indem man nach Möglichkeiten sucht, die exzitatorischen Reize an das betreffende Motoneuron zu erhöhen.
Dies gelingt z. T. durch Nutzung der Ia-Fasern. Je besser man – im Rahmen der Technik – den Muskel nach einer Kontraktion dehnt, desto mehr kann man die durch die Muskelspindelafferenzen bewirkte Aktivierung der Motoneurone fördern. Aber auch innerhalb des Rückenmarks scheinen Möglichkeiten gegeben zu

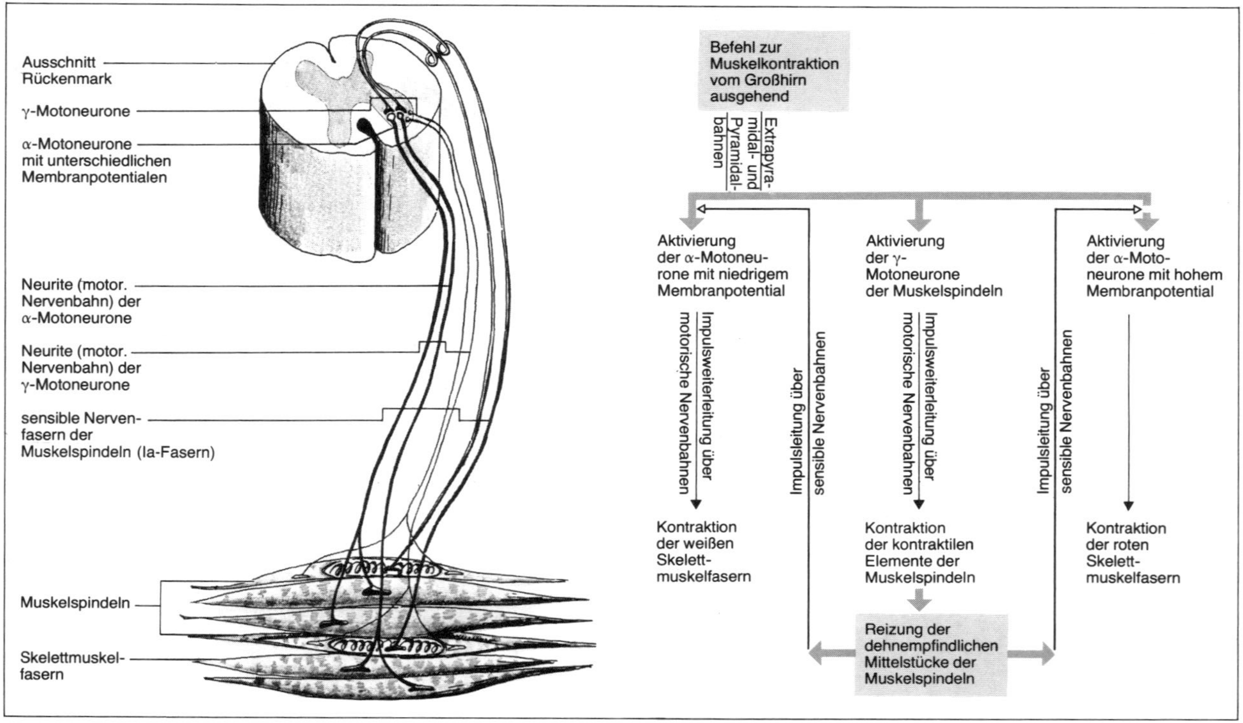

Abbildung 19 Darstellung der Nutzung schneller Muskelfasern zur Verbesserung des Einsatzes langsamer Muskelfasern bei Schnellkraftbeanspruchungen.

sein, die Motoneurone unabhängig von der extrapyramidal ablaufenden Aktivierung exzitatorisch zu beeinflussen. So ist aus der klinischen Untersuchung ein Phänomen bekannt, das als ›Jendrassekscher Handgriff‹ Anwendung findet, wenn bei einem Patienten die Auslösung des Patellarsehnenreflexes Schwierigkeiten bereitet: Der Patient wird aufgefordert, die Hände ineinander zu fassen und kräftig zu ziehen. Man erreicht durch die Aktivierung der Muskulatur des Schulter-Arm-Bereiches offensichtlich eine im Rückenmarksbereich ablaufende Auslösung exzitatorischer Reize an Motoneuronen der Oberschenkelstrecker. Die Schwelle dieser Motoneurone wird dabei soweit erniedrigt, daß nur noch eine geringfügige Reizung (hier: Dehnung des Muskels) genügt, um seine Kontraktion zu erwirken.

Jendrassekscher Handgriff

Bei schnellkräftigem Einsatz des M. quadriceps femoris (Oberschenkel-Vorderseite) machen sich die Athleten dieses Phänomen bewußt oder unbewußt zu Nutzen:

- Das Hochbringen der Ellenbogen beim Aufrichten aus der tiefen Kniebeuge mit der Hantel vor der Brust.
- Der kräftige Einsatz der Arme beim Sprint, deren Bedeutung für die Erhöhung der Schrittfrequenz damit verständlich wird. Wenn sie nur pendeln, können sie keinen aktivierenden Einfluß auf den Beineinsatz haben.

Diese erstrebenswerten Anpassungsvorgänge sind nur durch ein aufwendiges Training erreichbar. Um effektiv sein zu können, müssen die Übungen technisch korrekt durchgeführt werden. Die Exaktheit leidet aber, wenn Ermüdungserscheinungen Ausweichbewegungen auslösen.

Zum Verlauf von Kraft-Zeit-Kurven und mögliche Faserumwandlung

Die Diskussion um die willkürliche Aktivierung roter und weißer Muskelfasern bzw. der motorischen Einheiten, die ST- und FT-Fasern enthalten, kann man zusammenfassend in sog. Kraft-Zeit-Kurven darstellen. Die Steilheit und das Maximum solcher Kurven sind abhängig

Kraft-Zeit-Kurven

- vom prozentualen Anteil der ST- und FT-Fasern im untersuchten Muskel (vgl. Abb. 20a, S. 44) und
- vom Trainingszustand und den auf S. 38 aufgeführten Aspekten (vgl. Abb. 20b, S. 44).

Hinsichtlich der **Umwandlung von Fasern** durch Training besagen neueste wissenschaftliche Erkenntnisse folgendes:

Umwandlung von Fasern

- Eine *Umwandlung* der FTG-Fasern (IIb-Fasern) *durch Ausdauertraining* ist möglich; die FTG-Fasern können völlig verschwinden; die Veränderung der FTG-Fasern in langsame ist dabei eine Mischung aus funktioneller Anpassung und morphologischer Umwandlung (Hoppeler 1992),
- auch durch *Krafttraining* kann ein Fasertypenwechsel stattfinden; so wiesen Staron et al. (1991) und Adams et al. (1993) nach, daß nach einem 7wöchigen Querschnittstraining eine erhebliche Reduktion der IIb-Fasern zugunsten der IIa- und I-Fasern eintrat und nach 13–20 Wochen Hypertrophietraining überhaupt keine IIb-Fasern mehr nachweisbar waren. Durch spezifisches Schnellkrafttraining ist eine entsprechende Rückbildung wieder möglich, ebenso durch mehrwöchige Trainingspausen,

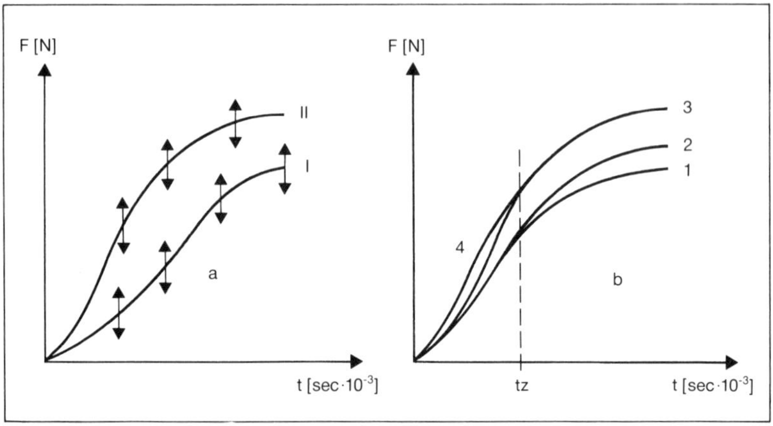

Abbildung 20 **a:** Kraft-Zeit-Kurven in Abhängigkeit vom Anteil verschiedener Muskelfasern; **b:** Kraft-Zeit-Kurven nach unterschiedlichen Trainingsmaßnahmen (siehe Text).

– eine trainingsbedingte morphologische Umwandlung von langsam zuckenden Fasern in IIb-Fasern ist bislang nicht nachgewiesen worden.

Wirkungen von ST- und FT-Fasern

Außerdem sei an dieser Stelle gesagt, daß ein höherer Anteil an ST- oder FT-Fasern den Kurvenverlauf entsprechend der Darstellung I (= ST-Fasern) bzw. II (= FT-Fasern) in Abb. 20a beeinflußt. In Abhängigkeit vom Kraftpotential (festgelegt durch die Anzahl kontraktiler Einheiten) der aktivierten Muskelfasern ist hierbei eine Veränderung der erreichbaren Kraftwerte (↕) möglich. Betrachtet man die Kurvenverläufe bei unterschiedlichen Trainingsbedingungen, so ergeben sich, wie in Abb. 20b gezeigt, folgende Bilder: Im untrainierten Zustand zeigt die Kurve eine relativ geringe Steilheit und ein kleines Maximum (Kurve 1); letzteres erhöht sich nach einer Phase des **Muskelaufbautrainings** (Kurve 2). Nach einem **intramuskulären Koordinationstraining** steigern sich beide Parameter, die Steilheit und das Maximum (Kurve 3). Weiterhin kann für Schnellkraftsportarten durch geeignete **Schnellkrafttrainingsmaßnahmen** die Kontraktionsgeschwindigkeit der FT-Fasern verbessert werden. Die Kurve 4 in Abb. 20b ergibt sich jedoch hierbei offensichtlich nur, wenn diese Trainingsmaßnahmen auf einer hohen Maximalkraft aufbauen und wenn gewährleistet ist, daß das Zusammenwirken aller an der schnellkräftigen Bewegung beteiligten FT-Fasern gegeben ist (= intermuskuläre Koordination; vgl. auch Ausführungen zum Schnellkrafttraining auf den Seiten 69ff.).

Letztlich sei ergänzend auf den Zusammenhang zwischen Krafteinsatz, Bewegungsgeschwindigkeit und Muskelfasereinsatz bei abnehmendem Widerstand hingewiesen: Bei hohen Widerständen ergeben sich niedrige Bewegungsgeschwindigkeiten (dies zeigte bereits Hill) bei Einsatz offensichtlich aller Muskelfasern. Nimmt die äußere Belastung ab, erhöht sich die Bewegungsgeschwindigkeit bei gleichzeitig abnehmender Maximalkraft, und die Kraft selbst wird vorwiegend von den weißen Fasern realisiert (Schnellkraft bzw. Schnelligkeit; vgl. Abb. 21).

Stiffness des tendomuskulären Systems

Darunter wird die Härte des Muskel-Sehnen-Gewebes verstanden, die aufgrund des Widerstands gegen dehnende Kräfte entsteht. Sie ist von großer Bedeutung für die Speicherung elastischer Energie und deren Wiederverwendung als elastische Kraft (= **Reaktivkraft**). In Abhängigkeit von einer hohen Dehnungsgeschwindigkeit und geringer Dehnungslänge ist die Muskelhärte infolge eines starken initialen Spannungsanstiegs zu Dehnungsbeginn besonders hoch. Im weiteren Dehnungsverlauf nimmt die Härte wieder ab. Dies wird mit der kurzen Lebensdauer (maximal 200 ms) der ersten Brückenbindungen zwischen Myosin- und Aktinfilamenten erklärt. Für die hohe Nutzung elastischer Energie ist deshalb die sogenannte **kurzzeitige reaktive Spannungsfähigkeit** (= short range elastic stiffness, SRES), wie sie in der Reaktivkraft auftritt, von besonderer Bedeutung (Weiteres vgl. S. 71).

Reaktive Spannungsfähigkeit

Die Entstehung der reaktiven Stiffness ist ein neurales und materiales Geschehen: Ursächlich wirken Vorinnervation, Reflexinnervation (= neurales Geschehen) sowie die Elastizität, Viskosität und Plastizität des Muskel-Sehnen-Gewebes (= viskoelastisches Verhalten) zusammen. Das nervale Geschehen ist dabei ganz im Dienste der materialen Stiffness zu sehen.

Zur Energiebereitstellung und zur Regeneration

Bei Schnellkraftleistungen ist es wünschenswert, die Muskulatur und das ZNS nur im erholten Zustand zu beanspruchen. Der erforderliche Trainingsumfang erlaubt aber nur eine begrenzte Erholungszeit.

Man muß folglich die **Erholungsfähigkeit** der Muskulatur verbessern. Dies ist möglich durch eine *Verbesserung der aeroben Versorgungsbedingungen,* d. h. eine Verbesserung der aeroben Ausdauerleistungsfähigkeit.

Bedeutung der aeroben Ausdauerleistungsfähigkeit

Im Moment der Kraftbeanspruchung wird der Muskel zwar anaerob belastet, aber durch eine Optimierung von O_2-Versorgung des Muskels über die Kapilla-

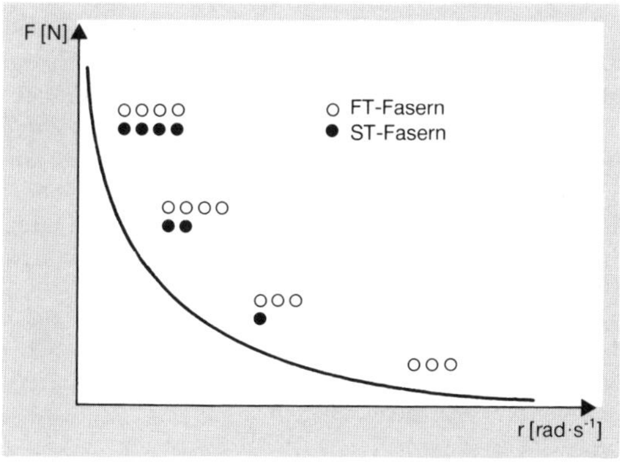

Abbildung 21 Der Zusammenhang zwischen Krafteinsatz, Bewegungsgeschwindigkeit und Muskelfasereinsatz bei abnehmendem Widerstand (in Anlehnung an HOLLMANN/HETTINGER 1980, 179 und BOSCO 1985, 20).

ren und eine Verbesserung der metabolischen Nutzung des angebotenen Sauerstoffes in der Muskelfaser kann in den Erholungsphasen die Regeneration des Muskels beschleunigt werden.
Wenn die zu absolvierende Leistung nicht durch wenige kräftige Muskelkontraktionen erbracht werden kann, wird dieser Aspekt der Energiebereitstellung und Beschleunigung der Erholungsfähigkeit zur leistungsbestimmenden Größe.
Somit erlauben aerobe Stoffwechselbedingungen des Organismus der Muskulatur, ein großes Arbeitspensum zu absolvieren.
Die Bedeutung der Wiederherstellungsfähigkeit wird besonders klar bei näherer Betrachtung des Kontraktionsvorganges der Muskulatur.
Gleichgültig, ob die Kontraktion der Muskulatur im Rahmen einer Ausdauerbelastung, einer Schnelligkeits- oder Kraftbeanspruchung erfolgt, die Reaktion zwischen Aktin und Myosin ist jeweils abhängig von den gleichen Bedingungen: Die Depolarisierung der Muskelfaser hat eine explosionsartige Freisetzung von Ca^{++}-Ionen ins Zellinnere zur Folge.
Die Ca^{++}-Ionen binden sich an die auf dem Aktinfilament befindlichen Tropomyosin-Troponin-Moleküle. Diese Verbindung hat zur Folge, daß das Aktin jetzt zur Bindung mit dem Myosin freiliegt. Erst wenn das Aktin freiliegt, kann es ein am Myosinköpfchen lokalisiertes Enzym aktivieren, das das ebenfalls am Myosinköpfchen befindliche ATP spaltet. Mit diesem Vorgang der **ATP-Spaltung,** die chemische Energie freisetzt, werden die in ihren Einzelheiten bis heute unverstandenen Schritte zur mechanischen Arbeit eingeleitet: Das Myosinköpfchen kann sich jetzt an ein Aktinmolekül des dünnen Filamentes binden und durch eine Umklappbewegung die bereits beschriebene Bewegung des Aktinfilamentes in Richtung Sarkomermitte bewirken. Um aus dieser Position wieder befreit zu werden, muß ATP zur Verfügung stehen, seine neuerliche Bindung an das Myosinköpfchen bewirkt die Lösung des Aktin-Myosinkomplexes.

ATP-Spaltung

Um dies zu schaffen, muß gleichzeitig aber auch die Ca^{++}-Konzentration im Zellinneren wieder reduziert werden, damit der Troponin-Tropomyosin-Komplex wieder die Aktinmoleküle an einer Aktivierung der Myosin-ATP-ase hindern kann, andernfalls das ATP am Myosinköpfchen sofort wieder gespalten würde und eine Lösung des Aktin-Myosin-Komplexes unmöglich wäre. Steht kein ATP zur Verfügung, verharren die beiden Moleküle in der Querbrückengestaltung, man spricht vom Muskel-Rigor (= Muskelstarre).

Muskelrigor

Sowohl der ATP-Aufbau als auch der Ca-Rücktransport ins sarkoplasmatische Retikulum sind energieverbrauchende Schritte. Wie Untersuchungen gezeigt haben, wird der ATP-Gehalt der Muskelfasern aber ständig auf einem bestimmten Niveau gehalten, so daß mit einer vermehrten Beanspruchung der Muskelarbeit direkt die Maßnahmen zum Wiederaufbau und zur Energiegewinnung gefordert werden.
Für Ausdauerbelastungen leuchtet dies jedem Athleten ein, auch für Schnelligkeitsbeanspruchungen hat sich diese Erkenntnis durchgesetzt, aber bezüglich Kraftbeanspruchungen glauben die Sportler, mit den Kreatinphosphatreserven der Muskulatur die Wiederaufbauenergie in ausreichendem Maße zur Verfügung stellen zu können.

Für eine begrenzte Anzahl von Muskelkontraktionen ist dies sicherlich zutreffend, aber für die Leistungsfähigkeit der Muskulatur im Verlaufe eines Trainingsprogrammes entscheiden die **aeroben Versorgungsbedingungen** des Muskels über die Sicherung der ATP-Bilanz und über die Möglichkeit der Ca^{++}-Rückresorption.
›Harte‹ Muskulatur ist damit als sicheres Zeichen unzureichender energetischer Absicherung aufgrund schlechter Versorgungsbedingungen der arbeitenden Muskulatur anzusehen. Die Zunahme der Muskelmasse erhöht im gleichen Maße den Bedarf an O_2-Versorgung: Ein leistungsfähiger Athlet wird deshalb im Training durch seine gezielte Aufwärmarbeit vor dem Training und sein fortgesetztes Sich-Bewegen auch zwischen den Übungen auffallen.
Alle diese Maßnahmen zielen auf eine Förderung der Durchblutung und damit Verbesserung der O_2-Versorgung der arbeitenden Muskulatur auch während des Trainings hin.
Da die durch das Training angestrebten Adaptationen der Muskulatur in der Erholungsphase erst ablaufen können, wenn im Muskelgewebe die belastungsbedingten Milieuveränderungen beseitigt sind, sind Geschwindigkeit und Ausmaß der Anpassungsvorgänge von der Erholungsfähigkeit abhängig. Die Milieuveränderungen beruhen vor allem auf der Ansammlung von Stoffwechselprodukten (Metaboliten).
Um diese im Muskel abbauen oder aus dem Muskel entfernen zu können, muß die Durchblutung des Gewebes ausreichend sein. Nur auf diese Weise ist gewährleistet, daß genügend Sauerstoff zum Abbau bereitgestellt wird, bzw. daß der Abtransport der Metaboliten beschleunigt werden kann.

Bedeutung der lokalen Muskelausdauer

Durch ein Ausdauertraining lokaler Art werden die Voraussetzungen hierfür entscheidend verbessert:
- Vermehrte Kapillarisierung, im Sinne einer Vergrößerung der Austauschfläche Kapillare – Muskelfaser, zur Steigerung der Blutversorgung des Muskels;
- Zunahme von Mitochondriengröße[1] und -zahl mit Vermehrung aerober Enzyme zur Beschleunigung der Energiebereitstellungsmöglichkeiten für die Metabolitenbeseitigung.

Eine gute Grundlagenausbildung des Athleten im allgemeinen Ausdauerbereich muß die Voraussetzung für die mögliche Adaptation des Herzkreislaufsystems schaffen; im fortgeschrittenen Training ist der Zeitaufwand hierfür nur noch bedingt gegeben. In diesem Stadium bis zum Hochleistungstraining sind Maßnahmen zur Verbesserung der lokalen aeroben Ausdauer aber unverzichtbarer Trainingsbestandteil.
Aus den unterschiedlichen Voraussetzungen der aeroben Energiebereitstellung erklären sich auch die Schwierigkeiten, verbindliche Zeitangaben für die Erholungspause zwischen den einzelnen Übungsbelastungen einer einzelnen Trainingseinheit zu geben.

[1] Mitochondrien sind ca. 1 μm große Zellorgane, in denen die aerobe Energiegewinnung stattfindet.

Tabelle 2 Energieliefernde Stoffwechselvorgänge[1)] (grob dargestellt)

Anaerob-alaktazid	1. ATP ⇌ ADP + Pi + freie Energie 2. KP + ADP ⇌ Kreatin + ATP	ca. 2″ ca. 6–8″ (–20″)
Anaerob-laktazid	3. Glykogen/Glukose + Pi + ADP → Laktat + ATP	ca. 20–40″
Aerob	4. Glykogen/Glukose od. freie Fettsäuren + Pi + ADP + O_2 → CO_2 + H_2O + ATP	bis zu Stunden

[1)] Alle angegebenen Stoffwechselvorgänge laufen praktisch gleichzeitig ab.

ATP ist in geringem Maße in der Muskelzelle gespeichert (= 5 µmol/g Muskelfeuchtmasse), es reicht für ca. 3–4 maximale Muskelkontraktionen bzw. eine Arbeitsdauer bei starker Belastung von 1–2 Sekunden. Mit dem Kreatinphosphat (KP) ist im Muskel eine weitere energiereiche Verbindung vorhanden, die die unmittelbare Resynthese (Wiederherstellung) des verbrauchten ATP garantiert, allerdings bei hoher Belastungsintensität nur bis zu 6–8 Sekunden (ca. 20 Muskelkontraktionen), bei submaximaler Belastung eventuell auch bis zu 20 Sekunden (vgl. Tab. 2).

Seine Regeneration benötigt nur ca. 1–3 Minuten. Diese Angaben beruhen auf Messungen und Berechnungen an 100-m-Läufern, die Mader und Mitarbeitern (1983) ermöglichten, einen wesentlichen Hinweis zur Trainingssteuerung der Sprinter zu geben. Das **KP** kann maximal bis auf 20% abgebaut werden. Die Resynthese läuft exponentiell ab (schnellere erste Hälfte), da am Anfang die Wiederherstellung über laktazide Energiegewinnung (Laktatanfall am Anfang der Pause!) geschieht, später das oxidative Geschehen im Vordergrund steht. Die *Halbwertzeit* (= Zeit, in der 50% der fehlenden Menge ersetzt sind) der Phosphatresynthese liegt bei ca. 15 s (andere Angaben 22 s). Nach 1 Minute sind ca. 90% ersetzt, nach 3 Minuten ist die *volle Resynthese* geschehen.

Halbwertzeit der Resynthese von KP

Diese Zeitangaben (vgl. auch Tab. 3) stimmen auch mit den von sehr gut trainierten Gewichthebern nach subjektivem Empfinden gewählten Erholungszeiten zwischen den Übungsausführungen einzelner Sätze überein.

Tabelle 3 Mögliche Regenerationszeiten nach Kraftbelastungen

	Regenerationszeit zwischen Sätzen	Regenerationszeit zwischen Trainingseinheiten
Anfänger	2–5 Minuten	ca. 12–24 Stunden
Leistungs- und Hochleistungssportler	1–2 Minuten	ca. 6–18 Stunden

Anmerkung: Diese Zeiten gelten für eine ca. 90%ige Regeneration; vollständige Regenerationen dauern z.T. wesentlich länger – bei Anfängern z.B. nach einer anstrengenden Trainingseinheit bis zu 84 Stunden (vgl. auch Tab. 24, S. 135).

Damit können diese Athleten noch von der durch die vorhergehende Übung ausgelösten Erniedrigung der Membranschwelle profitieren, die die Ansprechbarkeit des Muskels für die folgende Übung verbessert – vorausgesetzt, die energetischen Möglichkeiten haben den Muskel wieder in den ›arbeitsfähigen‹ Zustand versetzt.
Sind diese Voraussetzungen nicht gegeben, müssen die Pausen verlängert werden – auch wenn die durch die vorhergehende Belastung verbesserte Ansprechbarkeit des Muskels dann nicht mehr genutzt werden kann. Eine erzwungene Verkürzung der Pause, ohne ausreichende Erholung des Muskels, beeinträchtigt die Energiebereitstellung des Muskels – nicht nur für die Kontraktionsarbeit, sondern auch für die Ca^{++}-Rückresorption – und führt damit zum Muskelrigor.

Bei weiterer Muskelarbeit müssen die notwendigen Energiespeicher ATP und KP über verschiedene **Oxidationswege** schrittweise aufgefüllt werden, und zwar:
- über die anaerobe Spaltung der Kohlenhydrate (Glucose) ohne Sauerstoffverbrauch und
- über die aerobe Oxidation der Nährstoffe unter Sauerstoffverbrauch.

Bei eventuell aufgetretener **Laktatbildung** geschieht die Beseitigung aus der Muskelzelle durch die Zellwand hindurch bereits im arbeitenden Muskel. Bei sehr hoher intrazellulärer Anreicherung (bis 40 mmol/l) kommt es allerdings zu einer Art Behinderung der Laktatpassage. Nach der Belastung geschieht die weitere Beseitigung durch Übertritt ins Blut (gemäß dem Konzentrationsgefälle) und z. T. im ruhenden Muskel durch Wiederaufbau zu Glykogen. Die Laktatverteilung (im Blut) läuft mit einer Halbwertzeit von 2 Minuten, die Blutlaktatelimi-nierung durch Aufnahme in Leber und Niere sowie Verbrennung im Herzmuskel mit einer Eliminationsrate von 0,5 mmol/l/min (soweit Konzentrationen über 5 mmol/l vorliegen). Die *Halbwertzeiten* der Beseitigung werden für Konzentrationen um ca. 5 mmol/l mit etwa 10 min, für ca. 10 mmol/l mit 15 min, für über 20 mmol/l mit 25 min und mehr angegeben. Nach 1–3 Stunden ist im allgemeinen das ganze Laktat beseitigt. Durch *aktive Pausengestaltung* kann der Laktatabbau weiterhin bis auf die Hälfte der Zeit reduziert werden. Mit Hilfe dieser Kenntnisse lassen sich die notwendigen Pausenzeiten (7–15 min) bei stark übersäuerndem Kraftausdauertraining abschätzen. Die Pausendauer (3–5 min) beim Maximalkrafttraining richtet sich mehr nach der Phosphatresynthese. Die (schnellere) Laktatelimination aus der Zelle ist in dieser Zeit auch abgelaufen.

Halbwertzeiten von Laktatabbau

Bedeutung der aktiven Pause

Beim Muskeltraining wird vorwiegend auf die vorhandenen und sich sehr schnell erneuernden Energiedepots (ATP und KP) zurückgegriffen. Hierbei kommt es nahezu zu keiner Milchsäurebildung (Laktat) im Muskel (anaerob-alaktazider Stoffwechselvorgang). Somit kann sich der Trainierende auch relativ schnell zwischen den Übungen erholen.
Hier zeigt sich der wesentliche Beitrag einer guten Regenerationsfähigkeit für die Effektivitätssteigerung des Krafttrainings. Die Regenerationsgeschwindigkeit aber ist von der *aeroben Ausdauerleistungsfähigkeit* abhängig!
Für die einzelnen Kraftfähigkeiten ergeben sich folgende *Grundsätzlichkeiten der Energiebereitstellungen:*
Maximalkraft-, Schnellkraft-, Reaktivkraft-Einsätze sind Angelegenheit des

höchsten Energieflusses pro Zeit, also der Phosphatspaltung (ATP + KP) und der Phosphatspeichergröße (maximale Einsatzdauer 6–8 s; im Extremfall nach Trainingsanpassung bis 20 s). Die hohe Intensität kann aus energetischer Sicht durch Substraterschöpfung (Phosphatpool) nicht mehr aufrechterhalten werden, auch wenn zu diesem Zeitpunkt die Übersäuerung (pH-Wert-Senkung) durch Laktatbildung aus der anaeroben Glykolyse eingesetzt hat. Große bzw. vergrößerte Phosphatspeicher sind also wesentlich für das Aufrechterhalten maximaler Kontraktionsintensitäten. Wiederholtes Ausschöpfen des KP-Speichers durch entsprechende Trainingsbelastung führt zu einer Speichervergrößerung (ATP ca. + 40–50%; KP bis + 70%).

Aufrechterhaltung von Kraftausdauereinsätzen

Kraftausdauer-Einsätze mit submaximaler Intensität erfordern zumindest einen Energiefluß/Zeit, der nur aus der anaeroben Glykolyse unterhalten werden kann (aerober Beitrag gering). Für das Aufrechterhalten dieser Intensitäten ist deshalb eine hohe Glykolyserate (= Laktatbildungsfähigkeit), aber auch ein großer Phosphatspeicher von Nutzen. Die anaerobe Glykolyse setzt nach ca. 60% Dephosphorylierung des KP ein. Die Einsatzdauer der anaeroben Energieproduktion (alaktazid + laktazid) kann damit verlängert werden (40–90 s). Die Krafteinsätze sind in diesem Fall wegen Übersäuerung (»Enzymvergiftung« durch stark gefallenen pH-Wert) nicht mehr aufrechtzuerhalten. Die anaerobe Glykolyse bremst sich gewissermaßen selbst.

Ausdauerkraft wird aus einer gemischten anaerob-glykolytischen und aerobglykolytischen Energieproduktion unterhalten. Wird das Laktat-steady-state überschritten, so sind die Laktataufstockung und damit die Übersäuerung die Ursache für den Intensitätsabbruch. Die Belastungsdauer bis dorthin hängt von der prozentualen Beanspruchung der anaeroben Glykolyse ab: 100%ig ist sie kaum länger als 3–4 Minuten in Anspruch zu nehmen, bei ca. 70–80% Inanspruchnahme ist mit einer Dauer von 7–10 Minuten zu rechnen. Bleibt die Belastungsintensität im Bereich des maximalen Laktat-steady-states, so ist die Ursache für den Intensitätseinbruch im Schwinden des Glykogenspeichers zu sehen. Derartige Ausdauerkraft-Belastungen liegen dann im Zeitbereich von 10–35 Min.

Neuere Erkenntnisse zur muskulären Ermüdung

Ermüdung als vorübergehende (reversible) Herabsetzung der Leistungsfähigkeit ist ein *sehr komplexes Geschehen,* in dem sich primäre Ursachen und Folgen nicht immer klar trennen lassen.

Zur muskulären Ermüdung

Bei muskulärer Ermüdung, verstanden als Nachlassen der Krafterhaltungsfähigkeit, werden folgende Ursachen in der Diskussion favorisiert:

- Störungen in der Erregungsfortleitung an der Muskelzellmembran wegen ungenügender Leistung der Na-K-Pumpe (Elektrolytverschiebung).
- Störung des Ca^{2+}-Regulationsmechanismus für die elektromechanische Koppelung in der Muskelzelle (Ca^{2+}-Defizit zwischen den Myofibrillen wegen verzögerter Rückresorption in die Vesikel).
- Transmitterermüdung, vor allem des Azetylcholins an der motorischen Endplatte (wegen Verzögerung in der Rückresorption).
- Transmitterermüdung im Zentralnervensystem (Gaba, Glutamat) als Ursache für zentrale Ermüdung.

– Metabolisch: Die Anreicherung von H^+-Ionen, die eine hemmende Wirkung auf die Ca^{2+}-Aktivität zur Brückenbildung besitzen sollen. Damit wäre eine Aktin-Myosin-Brückenbildung stark beeinträchtigt, obwohl ausreichend Ca^{2+} und ATP vorhanden sind. Eine Erschöpfung der energiereichen Phosphate wird nur noch selten als unmittelbare Ursache angeführt.

Wenn in diesem komplexen Geschehen auch noch nicht alles geklärt ist, so kommt es doch zum Ausdruck, daß die Ermüdung bei intensiven Krafteinsätzen mehr im Bereich der Muskelerregung und unmittelbaren H^+-Ionenwirkung ihren Ausgang nimmt als in der Energiespeichererschöpfung.

Physikalische Aspekte von Kraftleistungen

Kraft als physikalische Größe

In der Physik ist die Kraft als Ursache der Bewegungsänderung von Körpern definiert; dies trifft auch für sportliche Bewegungsvollzüge zu. Die Größe der Kraft ist das Produkt aus Masse und Beschleunigung (vgl. auch S. 10):

$$\vec{F} = m \cdot \vec{a};\ [F] = N,\ 1\ N = 1\ kg\ \frac{m}{s^2}$$

$\vec{F} = m \cdot \vec{a}$

Die in dieser Formel ausgedrückte Kraft bezieht sich auf jene Kraft, die auf Geräte und Körper wirkt. Im System Mensch ist die Masse durch die Körpermasse und die der Masse erteilte Beschleunigung durch die Kontraktionsfähigkeit bzw. -schnelligkeit der Muskulatur vertreten. Da die Kraft in direktem Zusammenhang zu den Faktoren (m) und (a) steht, kann sie alternativ durch Vergrößerung von (m), (a) oder (m und a) gesteigert werden. In der Sportpraxis ist dies aber nur begrenzt möglich, da, vom Ausgangsniveau vor Beginn des Muskelkrafttrainings betrachtet, sich Kraftsteigerungen auf etwa 300% beschränken. Da von den 300% nur etwa 65% durch Kontraktionsschnelligkeitszunahme zu erzielen sind, liegen die größeren Möglichkeiten einer Kraftsteigerung in der Erhöhung der Körpermasse aufgrund von Muskelzuwachs. Dies hat dazu geführt, daß beim Krafttraining, ungeachtet der Zielstellung, eine Kraftsteigerung in den meisten Fällen nur über den Muskelzuwachs angestrebt wird. Sinnvoll ist dies aber nur, bis die erforderliche optimale sportartspezifische Relation von Körpermasse zu Körpergröße bzw. von Körpermasse zu Absolutkraft erreicht ist. Diese optimale sportartspezifische Relation ist nicht nur aus leistungsorientierten, sondern auch aus gesundheitlichen Gründen anzustreben. Um sportartspezifischen Anforderungen ohne größeres gesundheitliches Risiko gerecht zu werden, müssen den Körpergrößen entsprechende Körpermassen (Körperquerschnitte) gegenüberstehen.

Kraftsteigerung über 300% möglich!

Beziehung zwischen Körpermasse und Relativkraft

Eine Erhöhung der Körpermasse über die optimalen Verhältnisse hinaus ist wenig effektiv, da kein linearer Zusammenhang zwischen Körpermassenzunahme und Kraftanstieg besteht. So steigt die Körpermasse schneller als die

Kraft, da die Masse in 3. Potenz (Querschnitt × Länge) zunimmt, der Kraftanstieg aber nur von einer Querschnittsvergrößerung der Muskulatur in 2. Potenz abhängig ist (Zaciorskij 1977). Folglich wird die Absolutkraft zwar noch steigen, Beschleunigungsvermögen und Relativkraft aber sinken, da zuviel ›Masse‹ bewegt werden muß.

Die sog. relative Kraft

Steigert beispielsweise ein Turner seine Maximalkraft mit gleichzeitiger Körpermassenerhöhung so, daß das Verhältnis von Maximalkraft (bezogen auf für den Turner bestimmte Muskelgruppen) zu seiner Körpermasse unter den Faktor 1 sinkt, wird er den Kreuzhang nicht mehr ausführen können.

Ein weiterer Nachteil hierbei ist, daß neben der Relativkraft auch das Beschleunigungsvermögen sinkt. Dies ist vor allen Dingen bei Sportarten oder Disziplinen zu beachten, die mit Geräten von geringem konstantem Eigengewicht betrieben werden, wie z. B. Tennis, Handball, Speerwerfen usw. Bei diesen Disziplinen sind die Ergebnisse von den Abfluggeschwindigkeiten der Geräte abhängig, und die Abfluggeschwindigkeiten wiederum vom Beschleunigungsvermögen des Sportlers.

Bezüglich des Beschleunigungsvermögens hat der Mensch gegenüber der Technik Vor- und Nachteile. Wird z. B. die Masse eines Fahrzeuges bei gleicher Motorleistung (Antriebskraft für die Beschleunigung) verdoppelt, sinkt das Beschleunigungsvermögen des Motors um die Hälfte.

Der Vorteil des Menschen gegenüber der Technik liegt darin, daß seine Beschleunigungsfähigkeit nicht direkt im Verhältnis zur Massenzunahme sinkt, da der durch Krafttraining bewirkte Massenzuwachs in Form von Muskulatur ja die Beschleunigungselemente beinhaltet. In der Technik ist es trotz Massenzunahme möglich, die Beschleunigungsfähigkeit z. B. eines Fahrzeuges aufrechtzuerhalten, indem man einen entsprechend stärkeren Motor als Beschleunigungskraft einsetzt. Dies ist dem Menschen als Nachteil gegenüber der Technik nicht möglich.

Gesamtkraft und Bewegungsgeschwindigkeit (Kontraktionsgeschwindigkeit)

Biomechanisch ist der Muskel als Dreikomponentensystem zu betrachten: Das *kontraktile Element* (= Aktin-Myosin-Komplex) entwickelt willkürlich aktive Muskelkraft; die *parallelelastischen* (= Bindegewebe der Fasermembranen und Faszien) und *serienelastischen Elemente* (= elastisches Material in Sehnen und in den Myosin-Aktin-Querbrücken) wirken bei Dehnung wie eine elastische Feder und entwickeln passive Kräfte (Elastizitätskräfte).

Die Gesamtkraft eines Muskels

Die **Gesamtkraft des Muskels,** die nach außen abgegeben wird, ist immer – unter gewisser Vordehnung – die Summe aus aktiver Kraft (des kontraktilen Elements) und passiver Kraft (des parallel-elastischen Anteils). Dies ist bereits der Fall, wenn der Muskel aus seiner sogenannten Ruhelänge (= 100%) sich kontrahiert, da in dieser Ruhelänge bereits eine Dehnung von ca. 5% gegenüber der Gleichgewichtslänge (unter 100%) enthalten ist. Die höchste Gesamtkraft wird (bei den meisten Muskeln) aus der Länge der optimalen Vordehnung (ca. 120%; + 20% Dehnung gegenüber der Ruhelänge) entwickelt (Abb. 22). Dabei wird der Kraft-

Abbildung 22 Abhängigkeit der Zugkraft von der Länge des aktiven Muskels. Links bindegewebereicher Typ, rechts bindegewebearmer Typ.
A = Gleichgewichtslänge, B = Ruhelänge, 1 = Gesamtzugkraft, 2 = Kraft aus der parallelelastischen Komponente, 3 = Kraft aus der kontraktilen Komponente (nach ZACIORSKIJ et al. 1984, 62)

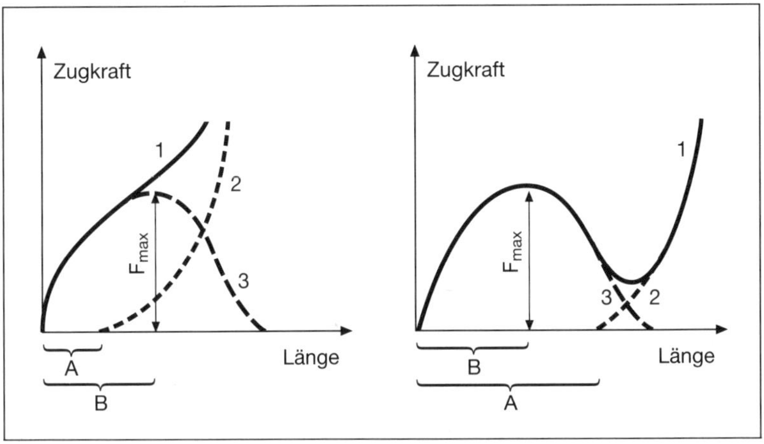

verlust aus dem kontraktilen Anteil (wegen geringerer Überlappungsfläche der Myofibrillen) durch die Kraft aus der parallelelastischen Komponente mehr als ausgeglichen. Bei noch stärkerer Vordehnung ist dieser Ausgleich nicht mehr gegeben.
Die optimale Vordehnung wird in zahlreichen Sportbewegungen durch Auftakt- oder Ausholbewegungen unbewußt genutzt. Für die Effektivität von Trainingsübungen kann die Kenntnis über Gelenkstellungen, in denen Muskeln ihre wirkungsvollste Ausgangslänge haben, von Nutzen sein.
Bei dynamischer Arbeitsweise ist die Kraftentwicklung von der **Kontraktionsgeschwindigkeit** (= Verkürzungsgeschwindigkeit) des Muskels abhängig. Oder: Die zur Bewältigung der zu befördernden Last notwendige Kraftgröße beeinflußt die Kontraktionsgeschwindigkeit. Dieser Zusammenhang ergibt sich aus der Hillschen Kurve (Abb. 23, S. 54). Hieraus ist zu erkennen, daß bei größerer Maximalkraft gegenüber einer gleichgroßen Last auch die Verkürzungsgeschwindigkeit (= Bewegungsgeschwindigkeit) erhöht ist (vgl. auch S. 68 ff.). Das bedeutet, daß durch *Steigerung der Maximalkraft* auch die Bewegungsgeschwindigkeit erhöht werden kann. Dies trifft grundsätzlich zu. Es ist aber zu beachten, daß in Schnellkraftbewegungen gegenüber geringen Widerständen die maximale Verkürzungsgeschwindigkeit der begrenzende Faktor ist. In solchen Fällen führt eine Maximalkraftsteigerung über Training mit fastmaximalen bis maximalen Lasten zu keiner weiteren Verbesserung. Die günstigere Belastungsmethode ist hier die *»Muskelleistungsmethode«* (s. S. 118 f.), mit der die besten Zuwachsraten für die kombinierte Entwicklung von Kontraktionsstärke und Bewegungsschnelligkeit erreicht werden. Die Begründung ergibt sich aus der **Muskelleistungskurve** (Abb. 24), der-

Die Hill'sche Kurve

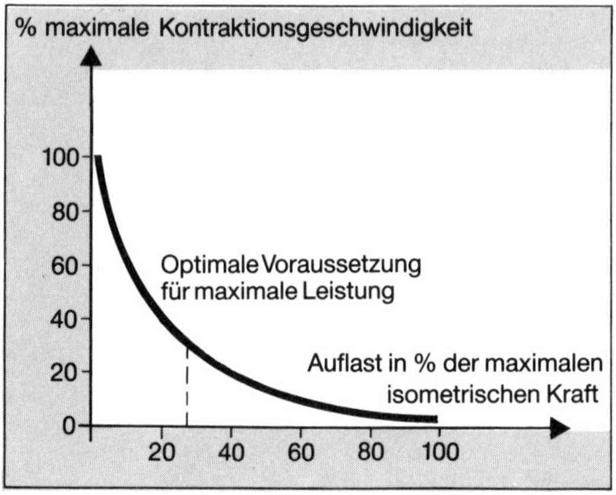

Abbildung 23 Abhängigkeit der maximalen Kontraktionsgeschwindigkeit von der Größe der Auflast bzw. der aufzuwendenden Kraft (HILLsche Kurve): Geringere Kontraktionsgeschwindigkeit mit zunehmender Auflast und umgekehrt (aus: GROSSER et al. 1987, 132).

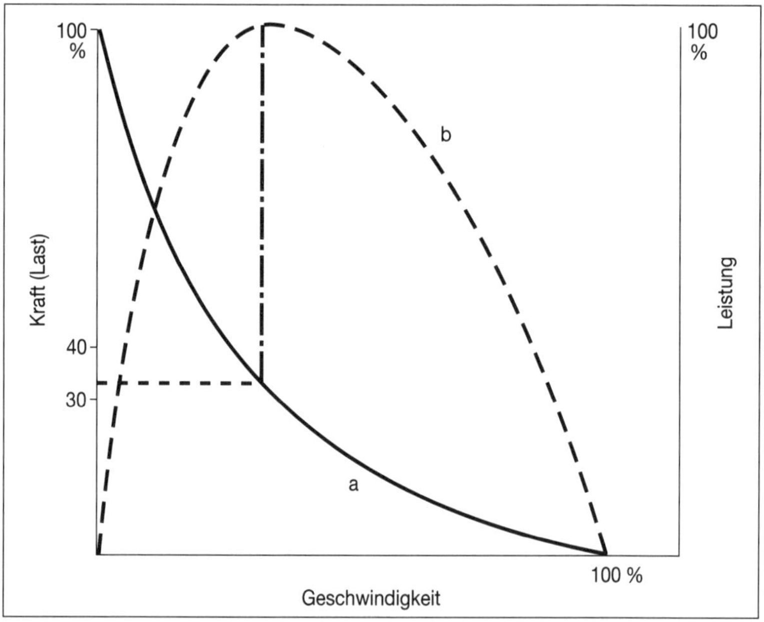

Abbildung 24 Kraft-Geschwindigkeits-Kurve (a) und Muskelleistungskurve (b) im Vergleich. Beim isolierten Muskel liegt die maximale Leistung bei einem Krafteinsatz von ca. 30–35% der Maximalkraft vor.

zufolge bei ca. 30–35% der maximalen Last (= Kraft) die höchsten Muskelleistungen (= Kraft mal Geschwindigkeit) erbracht werden können. Dieser Zahlenwert bezieht sich auf Untersuchungen an Einzelmuskeln. Für die Tätigkeit von Muskelgruppen bzw. Muskelschlingen treffen mehr die folgenden Prozentzahlen zu: KOMI (1975, 13) weist auf ein »Leistungstraining« im Bereich zwischen 30 und 60% der Maximalkraft hin. MARTIN et al. (1991, 127) haben bei ihrer Bestimmung der Muskelleistungsschwelle (mit der Übung »Bankziehen«) eine Schwellenlast (= Lastgröße, mit der die maximale Leistung erreicht wird) im Bereich von 55–60% des konzentrischen Lastmaximums gefunden. Aber auch die Übertragung dieses Zahlenwerts auf andere Trainingsübungen (z. B. Bankdrücken oder Kniebeugen) ist nicht problemlos möglich. Im Grunde genommen muß die Schwellenlast für jede Trainingsübung eigens bestimmt werden.

Die Schwellenlasten beim Muskelleistungstraining

Zu erwähnen sind noch die sog. *ballistischen Kontraktionen*, die aufgrund einer Stoßinnervation (= Impulsserie mit folgender Innervationsstille) mit abrupter Anfangsrekrutierung eingeleitet werden und in »freier« Kontraktion enden, da die beschleunigte Last in freien Flug übergeht (z. B. Kugelstoß).

Ballistische Kontraktionen

Weitere ausgewählte mechanische Aspekte und Sportarten-Beispiele

In der Sportart *Gewichtheben* wird z. B. der Rumpf des Sportlers beim Umsetzen auf Biegung und Knickung beansprucht, weil die Hantel in Lage auf der Brust des Sportlers außerhalb der vertikalen Körperschwerpunktlinie liegt. D. h. die **vertikale Körperschwerpunktlinie** verläuft bei großen Massen durch die Hantel, und die Wirbelsäule kann hier als ›Drehpunkt‹ angesehen werden. Das Verhältnis von Lastarm zu Kraftarm, in diesem Fall die Lage der Hantel bis zur Mitte der Wirbelsäule ($\approx$ 15 cm) bzw. Mitte der Wirbelsäule bis zum Ende des Dornfortsatzes (Muskelansatz; $\approx$ 5 cm), beträgt etwa 3:1 (vgl. Abb. 25, S. 56).

Das Hebelgesetz

Um z. B. 100 kg im Gleichgewicht zu halten, muß durch die Rückenmuskulatur eine Kraft von 3000 N ($\approx$ 300 kg) aufgebracht werden. Ein Abknicken des Rumpfes von 5 cm nach vorne, mangels einer entsprechenden Rumpfmuskulatur und Technik, ergäbe eine Mehrbelastung der Rückenmuskulatur von 100 kg. In diesem Beispiel ist wegen der Mehrbelastung nicht nur die Realisierung der Übung in Frage gestellt, sondern es erhöht sich auch die Möglichkeit einer gesundheitlichen Schädigung von Rückenmuskulatur und Wirbelsäule (insbesondere im Lendenbereich).

Die Muskulatur ist ein kontraktiles Organ, das die Bewegungen von Körperteilen gegeneinander ermöglicht. Diese Bewegungen vollziehen sich grundsätzlich um Drehpunkte bzw. Achsen – in unserem Fall Gelenke – und sind deshalb radialer Art. Für die Realisierung von Kraft ist diese Tatsache von entscheidender Bedeutung, entstehen doch durch radiale Bewegungen von Körperteilen um Gelenke **laufend veränderte Drehmomente** (siehe Fußnote [1] Seite 56) bzw. Hebelverhältnisse, die von der Muskulatur auch laufend veränderte Kraftfähigkeiten fordern. Um einen gleichmäßigen Bewegungsablauf zu gewährleisten, paßt sich die Muskulatur den entsprechenden Gegebenheiten an. Die Armbeugemuskulatur ist hierfür ein typisches Beispiel.

Hebel und Drehmomente

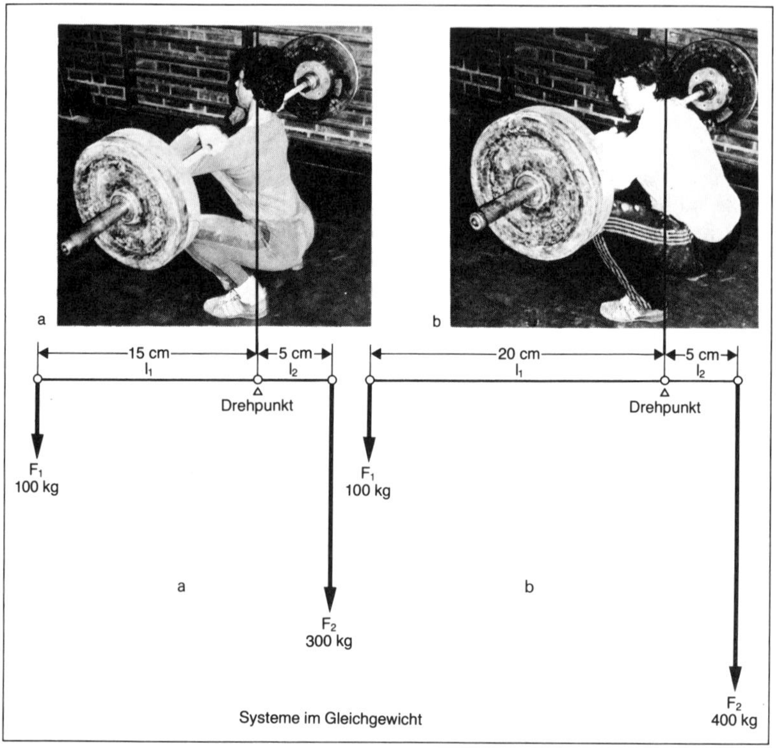

Abbildung 25 Das Verhältnis von Last- und Kraftarm bei vertikaler (a) bzw. abgeknickter Rumpfhaltung (b) am Beispiel Kniebeugen vorne bzw. der Gewichtheberdisziplin Hockumsetzen. In diesem Beispiel wird das Hebelgesetz (= goldene Regel der Mechanik) verdeutlicht: Last mal Lastarm = Kraft mal Kraftarm ($F_1 \cdot l_1 = F_2 \cdot l_2$); vgl. auch Abb. 26.

Die komplexere Problematik auftretender Kräfte

Zunächst soll die Abb. 26 die komplexe Problematik auftretender Kräfte veranschaulichen. Hier wird deutlich sichtbar, wie wichtig es für Kraftrealisierungen ist,

- wo am Hebelarm, d. h. wie weit vom Drehpunkt entfernt (je weiter, desto günstiger ist die Kraftentwicklung) und
- unter welchem Winkel der Muskel (in der Praxis = die Muskeln) ansetzt.

---

[1] Das Drehmoment ist definiert als Produkt aus Trägheitsmoment und Winkelbeschleunigung ($D = I \cdot \vec{\alpha}$) bzw. als Produkt aus Kraft und Rotationsradius (Hebelarm): $D = \vec{F} \cdot r$ (Näheres hierzu vgl. BÄUMLER/SCHNEIDER: Sportmechanik. blv sportwissen, München 1981, 70–74).

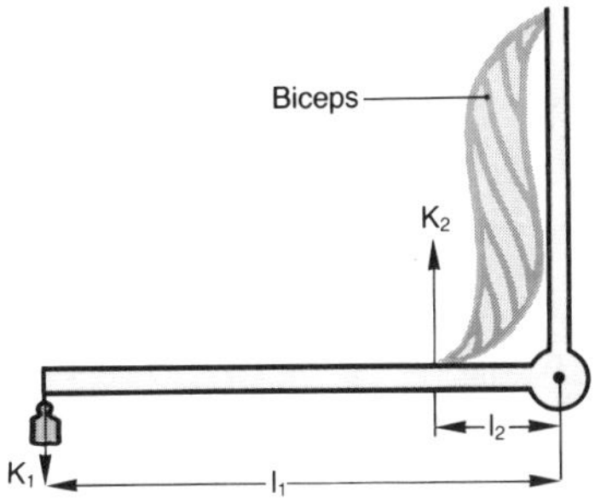

$$K_1 \cdot l_1 = K_2 \cdot l_2$$
$$\frac{K_1 \cdot l_1}{l_2} = K_2$$

a) Um ein Gewicht von 10 kg zu halten, muß der M. biceps eine Muskelkraft von 650 N aufbringen (= ca. 65 kp).
$K_1 = 100$ N $K_2 = 650$ N
$l_1 = 35{,}75$ cm $l_2 = 5{,}5$ cm

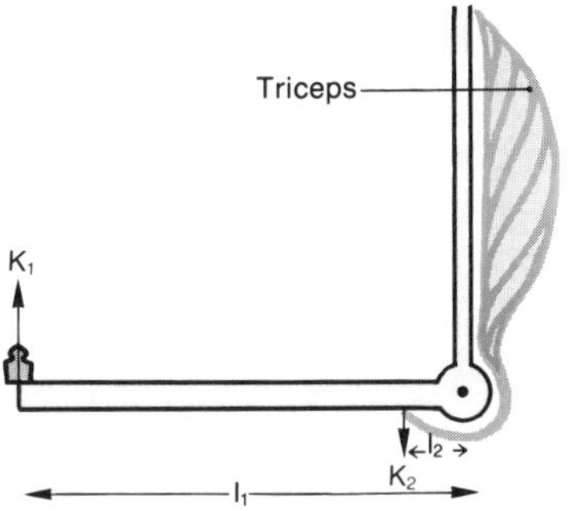

$$K_1 \cdot l_1 = K_2 \cdot l_2$$
$$\frac{K_1 \cdot l_1}{l_2} = K_2$$

b) Nach der gleichen Momentengleichung wie die Bicepskraft berechnet sich die Tricepskraft.

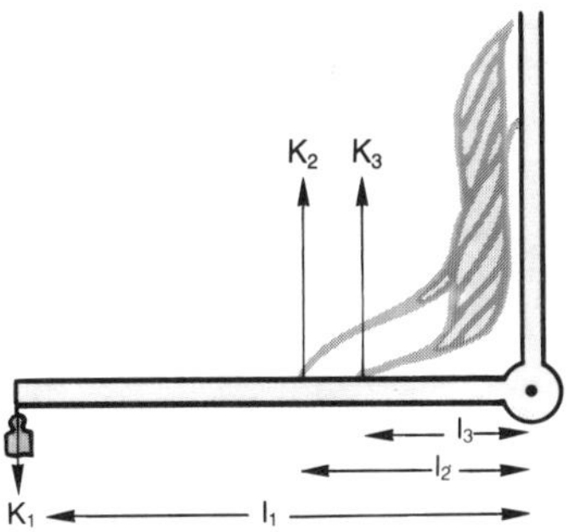

$$K_1 \cdot l_1 = K_2 \cdot l_2 + K_3 \cdot l_3$$

c) Tatsächlich aber arbeitet bei der Armbeugung nicht nur der M. biceps, sondern mehrere Muskeln.

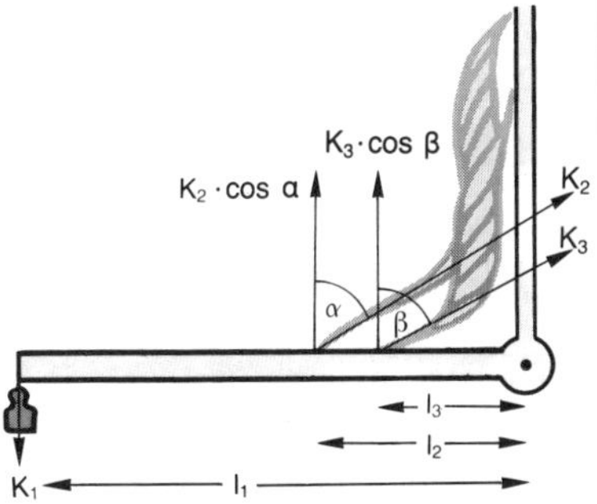

$$K_1 \cdot l_1 = K_2 \cdot \cos\alpha \cdot l_2 + K_3 \cdot \cos\beta \cdot l_3$$

d) Kompliziert werden die Zusammenhänge durch die Tatsache, daß die Muskeln unter einem bestimmten Winkel und nicht etwa senkrecht am Knochen angreifen.

Abbildung 26 Schematische Darstellung auftretender Kräfte am Unterarm

So steigt das bei einer Armbeuge um etwa 150° durch eine Hantellast im Ellenbogengelenk erzeugte Drehmoment von Null beim hängenden Arm auf ein Maximum bei 90°, wenn der Unterarm rechtwinklig zum Oberarm steht, und sinkt fast wieder auf Null, wenn der Unterarm fast parallel zur Oberarm steht. Eine völlige Ausnutzung der Gelenkfreiheit von 180° verhindert die zwischen Unter- und Oberarm sich befindende Muskulatur. Die Gelenkfreiheit wird im vorgenannten Beispiel ›Armbeugung‹ um so geringer, je ausgeprägter die Unter- und Oberarmmuskulatur ist.
Proportional steigender und sinkender Drehmomente bzw. Kraftanforderungen zeigt sich die Muskulatur hier als Anpassungserscheinung in Knollenform, also auch mit steigendem und wieder sinkendem Muskelquerschnitt bzw. entsprechender Kraftfähigkeiten.
Andere Formen mit dem größten Querschnitt bzw. der größten Kraftfähigkeit in weiter oben oder unten liegenden einzelnen Muskelsträngen einer Muskelgruppe ergeben sich aufgrund entsprechender Beanspruchung (Krafteinsätze) in diesen Bereichen (vgl. Abb. 27, S. 59).
Es ist jedoch von Vorteil, wenn auch weniger beanspruchte Bereiche eines Muskels hohe Kraftfähigkeiten aufweisen, da hierdurch die Geschwindigkeit von Bewegungen allgemein erhöht werden kann. Dies betrifft insbesondere Disziplinen, bei denen dem Körper, Körperteilen oder Geräten entsprechende (Abflug-) Geschwindigkeiten verliehen werden müssen. Vergleicht man z. B. die Abfluggeschwindigkeit eines 500 g-Speeres (ca. 108 km/h) mit der einer 7,25 kg-Kugel (ca. 29 km/h), so sind diese abhängig von der Beschleunigung, diese wiederum von der Antriebskraft (in diesem Falle der gesamten Muskelkraft des Sportlers) und der Masse des Gerätes. Die Masse des Gerätes kann neben anderen Faktoren die Beschleunigung limitieren.

Querschnitte von Muskelbereichen

Die für Geschwindigkeitssteigerungen erforderlichen höheren Kraftfähigkeiten bedingen im unteren und oberen Muskelbereich auch größere Querschnitte, also einen Gesamtmuskel in fast ›zylindrischer‹ Form.[1)]
Ein Muskel in ›zylindrischer‹ Form ist auch aus mechanischer Sicht effektiver, da hier bei einer Kontraktion die beteiligten Fasern parallel zu ihrer Wirklinie ziehen (im Gegensatz zu Muskeln mit Querschnittsvergrößerung im unteren bzw. oberen Bereich, wo ein Großteil der Fasern schräg zur Wirklinie zieht).
Nach den Prinzipien der Kräftezerlegung läßt sich eine schräg angreifende Kraft in 2 Kräfte zerlegen (vgl. Abb. 28, S. 59), wobei immer nur die Kraft, die in der Bewegungsrichtung wirkt, zur Anrechnung kommen kann.
Es bestehen erhebliche Schwierigkeiten, einen Muskel durch normales Krafttraining in allen Bereichen gleichmäßig zu trainieren. Dies geht durch Verlegen der **Bewegungsebene** bzw. mit eigens zu diesem Zweck geschaffenen Geräten. Ein Verlegen der Bewegungsebene kann auch noch aus anderen Gründen erforderlich sein, um z. B. einen größeren Bereich eines Muskels oder einer Muskelgruppe effektiver zu belasten bzw. zu trainieren oder damit das Krafttrai-

[1)] Das bedeutet beispielsweise für den Quadrizeps, daß alle vier Muskelstränge gleichmäßig trainiert sind.

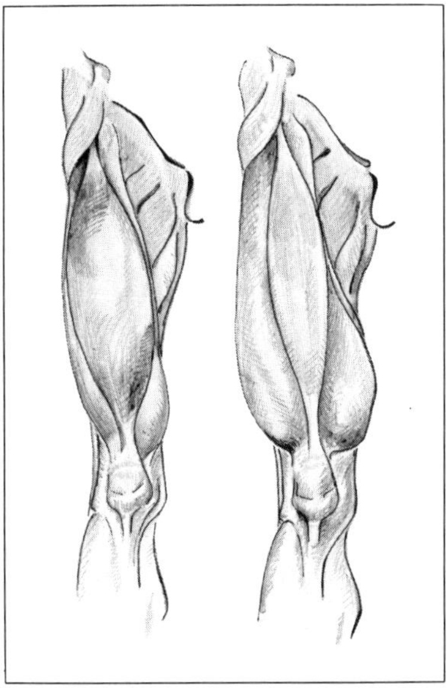

Abbildung 27 Anpassungsformen von Muskelprofilen infolge von Beanspruchung in verschiedenen Bereichen am Beispiel des M. quadriceps femoris (vierköpfiger Oberschenkelmuskel).

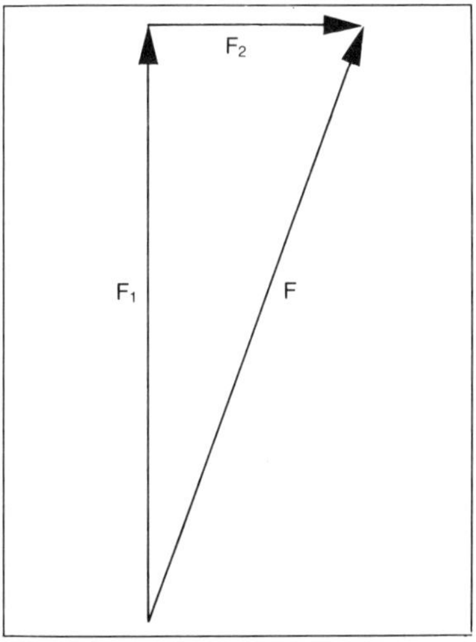

Abbildung 28 Zerlegung der schräg angreifenden (resultierenden) Kraft F in zwei Teilkräfte F_1 und F_2.

ning in Bewegungsrichtung der Sportart bzw. der Sportartdisziplinen zu forcieren. *Beispiel:* Beim Aufrichten aus liegender Position in Rückenlage (Rumpfbeuge) ist ein Bewegungsumfang des Oberkörpers von fast 180° möglich. Der wirksame Belastungsbereich für die Bauch- und Hüftmuskulatur als Antrieb dieser Bewegung umfaßt theoretisch jedoch höchstens 60°, also nur ⅓ der 180°.

Drehmomente und Muskelbelastungen

Nach der größten Belastung (größtes Drehmoment) am Anfang der Bewegung wird diese, aufgrund der immer kleiner werdenden Drehmomente, immer geringer (vgl. Abb. 29, S. 60). Liegt eine entsprechende Dehnfähigkeit der Rückenmuskulatur vor, ist nach Überwindung der 90°-Position des Oberkörpers überhaupt keine Belastung für die Bauch- und Hüftmuskulatur mehr gegeben.
Wird die Bewegungsebene beim Rumpfbeugen nun z. B. um 45° verlegt (durch Ausführung der Übung auf einem Bauchmuskelbrett), verändert sich die Bewegungsamplitude des Oberkörpers von 180° nicht, aber der wirksame Belastungsbereich wird um 45° verlängert (vgl. Abb. 30, S. 60).
Allerdings geht die Verlängerung des wirksamen Belastungsbereiches auf Kosten einer geringeren Anfangsbelastung der Bauch- und Hüftmuskulatur, da sich durch die Schräglage ein kleineres Anfangsdrehmoment und somit auch eine geringere Belastung ergeben.

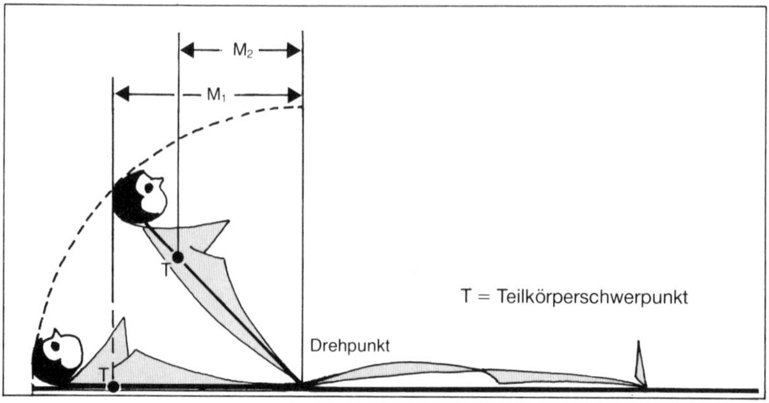

Abbildung 29 Geringere Belastung der Bauch- und Hüftmuskulatur durch abnehmendes Drehmoment beim Aufrichten des Oberkörpers. T = Teilkörperschwerpunkt.

Anmerkung: Für die Praxis ist die Position mit gestreckten Beinen unphysiologisch – die Beine müßten mit einem 90°-Winkel im Kniegelenk angestellt werden (gilt auch für Abb. 30).

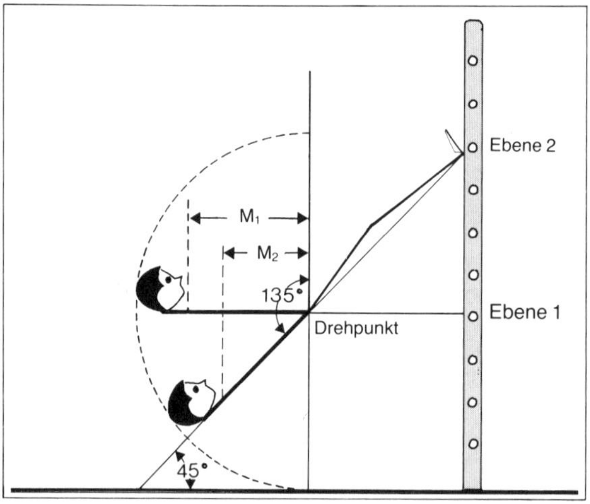

Abbildung 30 Verlängerung des wirksamen Belastungsbereiches der Bauch- und Hüftmuskulatur bzw. Verkleinerung des Anfangsdrehmomentes durch Verlegung der Bewegungsebene.

Je größer die Schräglage, desto geringer wird in diesem Falle die Anfangsbelastung. Am Beispiel Rumpfbeuge wird durch die Verlegung der Bewegungsebene nicht nur der Belastungsbereich verlängert, sondern auch verändert. Im Gegensatz zur Rumpfbeuge im Liegen aus flacher Position, bei der, bedingt durch das große Anfangsdrehmoment, hauptsächlich der obere Teil der Bauchmuskulatur entsprechend beansprucht wird, verschiebt sich die Beanspruchung bei Ausfüh-

rung auf dem Bauchmuskelbrett durch Verringerung der Anfangsdrehmomente auf den mittleren Teil der Bauchmuskulatur.
Soll nun auch noch der untere Teil der Bauchmuskulatur optimal trainiert bzw. beansprucht werden, muß die Körperlage so verändert werden, daß statt des Oberkörpers nun die Beine unten liegen. Daß beim Aufrichten von Oberkörper und Beinen neben der Bauch- und Hüftmuskulatur auch noch andere Muskeln beteiligt sind, ist für die Thematik ohne Bedeutung.

Zur Effektivität des speziellen Krafttrainings

Ein weiterer zu beachtender Aspekt der Effektivität des speziellen Krafttrainings ist die bereits angesprochene *Bewegungsrichtung der Sportdisziplin,* soll hierbei doch

- eine Übereinstimmung zwischen den am Krafttraining und den an der Sportdisziplin primär beteiligten Muskeln erreicht werden;

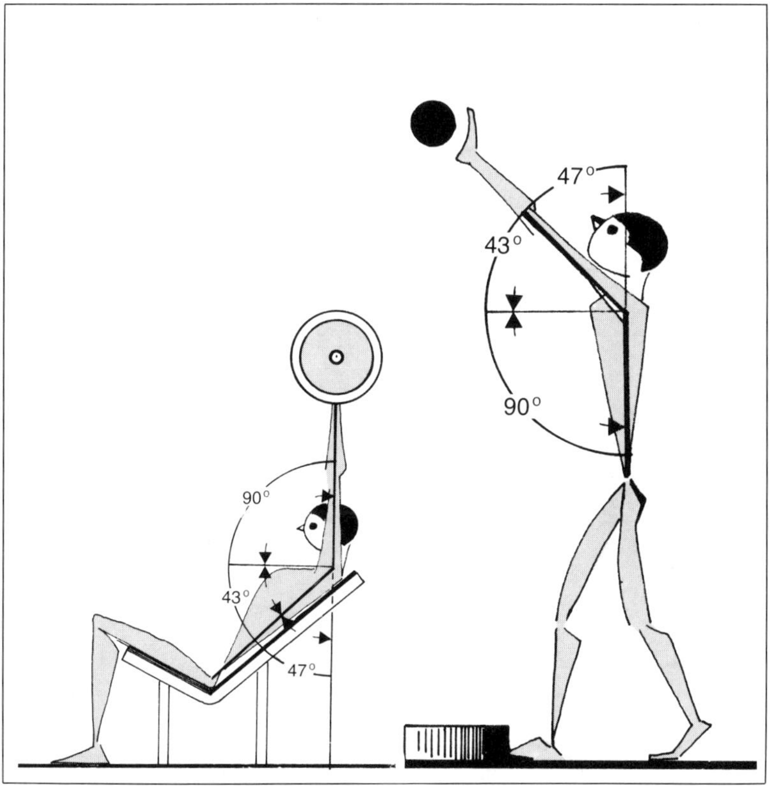

Abbildung 31 Bewegungsrichtung des Kugelstoßens um 47° verlegt.

Tabelle 4 Zusammenfassende Übersicht zu den Kraftformen, ihren Komponenten und hauptsächlichen Einflußfaktoren

Kraftform (vgl. S. 64 ff.)	**Komponenten**	**Hauptsächliche Einflußfaktoren**			
		Morphologisch, Biomechanisch	Nerval	Energetisch	Motivational
Maximal-kraft		– physiologischer Querschnitt – %-Satz FT-/ST-Faserfläche – optimale Ausgangslänge	– max. Frequenzierung und Synchronisation (= intramuskuläre Koordination) – zentrales Innervationsmuster (= intermuskuläre Koordination)	– anaerob-alaktazider Stoffwechsel mit maximaler Energieflußrate	– Willensstoßkraft – Ausschalten hemmender Faktoren
Schnell-kraft	– Maximalkraft – Explosiv- u. Startkraft	– physiologischer Querschnitt – %-Satz FT-/ST-Faserfläche – optimale Vordehnungslänge – Kontraktionsgeschwindigkeit	– max. Frequenzierung und Rekrutierung in der Zeit mit Asynchronität (= intramuskuläre Koordination) – zentrales Innervationsmuster und reflektorische Steuerung (= intermuskuläre K.)	– anaerob-alaktazider Stoffwechsel mit max. Energieflußrate	– Willensstoßkraft – Ausschalten hemmender Faktoren
Reaktiv-kraft	– Maximalkraft – Explosiv- u. Startkraft – reaktive Spannungsfähigkeit	– physiologischer Querschnitt – %-Satz FT-/ST-Faserfläche – Kontraktionsgeschwindigkeit – Stiffness des tendo-muskulären Systems	– max. Rekrutierung u. Frequenzierung in der Zeit mit Asynchronität – zentrales Innervationsmuster (= Basisinnervation) – Vorinnervation – Reflexinnervation	– anaerob-alaktazider Stoffwechsel mit max. Energieflußrate – Speicherung und Nutzung elastischer Energie	– Willensstoßkraft

Tabelle 4 (Fortsetzung)

Kraftform	Komponenten	Hauptsächliche Einflußfaktoren			
		Morphologisch, Biomechanisch	Nerval	Energetisch	Motivational
Maximal-kraft-ausdauer	– Maximalkraft – alakt. Stoff-wechsel-leistung	– physiologischer Querschnitt – %-Satz FT-/ST-Faserfläche	– optimale Frequenzie-rung u. Rekrutierung – zentrales Innervations-muster – Transmitterkonzentra-tion – Ca^{2+}-Konzentration (interfilamentär)	– anaerob-alaktazider Stoffwechsel – H^+-Ionenbildung (pH-Wert-Senkung)	– Willensspannkraft
(Sub-maxim.) Kraft-ausdauer	– Maximalkraft – laktazide Stoffwechsel-leistung	– physiologischer Querschnitt	– optimale Frequenzie-rung u. Rekrutierung – zentrales Innervations-muster	– anaerob-alaktazider Stoffwechsel – pH-Wert (intrazellulär)	– Willensspannkraft
(Aerobe) Ausdauer-kraft	– (Maximalkraft) – aerobe Stoff-wechsel-leistung	– physiologischer Querschnitt – %-Satz der ST-Fasern	– optimale Frequenzie-rung u. Rekrutierung – zentrales Innervations-muster	– aerob-glykolytischer Stoffwechsel	– Willensspannkraft

- somit können auch Muskeln, die an der Realisierung der Bewegung absolut keinen Anteil haben, ausgeklammert werden;
- außerdem erhöht solch ein techniknahes Training die betreffende Bewegungskoordination.

Z. B. ist für die Disziplin Kugelstoßen ein Maximalkrafttraining für Arm- und Brustmuskulatur mit der Langhantel in Bewegungsrichtung des Kugelstoßens mangels einer Unterstützungsfläche nicht möglich. Diese wiederum fehlt, weil die Bewegungsrichtung des Kugelstoßens um etwa 43° zur Horizontalen vom Körper verläuft. Durch Verlegung der Bewegungsebene um 47° mittels einer speziellen Schrägbank wird aber ein effektives Krafttraining möglich, da jetzt eine Übereinstimmung der Bewegungsrichtung von Krafttraining und Sportartdisziplin vorliegt und eine Unterstützungsfläche vorhanden ist (vgl. Abb. 31, S. 61).

Zusammenfassung vgl. Tab. 4, S. 62f.

Erscheinungsformen der Kraft

Motorische Kraft

In den bisherigen Grundlagen-Darstellungen haben wir vorwiegend nur allgemein von ›der motorischen Kraft‹ gesprochen. Physikalisch wurde diese Kraft mit dem Produkt aus Masse und Beschleunigung definiert und trainingswissenschaftlich-biologisch mit der aktiven Muskeltätigkeit beschrieben. Im folgenden gehen wir differenziert auf die sog. Erscheinungsformen der Kraft ein.

Dynamische und statische Realisierung

Arbeitsweisen und Muskelkontraktionsformen

Die motorische Kraft wird infolge verschieden auftretender bzw. einwirkender Widerstände und Bewegungsaufgaben von der Muskulatur durch zwei physikalisch-physiologisch unterschiedliche *Arbeitsweisen* realisiert, denen jeweils spezifische *Muskelkontraktionsformen* zugrunde liegen (s. Tab. 5 und Abb. 32, S. 65). In der Praxis wird die Muskulatur in den seltensten Fällen in einer Reinform kontrahiert (z. B. nur *isotonisch,* das bedeutet eine Längenveränderung der Muskelfasern bei gleichbleibender Muskelspannung, oder nur *isometrisch*, das bedeutet eine Spannungs- ohne eine Längenveränderung des Muskels); die meisten sportlichen Bewegungen erfordern Mischformen (mit vorwiegend *auxotonischer* Kontraktion, d. h., sowohl Längen- als auch Spannungsveränderung des Muskels), die eben schwerpunktmäßig dynamisch (= bewegend) oder statisch (= haltend) sind. Die dynamische Arbeitsweise wird vorwiegend kurz und schnell (im Wechsel mit Entspannungsphasen möglicherweise auch ausdauernd), die statische sowohl kurz als auch langanhaltend eingesetzt (siehe folgendes).

Zur Krafthöhe der eingesetzten Muskelkontraktionen
Die Höhe der entwickelten Kraft liegt bei dynamisch-positiver Arbeitsweise niedriger als bei statischer. Die höchsten Kräfte entstehen bei kurzzeitig exzentrischer Kontraktion (vgl. Dehnungs- und Verkürzungszyklus; S. 71).

Tabelle 5 Arbeitsweisen und Kontraktionsformen der Muskulatur

Muskelarbeitsweisen[1]	Kontraktionsformen
Dynamisch – positiv = konzentrisch = überwindend Dynamisch – negativ = exzentrisch = nachgebend	auxotonisch
Statisch[2] = haltend	isometrisch

[1] In Reinform selten; meist Mischformen bei sportlichen Bewegungen.
[2] Statische Bedingungen liegen vereinbarungsgemäß auch vor, wenn die Belastungen in einer Größenordnung liegen, die eine nur sehr langsame Kontraktion ermöglicht bzw. eine nur sehr langsame Dehnung im Sinne eines Nachgebens des Muskels erzwingt.

a

Statische Muskelarbeitsweise (isometrische Kontraktionsform)

b

Dynamisch-überwindende Muskelarbeitsweise (auxotonisch-konzentrische Kontraktionsform)

c

Dynamisch-nachgebende Muskelarbeitsweise (auxotonisch-exzentrische Kontraktionsform)

Abbildung 32 Bewegungen mit dynamischer und statischer Arbeitsweise der Muskulatur.

Zur Abfolge von Muskelkontraktionen bei sportlichen Bewegungen

Bewegungsphasen und Muskelkontraktionen

Sportliche Bewegungen haben bekanntlich eine Phasenstruktur[1], wobei jede Bewegung mit einer Ausholphase, die in Gegenrichtung verläuft, beginnt. Am Ende der Ausholphase wird die Bewegung abgebremst und es kommt zu einer Bewegungsumkehr. In diesem Moment erfährt die Muskulatur eine erhöhte

[1] Vgl. zur Struktur von Bewegungen: GROSSER/NEUMAIER: Techniktraining. blv sportwissen, München 1982, 23–51.

Spannung und in den meisten Fällen gleichzeitig eine stärkere Dehnung (= isometrisch-exzentrische Muskelkontraktion). Beispiele:

- Absprung: Stützen (Stemmen) des Sprungbeines gegen die Sprungrichtung (ergibt Bremsstoß mit hoher isometrisch-exzentrischer Muskelkontraktion, vgl. Abb. 33, S. 67), dann überwindende Arbeit mit isometrischer und konzentrischer Muskelkontraktion;
- Anheben einer Last (z. B. Hantel): Beginn mit Spannung (isometrischer Kontraktion) in Stütz-, Halte- und Funktionsmuskulatur, dann kurze hohe exzentrische Muskelkontraktion[1)], dann überwindende Arbeit durch isometrisch-konzentrische Kontraktion.

Fazit

Fazit: Jede Bewegung beginnt mit einer mehr oder weniger hohen Muskelspannung und -dehnung, d. h., einer isometrisch-exzentrischen Muskelkontraktion, die dann bei überwindender Arbeit in eine auxotonisch-konzentrische Kontraktion übergeht. In der Abb. 33 ist diese mögliche Abfolge dargestellt (genauere Angaben über bestimmte Kontraktionsformen sind besser durch die Angabe der Winkelgeschwindigkeit der Gelenkwinkel, die die Funktionsmuskulatur verändert, anzugeben).

Anwendungsformen der Praxis

In der sportlichen Praxis zeigt sich die motorische Kraft, realisiert in dynamischer und/oder statischer Arbeitsweise, in vier Anwendungsformen, die sich hinsichtlich Krafthöhe und Zeitdauer der eingesetzten Kraft entsprechender energetischer und funktioneller Bedingungen unterscheiden, nämlich in die:
- **Maximalkraft,** definiert als die Fähigkeit, höchstmögliche willkürliche Kraft zu erreichen;
- **Schnellkraft,** definiert als die Fähigkeit, in kürzester Zeit einen möglichst hohen Kraftstoß zu erreichen;

Die verschiedenen Kraftarten

Tabelle 6 Hierarchische Gliederung der Kraft in verschiedene Kraftarten und ihre Komponenten

Basisfähigkeit	Maximalkraft		
Subkategorien	**Schnellkraft** (statisch, konzentrisch)	**Reaktivkraft** (exzentrisch-konzentrisch)	**Kraftausdauer** (statisch, dynamisch)
Komponenten	– Maximalkraft – Explosivkraft – Startkraft – muskuläre Leistungsfähigkeit	– Maximalkraft – Explosivkraft – Startkraft – reaktive Spannungsfähigkeit	– Maximalkraft – anaerob-alaktazider Stoffwechsel – anaerob-laktazider Stoffwechsel – aerob-glykolytischer Stoffwechsel

[1)] Bezieht sich auf dynamischen Auftakt.

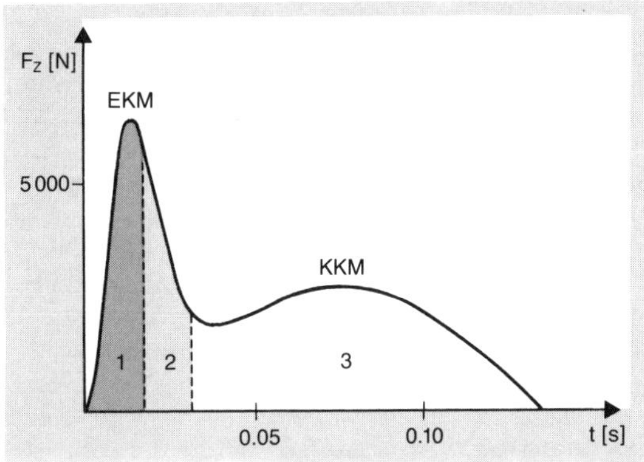

Abbildung 33 Der vertikale Kraft-Zeit-Verlauf einer Absprungbewegung als Beispiel einer denkbaren Abfolge verschiedener Muskelkontraktionsformen: Zone 1: exzentrische Kontraktion, Zone 2: isometrische, Zone 3: konzentrische. Die Zonen 1 und 2 bilden den Bremsstoß, 3 den Beschleunigungsstoß (die genauen Übergänge sind nicht bekannt und wurden hier annäherungsweise festgelegt). EKM = exzentrisches Kraftmaximum, KKM = konzentrisches Kraftmaximum.

- **Kraftausdauer,** definiert als die Fähigkeit, der von der Maximalkraft abhängigen Ermüdung entgegenzuwirken.
- **Reaktivkraft,** definiert als die Fähigkeit, im Dehnungs-Verkürzungszyklus (vgl. S. 71) eine hohe tendo-muskuläre Spannung aufrechtzuhalten.

Die Maximalkraft wird als bestimmte Voraussetzung der anderen drei Formen betrachtet; sie stellt quasi die Basiskraft dar. (Näheres vgl. folgendes; die Tab. 6 stellt die Erscheinungsformen, die von der Gewichtung her nicht gleichrangig anzusehen sind, dar.) Auf die praktischen Anwendungsformen gehen wir im folgenden kurz näher ein, und die Besprechung der Trainingsarten und Methoden (vgl. Kap. 3) ist ebenfalls nach dieser praktischen Einteilung ausgerichtet.

Zur Maximalkraft

Definition der Maximalkraft

Die Maximalkraft ist die größtmögliche Kraft, die willkürlich gegen einen Widerstand ausgeübt werden kann; sie tritt sowohl in isometrischen als auch in dynamisch-konzentrischen Maximalkontraktionen auf und wird meßtechnisch heute an einem unüberwindlichen Widerstand (standardisierte isometrische Kraftmessung) nachgewiesen.

Die Maximalkraft wird auch als der willkürlich aktivierbare Anteil der *Absolutkraft* (dynamisch-exzentrische Maximalkontraktion) interpretiert (Bührle 1986, 17).

Isometrische und konzentrische Maximalkontraktionen
Bei einem krafttrainierten bzw. mit dem Bewegungsablauf dynamischer Kraftübungen vertrauten Sportler bestehen keine wesentlichen Unterschiede in den maximalen statischen und maximalen dynamischen Kraftfähigkeiten. Das Ergebnis bei dynamischer Kraftentwicklung gegenüber der statischen ist lediglich um den Anteil geringer, der zur Beschleunigung des in Bewegung zu setzenden Körpers oder Gerätes erforderlich ist.

Muskuläre Leistung

Von »konzentrischer Maximalkraft« zu sprechen, ist nicht stimmig, da die maximale konzentrische Kraft eindeutig von der Verkürzungsgeschwindigkeit der Muskulatur abhängt. Der Begriff der **muskulären Leistung** drückt auf einer physikalischen Basis das bisherige Verständnis von der »konzentrischen Maximalkraft« besser aus.
Leistungsbestimmende Faktoren der isometrischen und dynamisch-konzentrischen Maximalkontraktionen sind: Muskelquerschnitt mit -faserzahl, Muskelstruktur, Muskelfaserlänge und Zugwinkel, intra- und intermuskuläre Koordination, Kontraktionsgeschwindigkeit der Muskulatur, Energiebereitstellung, anthropometrische Merkmale, Muskelvordehnung, Motivation. Diese Faktoren sind neben Anlagen abhängig von Trainingszustand, Geschlecht und Alter.

Dynamisch-exzentrische Maximalkontraktion – Absolutkraft

Absolutkraft

Im Vergleich zur isometrischen und dynamisch-konzentrischen Maximalkontraktion ist die dynamisch-exzentrische Maximalkontraktion (= Absolutkraft; auch: *exzentrische Maximalkraft*) (vgl. Abb. 34, S. 70) aufgrund ihrer höheren Kraftwerte abzuheben (5–40% je nach Muskelgruppe und Trainingszustand). Sie tritt bei kurzfristigen von außen einwirkenden Widerständen auf die maximal kontrahierte Muskulatur auf. Hierbei treten bei der Dehnung der Muskulatur »durch die Aktivierung der Muskelspindeln Dehnungsreflexe auf, die eine Erhöhung der Innervationsaktivität und damit eine stärkere Kontraktion bewirken« (SCHMIDTBLEICHER 1984, 1786).

Das Kraftdefizit

Kraftdefizit

Die sich bei der isometrischen und dynamisch-exzentrischen Erscheinungsform meßtechnisch ergebende Kraftdifferenz – wobei die exzentrische Form das momentan höchstmögliche Kraftpotential der beanspruchten Muskeln darstellt –, wird als sog. *Kraftdefizit* bezeichnet (vgl. Abb. 34, S. 70). Dieses Kraftdefizit wurde als Maß für die »willkürliche Aktivierungsfähigkeit« des Muskulatur in die Literatur eingeführt (vgl. SCHMIDTBLEICHER 1984, 1787). Hiermit kann man mit einer gewissen Wahrscheinlichkeit den Qualitätsgrad bzw. den Trainingszustand der intramuskulären Koordination feststellen und annähernd aussagen, inwieweit die Muskelkraft noch steigerungsfähig ist, ohne dabei eine Muskelfaserhypertrophie (durch Muskelaufbautraining) eingehen zu müssen.
Bei hochtrainierten Athleten beträgt das Kraftdefizit zwischen 0 und 10%, bei Untrainierten für die Beinstreckmuskulatur 10–25%, für die Armstrecker 25–40%.
Die Maximalkraft mit ihren unterschiedlichen Kontraktions-Erscheinungsformen, die dimensionsanalytisch nicht isoliert gesehen werden dürfen, sondern letztlich alle *die* Maximalkraft repräsentieren, ist als Voraussetzung für die eigentliche Kraftform sportlicher Bewegungen, nämlich die *Schnellkraft,* zu sehen. Die Maximalkraft liefert auch Voraussetzungsdienste für kraftausdauernde Bewegungen.

Zur Schnellkraft

In den meisten Sportarten hängen die Ergebnisse davon ab, welche Beschleunigungen bzw. Geschwindigkeiten Sportlerinnen oder Sportler ihrem eigenen Körper bzw. dem ihrer Gegner (z. B. im Zweikampfsportarten), eigenen Körperteilen oder ihrem Sportgerät verleihen können.

Selbst im Gewichthebersport ist dies der Fall. So ist für einen erfolgreichen Versuch eine Mindest-Hantelgeschwindigkeit erforderlich. Wird diese nicht erreicht, da das Gewicht zu hoch gewählt wurde, fehlt es dem Athleten an Zeit für z. B. ein erfolgreiches Abtauchen in die Hocke, und der Versuch mißlingt.

Da die **Geschwindigkeit** ($\vec{v}$) ein Produkt der Faktoren Beschleunigung ($\vec{a}$) und Zeit (t) ist ($\vec{v} = \vec{a} \cdot t$), hängen die Ergebnisse demnach davon ab, wie hoch die Beschleunigung ist, die Körpern, Körperteilen oder Geräten verliehen werden kann, und wie lange diese Beschleunigung aufrechterhalten wird. Diese wiederum hängt von den Kraft- und koordinativen Fähigkeiten, der Kontraktionsgeschwindigkeit der Muskulatur sowie den anthropometrischen Voraussetzungen der Sportlerinnen oder Sportler ab. **$\vec{v} = \vec{a} \cdot t$**

Den Vorgang, einer Masse (m), gleichgültig ob es sich hierbei um Körper bzw. Körperteile mit oder ohne Gerät handelt, eine Geschwindigkeit ($\vec{v}$) zu verleihen, nennt man physikalisch einen Impuls ($\vec{p} = m \cdot \vec{v}$ bzw. $\vec{p} = m \cdot \vec{a} \cdot t$). **$\vec{p} = m \cdot \vec{v}$**

Da die Kraft ($\vec{F}$) physikalisch als Masse (m) mal Beschleunigung ($\vec{a}$) definiert ist ($\vec{F} = m \cdot \vec{a}$), ist der Impuls ($\vec{p}$) nichts anderes als Kraft mal Zeit. Nunmehr dürfte auch verständlich sein, warum in vielen Sportarten anthropometrische Voraussetzungen eine wesentliche Rolle zum Erreichen hoher Massengeschwindigkeiten, d. h. guter Ergebnisse spielen. Bei vorausgesetzt gleicher Kraft und Technik wird z. B. im Kugelstoßen der Athlet mit den längeren Gliedmaßen (Hebelarmen) gewinnen, da ihm aufgrund der längeren Hebel mehr Zeit zum Beschleunigen der Kugel zur Verfügung steht. Die längere Beschleunigungszeit ergibt die höhere Geschwindigkeit, diese wiederum die größere Weite. **$\vec{p} = \vec{F} \cdot t$**

Beispiele

Für einen erfolgreichen Reißversuch im Gewichtheben ist eine Hantelgeschwindigkeit von ca. 1,5 m/s erforderlich, für einen 20-m-Kugelstoß hingegen eine Abfluggeschwindigkeit der Kugel von 13 m/s. Reißt ein 90-kg-Athlet beispielsweise 120 kg, so ergibt dies einen Impuls von 180 kg · m/s (120 kg · 1,5 m/s = 180 kg · m/s).

Der Kugelstoßer, der seinem 7,25 kg schweren Gerät eine Geschwindigkeit von 13 m/s erteilt, erzielt mit 94,25 kg · m/s (7,25 kg · 13 m/s = 94,25 kg · m/s) einen bedeutend geringeren Impuls, erreicht aber trotzdem eine relativ weitaus bessere Leistung. Zudem erzielt er seine Weite von 20 m mit einem geringeren Anteil von Muskelkapazität als der Gewichtheber. Dies erklärt sich dadurch, daß sich die menschliche Skelettmuskulatur aus unterschiedlich schnellen Muskelfasern zusammensetzt. Zur Realisierung der Zielstellung, geringen Widerständen eine hohe Geschwindigkeit zu erteilen, tragen dominant die schnellen Muskelfasern bei (vgl. S. 43 ff.). Im Gegensatz zu Schnellkraftleistungen ist bei Maximalkraftleistungen die Einbeziehung aller innervierbaren Muskelfasern möglich.

Unabhängig vom Impulsergebnis ist an diesem Beispiel zu ersehen, daß eine große Masse nur mit geringer, eine kleinere Masse hingegen mit hoher Geschwindigkeit bewegt werden kann (vgl. auch Abb. 21, S. 45).

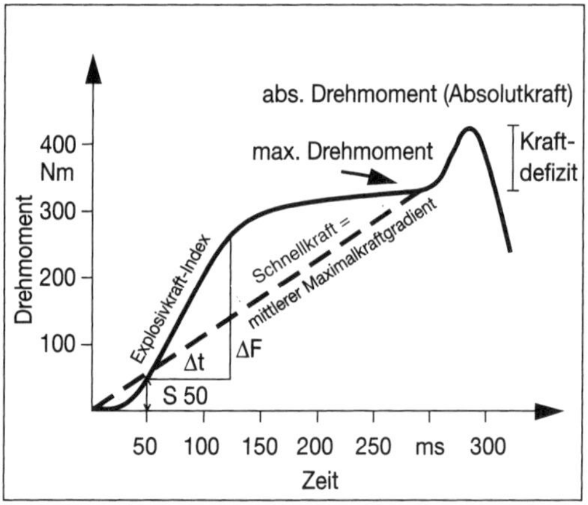

Abbildung 34 Schematische Darstellung der Schnellkraftkomponenten, die an der Kraft-Zeit-Kurve erhoben werden können. S = Startkraft (50 ms), ΔF/Δt = Explosivkraft-Index.

Definition von Schnellkraft

Schnellkraft wird als die Fähigkeit des neuromuskulären Systems definiert, in der zur Verfügung stehenden Zeit einen möglichst großen Impuls zu erzeugen.

Es ist angebracht, zwei Definitionen der Schnellkraft zu unterscheiden, eine Definition, die das Ziel ausdrückt, eine Bewegung in kurzer Zeit auszuführen, und eine Definition, die erkennen läßt, daß man nicht zeitlimitiert einem Gegenstand eine hohe Endgeschwindigkeit erteilen muß. Die Schnellkraft für Bewegungen unterhalb 250 ms ist hauptsächlich die Fähigkeit, möglichst große Kraftwerte innerhalb kürzester Zeit zu erzielen; sie kann durch die Schnellkraftparameter (vgl. Abb. 34) bestimmt werden.
Die Schnellkraft für Bewegungen über 300 ms ist durch die muskuläre Leistungsfähigkeit bestimmt und kann durch sie erfaßt werden (siehe TUSKER 1994, 66 ff.).

Start- und Explosivkraft

Mit *Startkraft* wird die Fähigkeit des neuromuskulären Systems bezeichnet, zu Beginn der Kraftbewegung (bis 50 msec) einen möglichst hohen Kraftwert zu erzielen und mit *Explosivkraft* die Fähigkeit, den begonnenden Kraftanstieg maximal weiterzuführen. Erreichen diese beiden Meßwerte in kürzestmöglicher Zeit eine höchstmögliche Steilheit, liegt eine ›explosive Schnellkraftbewegung‹ vor (bei geringen Widerständen ist diese dann relativ unabhängig vom isometrischen Maximalkraftgipfel).
Diese Differenzierung in Start- und Explosivkraft ist wie gesagt eine rein meßtechnische (z. B. erhoben an Drehmomentenmeßstühlen). Da sowohl diese beiden Schnellkraftparameter als auch die Schnellkraft selbst von der Kontraktionsgeschwindigkeit der schnellen und z. T. auch der langsamen Fasern, der neuronalen Aktivierung (Rekrutierung und Frequenzierung) sowie der Muskelquantität (Anzahl und Querschnittsfläche der FT-Fasern) abhängig sind, sehen wir vom wissenschaftlichen Standpunkt aus zwischen Explosiv- und Schnellkraft

keinen Unterschied, und man könnte sie auch vom Sprachgebrauch her gleichsetzen (vgl. auch KOMI/HÄKKINEN 1989).

Zur Reaktivkraft

Handelt es sich bei schnellen Bewegungen um sog. *Reaktivbewegungen,* wie beispielsweise bei Niedersprüngen bzw. nahezu allen Absprüngen und auch bei schnellen Laufschritten, so tritt der sog. *Dehnungs-Verkürzungs-Zyklus* auf, d. h., es kommt hierbei zunächst zu einer kurzen exzentrischen Dehnung der Muskulatur, bei der ein eigenständiges Innervations- und Elastizitätsverhalten erscheint und anschließend eine konzentrische Phase folgt, in die die Voraktivierung, die gespeicherte elastische Spannungsenergie und Reflexivität aus der vorhergehenden Phase einfließen.

Der Dehnungs-Verkürzungs-Zyklus

Leistungsbestimmend sind neben den Faktoren Muskelfaserquerschnitt und -zusammensetzung hier folglich das Elastizitäts- und Innervationsverhalten von Muskeln, Sehnen und Bändern (vgl. SCHMIDTBLEICHER 1984, 1789). Dieses Elastizitäts- und Innervationsverhalten wird auch als *reaktive Spannungsfähigkeit* bzw. als *Reaktivkraft* bezeichnet. Nach BÜHRLE (1989) ist sie dimensionsanalytisch eine eigenständige Kraftfähigkeit (vgl. auch Tab. 6, S. 66); sie kann auch als eine Sonderform bzw. als Teilkomponente der Schnellkraft gesehen werden (insbesondere bei Sprungformen). Definitorisch ist folglich die

Reaktivkraft die *exzentrisch-konzentrische Schnellkraft* bei kürzest möglicher Kopplung (< 200 ms) beider Arbeitsphasen, also in einem Dehnungs-Verkürzungs-Zyklus. Anders ausgedrückt: Reaktivkraft ist die Fähigkeit, einen Impuls im Dehnungs-Verkürzungs-Zyklus zu erzeugen.

Definition von Reaktivkraft

In einigen Sportdisziplinen mit zyklischem Bewegungscharakter, z. B. in allen Sprintläufen, müssen die schnellkräftigen Muskelaktionen über einen bestimmten Zeitabschnitt durchgeführt werden. Leistungsbestimmend sind hierbei alle bereits erwähnten Komponenten der Schnellkraft und zusätzlich ein hohes Maß der *Anspannungsgeschwindigkeit der weißen Muskelfasern* und eine qualitativ hohe Fähigkeit der *intermuskulären Koordination,* also ein Zusammenspiel der ist folglich hier zusätzlich in Form eines ›neuromuskulären Lernens‹ zu trainieren.

Zur Kraftausdauer

Kraftausdauer ist die von der Maximalkraft abhängige Ermüdungswiderstandsfähigkeit gegen langdauernde oder sich wiederholende Belastungen bei statischer oder dynamischer Muskelarbeitsweise. Ebenso wie die Schnellkraft ist auch die Kraftausdauer eine kombinierte Erscheinung; in diesem Fall werden Kraft und Ausdauer zu einer spezifischen Fähigkeit verbunden.

Hierbei können, abhängig von der Zielstellung, anteilig einmal vermehrte Anforderungen an die Ausdauer, zum anderen an die Kraft gestellt werden, oder beide Eigenschaften sind anteilig gleich erforderlich.

Aus trainingsmethodischen Gründen wird nach dem Kriterium ›Größe des Krafteinsatzes‹ unterteilt in:

Unterteilung und Definition von Kraftausdauer

- **Maximalkraftausdauer** (auch: hochintensive Kraftausdauer): über 75% der Maximalkraft bei statischer und dynamischer Arbeitsweise.
- **(Submaximale) Kraftausdauer** (auch: mittelintensive Kraftausdauer): 75–50% der Maximalkraft bei dynamischer Arbeit, bis 30% bei statischer Arbeit.
- **(Aerobe) Kraftausdauer** (auch: **Ausdauerkraft**): 50–30% der Maximalkraft bei dynamischer Arbeitsweise.

In dieser Gliederung (nach Kraftgröße und Arbeitsweise) sind indirekt auch die unterschiedlichen Stoffwechselvorgänge und damit typischen Zeitverhältnisse für Kraftausdauerleistungen berührt. Will man insgesamt dem Aspekt der Quantifizierung Rechnung tragen, so können die Definitionen für Kraftausdauer lauten:

Dynamische Kraftausdauer ist die Fähigkeit, bei einer bestimmten Wiederholungszahl von Kraftstößen (= Kraft mal Zeit) innerhalb eines definierten Zeitraums die Verringerung der Kraftstöße möglichst gering zu halten (nach Martin et al. 1991, 109).
Statische Kraftausdauer ist die Fähigkeit, bei einer bestimmten Muskelspannung (= statischen Kraft) über eine definierte Anspannungszeit den Spannungsverlust möglichst gering zu halten.

Leistungsbestimmende Faktoren der Kraftausdauer sind Maximalkraft, aerobe und anaerobe Kapazität sowie lokale und zentrale Ermüdung.

Kraft, Geschlecht und Alter

Kraft und Geschlecht

Nach wissenschaftlichen Erkenntnissen und praktischen Erfahrungen unterscheiden sich die Kraftleistungen von Mann und Frau. Diese Unterschiede beruhen

Kraftverhältnisse von Mann und Frau

Tabelle 7 Kraftverhältnisse und Trainierbarkeit von Mann und Frau

Kraftverhältnisse Trainierbarkeit	Mann	Frau
Prozentualer Muskelanteil am Körpergewicht	ca. 42%	ca. 32–36%
Last-Kraft-Verhältnis		ungünstiger als beim Mann
Maximalkraft	100%	absolut zum Mann: 60–80% relativ: gleich
Kraftzuwachs vom 6.–26. Lebensjahr	ca. 5fach	ca. 3fach
Trainierbarkeit (Quantität)	100%	absolut: 60–80% relativ: gleich
Trainierbarkeit (Qualität)	100%	relativ: gleich

vorwiegend auf biologischen Gegebenheiten, insbesondere auf dem geringeren Muskelanteil (in Relation zum Körpergewicht) bei der Frau und dem erhöhten Spiegel des Sexualhormons Testosteron beim Mann, das einen eiweißaufbauenden Effekt im Muskel (= Hypertrophie) hat. Bezüglich intra- und intermuskulärer Koordinationsverbesserung bestehen bei Mann und Frau keine Unterschiede; auch die Trainierbarkeit ist hierbei relativ gesehen annähernd gleich. Aus der Tab. 7 sind einige wesentliche Vergleichsaspekte zu ersehen.

Kraft im Kindes- und Jugendalter

Ist Krafttraining im Kindesalter sinnvoll?

Die Frage nach dem Sinn eines Krafttrainings mit Kindern findet ihre Beantwortung in der folgenden Beobachtung: Kinder im späten Schulkindalter (9–12 Jahre) und in der puberalen Phase fallen fast ausnahmslos durch eine Schwäche der **Haltemuskulatur,** insbesondere des Rumpf-, Hüft- und Schulterbereiches auf, während die **Funktionsmuskulatur** der Extremitäten (vor allem der Beine) in einem besseren ›Trainingszustand‹ zu sein scheint. Letzteres ist offensichtlich durch die tägliche Belastung bedingt. Die deutliche Diskrepanz bleibt etwas unverständlich, da der durch Krafttraining erreichbare Zuwachs angeblich in diesem Alter so minimal sein soll.

Halte- und Funktionsmuskulatur bei Kindern

Erklärt werden könnte dies dadurch, daß – wie oben gezeigt – in der Skelettmuskelfaser eine Längenanpassung durch Vermehrung der in Serie geschalteten Sarkomere oder durch Verlängerung der Sehne möglich ist. Letzteres ist im Grunde nur als kompensatorische Maßnahme anzusehen, wenn der Muskel die gewünschte Länge nicht im Rahmen dynamischer Beanspruchungen benötigt, sondern als Anpassung an passive Dehnung. Während des Wachstums muß der Muskel eine Längenanpassung zeigen, da die Betonung des Knochenwachstums auf einer Längenzunahme liegt (insbesondere für die Extremitäten).

Die Längenanpassung der Muskulatur

Die gleichzeitig dynamische Beanspruchung der Muskulatur dieses Bereiches hat eine Längenadaptation der Muskelfasern zur Folge. Die Vermehrung der in Serie geschalteten Sarkomere erhöht das Kraftpotential des Muskels, ohne daß eine (oder nur sehr geringe) Querschnittsvergrößerung, wie sie im Rahmen der Muskelhypertrophie des Erwachsenen als Antwort auf entsprechende Trainingsreize zu erwarten ist, beobachtet wird.

Von der Längenanpassung der Extremitätenmuskulatur sind vorwiegend die spindelförmigen Muskeln betroffen. Die gelenknah liegende Haltemuskulatur hingegen erhält in dieser Wachstumsphase nur wenig Anreiz zur Längenanpassung; somit ist auch eine geringe Zunahme des Kraftpotentials gegeben.

Erfährt nun die Muskulatur dieser Bereiche im Kindesalter eine zu geringe Beanspruchung von außen (Trainingsreize), so addiert sich zur wachstums- eine beanspruchungsbedingte Benachteiligung der Haltemuskulatur.

Die Schwäche dieser Muskulatur bedeutet jedoch eine reduzierte Funktionsfähigkeit der gesamten Muskulatur und auf lange Sicht auch eine Überbelastung des passiven Bewegungsapparates (Knochen, Gelenke); **eine gezielte Förderung der Muskelentwicklung erscheint deshalb zwingend notwendig.**

Um der **Haltemuskulatur** geeignete Trainingsreize anzubieten, ist nicht die Intensität der Reize entscheidend, sondern die Form der Beanspruchung, d. h.: Dynamische Bewegungen, die eine dehnende Komponente mit der aktiven Muskelarbeit verbinden, bewirken eine gezielte Förderung des kontraktilen Teils des Muskels. Passive Dehnübungen hingegen zwingen möglicherweise ausschließlich die Sehne zur Adaptation. Eine zusätzliche Gewichtsbelastung ist unter der dargestellten Zielsetzung nicht unbedingt notwendig.

Entlastung des passiven Bewegungsapparates

Entsprechend geeignete Übungen bieten sich somit als Maßnahmen zur Förderung der Entwicklung der Muskulatur bereits im Kindesalter an. Auf diese Weise wird die Muskulatur bestens auf ihre Aufgabe der Entlastung des passiven Bewegungsapparates vorbereitet.

Zum Beginn der Trainierbarkeit

Der Beginn der Trainierbarkeit der Kraft bei Kindern liegt nach bisherigen wissenschaftlichen Aussagen und praktischen ›Erscheinungsbildern‹ um das 7.–9. Lebensjahr. Da die Kraftentwicklung, wie oben beschrieben wurde, von verschiedenen Faktoren abhängig ist, muß für einen Kraftzuwachs vor dem 10. Lebensjahr folgendes unterschieden werden: Der durch Training erkennbare Kraftzuwachs ist

Ursachen von Krafttrainingseffekten bei Kindern

1. vorwiegend durch *intra- und intermuskuläre Koordination*[1)] bedingt und
2. auf eine Verbesserung der *relativen Kraft* (entspricht dem Verhältnis von maximaler Kraft zum Körpergewicht) zurückzuführen. Diese Verbesserung selbst ist durch einen erhöhten Energieumsatz mit entsprechender Fettverbrennung bedingt (und somit durch eine Verbesserung der aeroben Energiebereitstellung), die wiederum eine Verschiebung der Anteile von Muskelmasse zur Gesamtkörpermasse (zugunsten der Muskelmasse) bewirkt.
3. Eine Muskelfaserquerschnittvergrößerung (= *Hypertrophie*) ist aufgrund des noch zu geringen intrazellulären Testosteronspiegels offensichtlich nur sehr gering gegeben[2)]. Während des Wachstums findet jedoch eine *Muskellängenanpassung* (Vermehrung der in Serie geschalteten Sarkomere) statt.

Insgesamt gesehen sind die Ursachen der Kraftentwicklung sehr komplex und diffizil und bis heute noch nicht voll erforscht, so daß die soeben genannten Punkte lediglich als mögliche Aspekte zu betrachten sind.

8–12jährige

Hinsichtlich der verschiedenen *Erscheinungsformen der Muskelkraft* ist für einen Trainingsbeginn in der **vorpuberalen Phase** (ca. 8–12 Jahre) folgendes anzumerken (vgl. auch Tab. 8, S. 76):

1) Diese Verbesserungen beruhen jedoch nicht auf gezielten Krafttrainingsmaßnahmen wie beispielsweise durch die Krafttrainingsart der ›intramuskulären Koordination‹, sondern vorwiegend auf Bewegungsformen wie Spielen, Laufen, Hüpfen, Klettern, Kämpfen usw.

2) Subjektive Beobachtungen der Verfasser an 7–10jährigen Turnerinnen und Turnern verschiedener Nationen lassen jedoch vermuten, daß die z. T. bereits sehr stark ›profilierte‹ Muskulatur auch auf Hypertrophie zurückzuführen sein muß (vgl. auch MERSCH 1987).

Trainingsmaßnahmen bei 8–12jährigen

- Zunächst sollten Übungen, Methoden und Mittel der *Schnellkraftverbesserung* angewendet werden (vgl. S. 118; ›Schnellkraftmethode‹, eventuell in abgeschwächter Form);
- ein *Muskelaufbautraining* (in Form der ›Gesundheits-Fitneßmethode‹; vgl. S. 109) mit Intensitäten bis 40% kann ergänzend betrieben werden.
  Neben der Wirkung auf die Muskelfaser und die intramuskuläre Koordination muß allerdings auch die Wirkung eines Krafttrainings in der vorpuberalen Phase auf das *Skelettsystem* beachtet werden. Die Knochen sind zwar in diesem Alter soweit gefestigt, daß leichte Belastungen und Sprünge mit dem eigenen Körpergewicht möglich sind, jedoch aufgrund der noch nicht geschlossenen Epiphysenfugen keine sehr hohen Intensitäten (Gefahr für das Längenwachstum!).
- Außerdem darf ein *Muskelaufbautraining* nur unter dem Gesichtspunkt *bewegungskoordinativer Ausführungen* und der ergänzenden *Beweglichkeitsschulung* betrieben werden, d. h.,
  – es sollten keine eingelenkigen Übungen (z. B. an Maschinen),
  – sondern stets mehrgelenkige und sog. »regulative« (s. S. 193 ff.) Übungen und
  – zusätzlich ergänzende Gymnastikübungen durchgeführt werden.

Förderlich: Kniebeugen mit hochgehaltenem Gewicht!

Mehrgelenkige Übungen sind beispielsweise Kniebeugen mit hochgehaltenem (!) leichten Gewicht. Diese Aussage mag viele Praktiker verwundern, da die sog. ›Überkopfarbeit‹ für Kinder und Jugendliche bis heute absolutes Tabu ist. Mit der Abb. 35 kann jedoch gezeigt werden, daß bei Kniebeugen mit erhobenen Armen die Gefahren für eine Wirbelsäulenknickung wesentlich geringer sind als mit den ›herkömmlichen‹ Übungsformen: Die Durchführung dieser Übungen bedingt eine Übereinstimmung von vertikalem Körper- und Hantelschwerpunkt; denn bereits bei einer Verlagerung der Hantel um 1 bis 1,5 cm nach vorne oder hinten ist diese nicht mehr zu halten, die Übungen sind nicht mehr durchführbar.

Abbildung 35 Kniebeugen mit sog. Überkopfarbeit als Beispiel für mehrgelenkige Übungen.

Tabelle 8 Überblick zur Entwicklung der muskulären Anpassung und des Stoffwechsels im Kindes- und Jugendalter

Alter	Phase muskulärer Anpassung	Muskulatur: Kraft und Flexibilität	Stoffwechsel: Ausdauer	Trainingsziele Anpassungsbedingungen
7–10	Präventiv- und Aufbauphase	ca. 23% Muskelanteil schwache Haltemusk. geringes Testosteron biegsames Skelett gute Flexibilität	hohe Herzfrequenz ca. 40 ml VO_2 max. beginnende günstige aerobe Stoffwechselanpassung ungünstige anaerobe Energiebereitstellung	Allgem. Muskelentwicklung Beginn der Schnellkrafttrainierbarkeit bedingt durch ■ intra- und intermuskul. Koordination ■ Muskellängenanpassung ■ aerobe Kapazität
10–12/13	Ausgleichs- und	25–28% Muskelanteil geringes Testosteron noch schwaches Skelett muskul. Dysbalancen noch gute Flexibilität	40–48 ml VO_2 max. untr. trainiert = 60 ml (ähnl. Erwachsenen) noch ungünstige anaerobe Proz. mit erhöhter Katecholamin-Ausschüttung	gesteigerte Schnellkrafttrainierbarkeit aufgrund ■ guter intra- und intermusk. Koordination und ■ günstiger Relativkraft geringfügig auch Muskelaufbau und Kraftausdauer
12/13–14/16	Stabilisierungsphasen	ca. 30% Anteil ♀ 35% Anteil ♂ Androgen- und Östrogenausschüttung noch labiles Skelett eingeschränkte Flexibilität	günstige aerobe Prozesse allgem. bessere anaerobe Prozesse	verstärkter Beginn von Muskelaufbau-Training durch eiweiß-anabole Wirkung Beginn von Maximalkrafttraining
15/16–18/19	Forcierungsphase	ca. 35% Anteil ♀ 44% Anteil ♂ Skelettstabilisierung Hypertrophiehöhepunkt eingeschränkte Flexibilität	sehr gute aerobe und allgem. auch anaerobe Prozesse	sensible Phase für ■ Schnellkraft und Reaktivkraft ■ Maximalkraft ■ Kraftausdauer

Eine Übereinstimmung von vertikalem Körper- und Hantelschwerpunkt setzt jedoch voraus bzw. fördert:

Wichtig: richtige Körperhaltung

- Eine gerade Oberkörperhaltung – die Beanspruchung der Wirbelsäule auf Biegung und Knickung ist mangels eines Drehmomentes bei dieser Überkopfübung somit nicht möglich. Die Wirbelsäule wird damit nur in vertikaler Richtung auf Druck belastet;
- der sehr geringe Toleranzbereich der vertikalen Hantelführung fordert und fördert außerordentlich die Gleichgewichtsfähigkeit; darüber hinaus
- wird eine entsprechende Beweglichkeitsverbesserung im Fuß-, Knie-, Hüft- und Schulterbereich erreicht, da diese Übungen nur mit einem Stand auf der ganzen Fußsohle durchgeführt werden können.

Somit sind die in der Literatur geäußerten Vorbehalte gegen die **Überkopfarbeit** im Jugendalter nicht aufrechtzuerhalten. Die soeben beschriebene Übungsdurchführung bedeutet nämlich im Gegensatz zu den ›herkömmlichen‹ Übungen (z. B. Hantel auf den Schultern) keine Gefährdung der jugendlichen Wirbelsäule. Darüber hinaus werden die Forderungen, neben der Kraftentwicklung auch die Beweglichkeits- und Koordinationsfähigkeiten zu schulen, bei der Überkopfarbeit erfüllt.

Zur gesteigerten Trainierbarkeit

Ab ca. dem 12. Lebensjahr nimmt bei Jungen die Androgenausschüttung (Testosteron u. a.) stark zu (bei Mädchen ab ca. 11. Lebensjahr, jedoch wesentlich geringer). Die Voraussetzungen für eine Kraftentwicklung aufgrund eiweißanaboler Wirkung (= Muskelhypertrophie) werden immer günstiger. In dieser sog. **puberalen Phase** der jugendlichen Entwicklung sind (vgl. auch Tab. 8, S. 76)

Puberale Phase und Krafttraining

1. bezüglich eines Muskelaufbaues verbesserte biologische Bedingungen gegeben; jedoch
2. bezüglich des Längenwachstums relativ ungünstige. In dieser Phase des zweiten Gestaltwandels (ausgeprägter Längenwachstumsschub) kommt es zu einer neuerlichen Umstrukturierung der Knochenbälkchen, so daß die Entwicklung großer Muskelkraft eher negative Veränderungen am Skelettsystem bewirken kann.

Hinsichtlich der *Erscheinungsformen der Muskelkraft* und ihrer Trainingsarten ist für die puberale Phase folgendes anzumerken:

- Die *Schnellkraft* kann vorsichtig dosiert gesteigert werden;
- das *Muskelaufbautraining* wird mit den gleichen Intensitäten fortgesetzt, wobei, orientiert an der gesteigerten Maximalkraft, sich auch die Gewichtsbelastungen absolut gesehen erhöhen;
- die Trainingsart der *intramuskulären Koordination* sollte im Hinblick auf eine Maximalkraftsteigerung (vgl. S. 111 ff.) isoliert noch nicht angewendet werden, jedoch kann
- ein ›*kombiniertes Training*‹ in Form der Pyramidenmethode durchaus eingesetzt werden, denn nach sportpraktischen Erkenntnissen bewirkt das Pyramidentraining als eine Kombination von Muskelaufbautraining und intramuskulärem Krafttraining durch das Überwinden geringer Widerstände in hohen Wiederholungszahlen einmal eine entsprechende Körpergewichtsentwicklung

der Jugendlichen, zum anderen durch das Überwinden hoher Widerstände in geringen Wiederholungszahlen aber auch eine entsprechende Ausnutzung ihres vorhandenen Muskelpotentials. Des weiteren wird durch die nur geringe Anzahl von Wiederholungen mit maximalen Widerständen eine hohe Belastung des passiven Bewegungsapparates vermieden, zumal das Pyramidentraining für Jugendliche bei Dreier-Wiederholungen endet. Wenn wir voraussetzen, daß 95% der aktuellen Bestleistung einmal, 90% zweimal realisiert werden können, erlauben Dreier-Wiederholungen allenfalls Belastungsgrößen um 85%.

- Auf ein *Kraftausdauertraining* mit laktaziden Belastungen sollte aufgrund der noch fehlenden anaeroben Kapazität im ersten Teil der puberalen Phase verzichtet werden; man kann jedoch im zweiten mit vorsichtiger Dosierung beginnen. Allerdings verbessert eine Steigerung der aeroben Kapazität auch die Kraftausdauer! (vgl. PACH 1990).
- Alle Kraftbelastungen in diesem Alter zwischen 11/12 bis 15/17 Jahren müssen unter sorgfältigster Berücksichtigung des Skelettsystems (v. a. der Wirbelsäule! – empfehlenswert: orthopädische Untersuchung) absolviert werden, d. h. Vermeidung allzu starker Druck-, Zug-, Biege- und Stauchbewegungen.

Adoleszens

Die Pubertätsphase geht bei Mädchen ca. mit dem 14./15. und bei Jungen ca. mit dem 16./17. Lebensjahr in die sog. **Adoleszens** über. Diese Übergangszeit ist gekennzeichnet durch entsprechendes Breitenwachstum (›Füllungsphase‹), und die jugendliche Gestalt kommt jetzt und in den folgenden 1–2 Jahren der Adoleszens zu einem reifebedingten Ausgleich.

Für das Krafttraining kann nunmehr die Hochleistungsphase beginnen (vgl. auch Tab. 8, S. 76), wobei für die Praxis stets zu berücksichtigen ist, daß das Skelettsystem bei Mädchen erst mit ca. 18/19 und bei Jungen mit ca. 19–22 Jahren voll ausgereift ist.

Literaturhinweis

Ausführliche Krafttrainingsprogramme mit Periodisierungseinteilungen für Kinder und Jugendliche von 7–18 Jahren findet der interessierte Leser in dem Band BLV Sportpraxis Top ›Richtig Muskeltraining‹ (BLV Verlag München 1996) und auf den Seiten 179–196 in diesem Buch.

Kraft im Alternsgang

Kraft bei Älteren

Untersuchungen zu Kraftfähigkeiten bei älteren Menschen sind noch äußerst spärlich. Bisher weiß man, daß die Kraft ab ca. dem 30sten Lebensjahr kontinuierlich abnimmt und mit 60 Jahren bei sportlich Nichtaktiven etwa 40–60% der des 20- bis 30jährigen entspricht. Bei sportlich aktiven Männern, insbesondere jenen, die regelmäßig eine Art Fitneß-Bodybuilding betreiben, sind die Verlustraten nur ca. 10–30%, bei Frauen etwas größer. Der Verlust der Kraft ist dabei nicht in allen Muskelbereichen gleich. So lassen beispielsweise die Schulter- und Rumpfmuskeln stärker nach als die Bein- und Handmuskeln.

2 Muskeln, Funktionen und Kraftübungen

Muskeldarstellungen

Die folgende Darstellung der Muskulatur versucht, den unterschiedlichen Blickwinkeln, unter denen der Körper im Bewegungsablauf betrachtet werden kann, gerecht zu werden. Für ein sinnvolles Krafttraining ist solch eine Darstellung Voraussetzung.

Die *Sportpraxis* orientiert sich an den im Rahmen eines Bewegungsablaufes vorrangig belasteten Körperregionen und unterscheidet damit folgende Bereiche: Rumpf, Schultergürtel, obere Extremität, Beckengürtel und untere Extremität.

Will man die in den genannten Körperregionen gelegenen Muskeln näher bezeichnen, so begibt man sich auf das Gebiet der *Anatomie / Topographie,* das die Lage der einzelnen Muskeln näher beschreibt.

So gesehen bereitet die Zusammenstellung anatomischer Gegebenheiten und sportpraktischer Maßnahmen keine Schwierigkeiten.

Trainingsplanung und funktionell-anatomische Bewegungsanalysen

Diese isolierte Form der Betrachtung darf natürlich nicht das funktionelle Zusammenspiel der Muskulatur der verschiedenen Bereiche aus den Augen verlieren. Einer gewissenhaften Trainingsplanung muß daher eine *funktionell-anatomische Bewegungsanalyse* vorausgehen. Erst die Kenntnisse über die bei bestimmten Techniken beteiligte Funktions- und Haltemuskulatur ermöglichen dem Trainer die richtige Auswahl von Kraftübungen und die entsprechenden Belastungsformen.

Basierend auf dieser Analyse, findet die Konzentration auf bestimmte Bereiche als *Hilfsmaßnahmen zur Trainingsrealisierung* dann ihre Berechtigung.

Wenn im folgenden die Muskulatur
- des Hüft- und Oberschenkelbereiches,
- der Unterschenkel,
- des Rumpfes,
- des Schultergürtels sowie
- der Arme

aufgezählt und erläutert wird, bedeutet dies nur, daß Schwerpunkte angesprochen werden; die sportartspezifische Kombination kann dann dem Bedarf entsprechend erfolgen. Aus dieser Darstellung der Muskulatur und den parallel aufgezeigten Übungen können Kraftübungen für alle Trainingsarten (Muskelaufbau, intramuskuläre Koordination, Schnellkraft) und für alle Sportarten ausgewählt werden.

Aus der Tab. 9 (S. 86f.) sind die fünf von uns zusammengestellten Muskelbereiche mit ihren jeweiligen wesentlichsten Hauptmuskeln zu ersehen; den in dieser

Tab. aufgeführten 35 Sportarten/Disziplinen sind die für eine Leistung entscheidenden Muskelbereiche durch Kreise (zumindest annähernd) zugeordnet.

Funktionsmuskeln und Kraftübungen

Funktionsbeschreibung

Im folgenden sind die Muskeln in ihrer Funktionalität näher beschrieben. Abb. 36a und 36b, S. 81f. stellen die Hauptmuskeln zunächst in ihrer Topographie am Menschen überblicksartig und vereinfacht dar.

Zum Bereich 1

Hüft- und Oberschenkelmuskeln

Die Hauptfunktion des *M. glutaeus max.* ist die Streckung im Hüftgelenk. In der isolierten Bewegung, wie sie z. B. in Ü 1 zum Muskelaufbau dargestellt wird, wird der Muskel allerdings so selten beansprucht, daß sich hiermit die auch beim Untrainierten bereits beachtliche Kraft des M. glutaeus max. nicht erklären ließe.
Eine Streckung im Hüftgelenk ist aber bei allen Aufrichtbewegungen zu beobachten: Aufrichten aus der Hocke oder aus dem Sitz, Treppensteigen u. ä. Tiefe Kniebeugen stellen damit eine besonders geeignete Übung für das intramuskuläre Krafttraining des M. glutaeus max. dar. Als komplexe Übungsform beansprucht sie allerdings auch andere Muskelgruppen.
Im Stand zieht wegen der Fixierung der Beine der sich kontrahierende *M. iliopsoas* eher die Wirbelsäule in Hohlkreuzstellung, als daß das Hüftgelenk gebeugt wird. Um dies zu verhindern, braucht die Wirbelsäule die Unterstützung des M. rectus abdominis, der zwischen Brustkorb und Becken liegt; wird er angespannt, hebt er den Beckenring im vorderen Bereich an. Dies wirkt sich auf die Lendenwirbelsäule abflachend aus. Ist die Bauchmuskulatur kräftig genug, um diese Haltung zu fixieren, schafft sie die Voraussetzungen für eine optimale Iliopsoasfunktion. Das bedeutet für ein Krafttraining, daß der M. iliopsoas nur so gut sein kann wie die Fixierungsmöglichkeiten der Wirbelsäule.
Eine gezielte Verbesserung der geraden Bauchmuskulatur muß andererseits beachten, daß der Synergismus (Zusammenwirkung und Unterstützung) mit dem M. iliopsoas nicht zu einer Minderbeanspruchung des M. rectus abd. führt. Die Übung sollte deshalb mit angewinkelten Beinen durchgeführt werden! Der unter diesen Bedingungen verkürzte M. iliopsoas kann dann nicht mehr unterstützen.

Der *M. rectus fem.* als gerader Teil des M. quadriceps fem. wirkt als Funktionsmuskel auf das Kniegelenk streckend. Die schlechte Knochenführung des Gelenkes kann bei explosiven, kräftigen Beanspruchungen durch die Bandführung des Gelenkes nur mäßig ersetzt werden. Die Muskulatur kann hier aber einen wichtigen Beitrag leisten.
Die *Mm. vasti,* die als Köpfe des M. quadriceps fem. die gleiche Ansatzsehne wie der M. rectus fem. haben, sind hierbei angesprochen. Ihre Lage läßt sie als Funktionsmuskulatur weniger effektiv (obwohl sie auch für die Streckung verant-

wortlich sind) als den M. rectus fem. zum Einsatz kommen. Da sie von zwei Seiten an der Patellarsehne und damit an der Kniescheibe ansetzen, tragen sie aber zur Fixierung der Kniescheibe bei und können damit gewährleisten, daß mit dem Einsatz des M. rectus fem. die Führung der Kniescheibe gesichert ist.

Prophylaxe von Kniebeschwerden

Zur Prophylaxe von Kniebeschwerden (insbes. Chondropathia patellae) ist die sichere Kniescheibenführung von besonderer Bedeutung.

Um die Mm. vasti ins Training miteinbeziehen zu können, muß die Übungsauswahl so getroffen werden, daß die Haltefunktion dieser Muskelpartien gefordert wird. D. h., das Bein muß frei ausbalanciert werden, eine Erleichterung durch

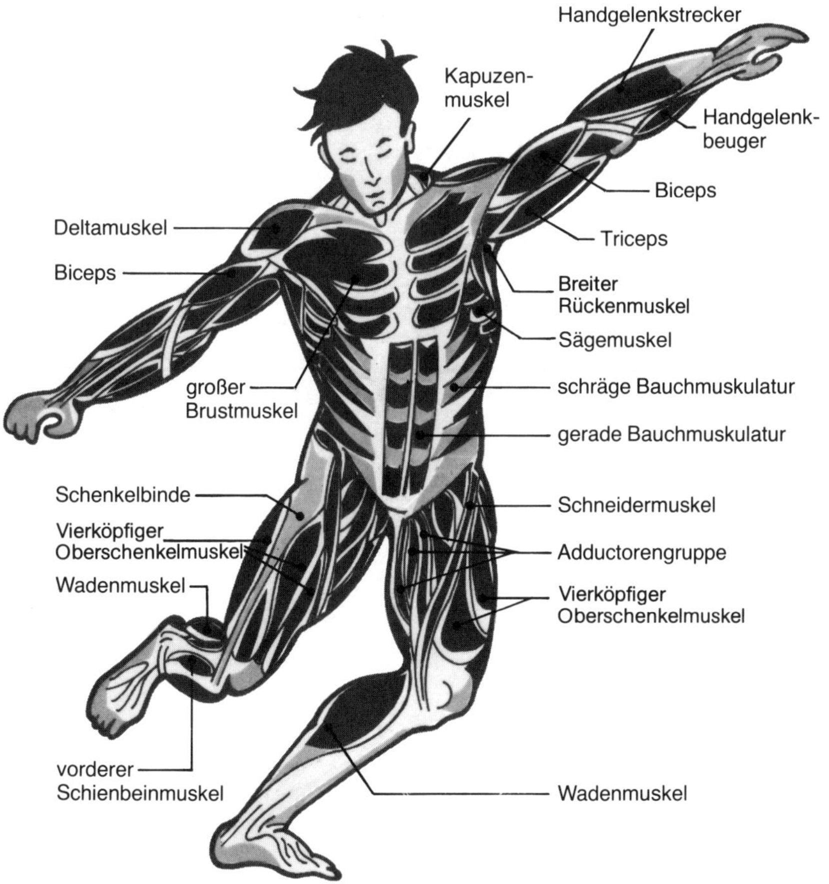

Abbildung 36a Muskeln des Rumpfes und der Extremitäten (Vorderansicht).

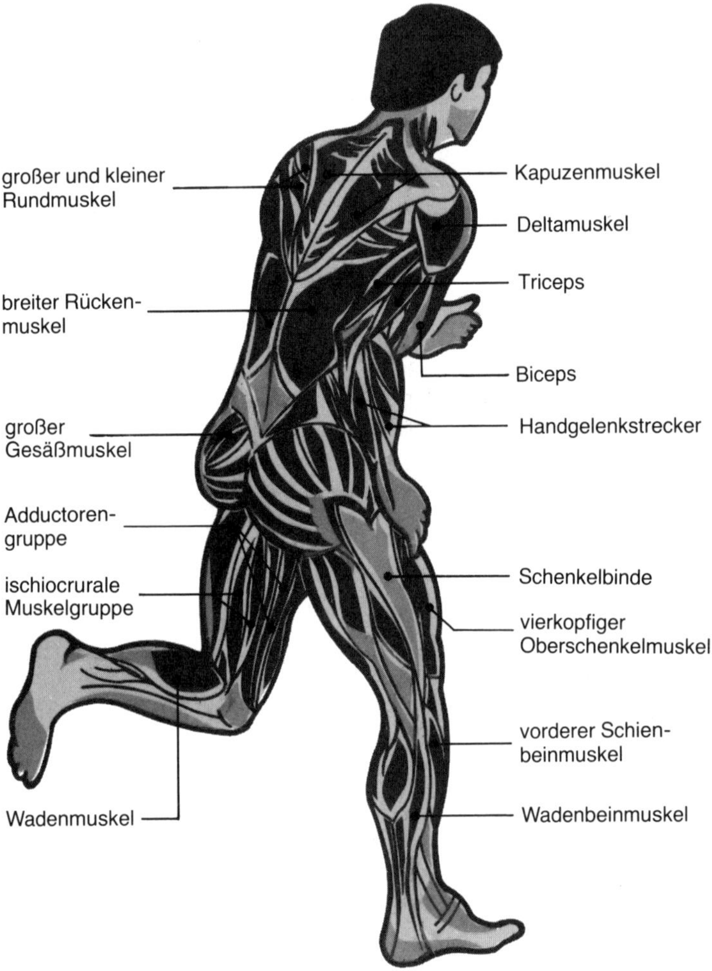

Abbildung 36b Muskeln des Rumpfes und der Extremitäten (Rückenansicht).

Führung des Gewichtes oder Fixierung des Oberschenkels (Auflage auf Bank o. ä.) reduziert den Einsatz der Mm. vasti. Je bedeutungsvoller die Leistungsfähigkeit der Mm. vasti ist, desto deutlicher läßt sich dies am Oberschenkelrelief der Athleten erkennen: insbesondere Radrennfahrer zeigen ausgeprägte Mm. vasti.

Die Hauptfunktion der *Adduktorengruppe* im eigentlichen Sinne ist die Stabilisierung des Oberschenkelknochens und das Ausbalancieren des Beckens auf dem

Hüftgelenk. Betrachtet man diese Muskelgruppe aber als Funktionsmuskulatur, so steht die Wirkung des »An-den-Körper-Führens« im Vordergrund des Interesses. Aufgrund ihres Ursprungs am Sitz- bzw. Schambein wird die Adduktorengruppe bei allen Aufrichtebewegungen des Beckens beansprucht. Tiefe Kniebeugen v. a. mit Zusatzlast stellen daher eine besonders geeignete Trainingsmaßnahme für die Adduktorengruppe dar.
Die *ischiocrurale Muskelgruppe* umfaßt den M.biceps femoris, den M.semimembranosus und den M.semitendinosus. Sie alle wirken streckend auf das Hüftgelenk und unterstützen damit den M.glutaeus max. Auf das Kniegelenk wirken sie beugend. Die im geringeren Maße mögliche Rotation im Kniegelenk führt der M.biceps als Außenrotator durch, während die beiden anderen Anteile der ischiocruralen Muskelgruppe als Innenrotatoren tätig werden können. Eine besondere Bedeutung hat diese Muskelgruppe für die Stabilisierung des Kniegelenks in der letzten Phase der Streckung.
Insbesondere für diese Muskelgruppe ist eine konsequente Dehnung notwendig, wenn der Kraftzuwachs sich positiv auf die Leistung auswirken soll.

Zum Bereich 2

Unterschenkelmuskeln

Die Unterschenkelmuskeln liegen mit ihren Muskelbäuchen zwar im Bereich des Unterschenkels, wirken aber alle, da ihre Sehnen am Fußskelett ansetzen, sowohl auf das obere als auch auf das untere Sprunggelenk. Wenn die Darstellung der Unterschenkelmuskulatur sich lediglich auf drei Muskeln beschränkt, so bedeutet dies nur, daß hiermit die bekanntesten, oberflächlich liegenden genannt werden sollen, die leicht auffindbar sind. Alle anderen Muskeln, die auf die Sprunggelenke wirken, werden im Rahmen der Übungen ebenfalls erfaßt. Eine Kräftigung der Unterschenkelmuskulatur ist nicht nur wesentlich für ein kraftvolleres Beugen bzw. Strecken (= Bewegung im oberen Sprunggelenk) oder Supinieren bzw. Pronieren (= Anheben des inneren bzw. äußeren Fußrandes als Bewegung im unteren Sprunggelenk), sondern entscheidend ist vielmehr die Kräftigung der gesamten Unterschenkelmuskulatur, um die Sprunggelenke (insbesondere das untere Sprunggelenk) bei Belastung zu stabilisieren und ein sog. ›Umknicken‹ mit Gefährdung der Bänder und Gelenkkapseln zu verhindern.

Zum Bereich 3

Rumpfmuskeln

Die Wirbelsäule hat vor allem tragende Funktion. Um dem Körper aber die Starrheit zu nehmen, ist die Wirbelsäule kein durchgehender knöcherner Stab, sondern aus vielen gelenkig miteinander verbundenen Einzelteilen (Wirbeln) aufgebaut. Jede Bewegung der Extremitäten, vor allem, wenn sie kraftvoll durchgeführt werden soll, ist auf eine ausreichende Stabilität des Rumpfes angewiesen. Die Fixierung der Wirbel durch Bänder kann diesem Anspruch allein nicht gerecht werden, hier muß die Muskulatur die Bänder unterstützen. Im Zentrum des Interesses steht damit zunächst weniger die bewegungsauslösende Funktion der Muskulatur als vielmehr ihre haltende Funktion. Der Orthopäde spricht in diesem Zusammenhang vom ›Muskelkorsett‹ des Rumpfskeletts. Während eine Schwäche der Bauchmuskulatur dem guten Trainer und Sportlehrer relativ frühzeitig auffallen wird, beobachtet man, daß selbst erfahrene Sportler eine zu schwach ausgebildete Rückenmuskulatur nicht registrieren. Viele glauben, daß die verschiedenen Übungen die Rückenmuskulatur ›automatisch‹ mittrainieren. Dies stimmt, solange die Bewegung technisch exakt durchgeführt wird; häufig wird aber mit zunehmender Last eine unzureichende Kraft der Rückenmuskulatur durch geringfügige Variation der Übungsausführung kaschiert. Dabei werden meist Bandscheiben und Bänder der Wirbelsäule übermäßigen Belastungen ausgesetzt, die der Athlet zunächst nicht als Schmerz empfinden kann, da Bandscheiben und Bänder nicht sensibel versorgt sind. Erst wenn es zu meist irreversiblen Schädigungen dieser Strukturen gekommen ist, werden die hierdurch verursachten lokalen Veränderungen schmerzempfindliche Strukturen (Nerven, Muskelgewebe) schon bei geringfügiger Belastung reizen und eine Bewegungsausführung behindern. Dehalb ist die Kräftigung der Rumpfmuskulatur mit gezielter Belastung der Rückenmuskulatur und der Bauchmuskulatur so entscheidend.

Zum Bereich 4

Schultergürtelmuskeln

Spätestens bei der Vorstellung geeigneter Übungen für den Schultergürtel werden Übungen wie Liegestütz und Klimmzug erwartet werden. Der Wert dieser Übungen im Rahmen eines Konditionstrainingsprogramms ist unbestritten. Daß sie hier nicht extra aufgeführt werden, begründet sich auf folgende Überlegungen. Liegestütz wie Klimmzüge stellen sehr komplexe Bewegungen dar. Sie können damit als Übungen zur Steigerung der Kraftausdauer Anwendung finden. Solange die Übungen aber nur mit eigenem Körpergewicht durchgeführt werden, sind sie für Sportler mit höherem Leistungsniveau nur in Kombination mit anderen Übungen geeignet.
Bei niedrigem Kraftniveau wird die Durchführung dieser Übung ebenfalls zu einer Verbesserung der intramuskulären Koordination führen. ›Schwachstellen‹, für die ein Muskelaufbau wünschenswert wäre, werden aber nicht beseitigt. Hiervon kann man sich leicht überzeugen, indem man eine Veränderung der Bewegungsausführung fordert, die z. B. den Griff oder die Stützbreite betrifft: Bei niedrigem allgemeinem Kraftniveau wird der Sportler vor unlösbare Probleme gestellt, denn die von ihm bisher gewählten Bewegungsbedingungen beanspruchten die Muskulatur in den Bereichen, in denen ihr Kraftniveau ausreichte. Die geforderte Veränderung aber übersteigt seine Kraft, eine Bewegungsausführung ist unmöglich. Auch hier zeigt sich wieder die Bedeutung der für eine vernünftige Trainingsplanung entscheidenden Frage nach dem angestrebten Ziel. Nur ihre konkrete Beantwortung ermöglicht eine Auswahl geeigneter Übungen.
Die größte Kraft kann der Arm entwickeln, wenn die Bewegung im Sinne einer Adduktion und Innenrotation im Schultergelenk durchgeführt wird.
Zwei kräftige Muskeln haben diese Funktion, der *M. pectoralis major* und der *M. latissimus dorsi.* Darüber hinaus wird der Pectoralis bei allen Wurfbewegungen beansprucht. Der Latissimus, der als breiter Muskel das »Kreuz« ausbildet, wird vor allem beim Ziehen, Stützen und Hängen benötigt. Beide Muskeln ziehen vom Rumpf direkt zum Oberarm.

Zwischen Rumpf (Wirbelsäule und Brustkorb) und Schulterblatt liegen die beiden wichtigen Muskeln des Schultergürtels, die ihm Halt geben, der *M. trapezius* und der *M. serratus anterior*. Der Trapezius hebt, senkt und zieht den Schultergürtel nach hinten, der Serratus zieht ihn nach vorne. Zusammen können sie auch das Schulterblatt drehen oder fixieren, um so die Aktion des *M. deltoideus* zu unterstützen. Dieser ist neben seiner Beteiligung an allen Bewegungen des Oberarms auch für die Sicherung des Schultergelenks von Bedeutung.

Dehnfähigkeit als leistungsbestimmender Faktor

Die **Dehnfähigkeit dieser Muskulatur** entscheidet z. B. über die Länge des Beschleunigungsweges und wird damit für viele Disziplinen zum leistungsbestimmenden Faktor neben der Kraft.
Je dehnfähiger die genannten Muskelgruppen, desto geringer ist auch die Beanspruchung der Antagonisten, die die Ausholbewegung aktiv einleiten müssen. Die Verbesserung der Dehnfähigkeit sollte daher vornehmlich aktiv durchgeführt werden, so daß die Antagonisten gleichzeitig einen Trainingsreiz erhalten. Ein weiteres Krafttraining der Antagonisten ist in diesem Fall dann nicht notwendig.

Zum Bereich 5

Armmuskeln

Als Ellenbogenbeuger wird hier repräsentativ der *M. biceps brachii* genannt. Er wird von weiteren Beugemuskeln unterstützt, die im einzelnen nicht genannt werden, bei den Bewegungsausführungen aber mitbeteiligt sind; sein Antagonist, der *M. triceps brachii* an der Rückseite des Oberarmes streckt das Ellenbogengelenk. Wer die Armmuskulatur kräftigt, muß auch die Muskulatur des Schulterbereichs trainieren! Im Bereich des Unterarmes werden nur die *Extensoren* und *Flexoren* des Handgelenkes angesprochen, selbstverständlich können durch entsprechende Handhaltung und Fingereinsatz auch die Fingerstrecker und Fingerbeuger mittrainiert werden. Im Beginn eines solchen Trainings muß allerdings auf die Gefahr einer möglichen Überreizung der Sehnen genannter Muskeln im Bereich Unterarm/Handgelenk geachtet werden (Sehnenscheidenentzündung). Die Extensoren und Flexoren der Ellenseite wirken bezüglich der Seitneigung der Hand zur Kleinfingerseite zusammen (Synergisten), entsprechend wirken die auf die Speichenseite des Handgelenks ausgerichteten Extensoren und Flexoren zusammen, wenn das Handgelenk zur Daumenseite gebeugt wird.

Tabellarische Darstellung

In den Tabellen 10–14 (S. 89ff.) sind die Muskelbereiche und ihre Hauptfunktionsmuskeln übersichtlich aufgezeigt. Hierbei ist in den einzelnen Spalten folgendes zu erkennen:

Spalte 1: Beschreibung der Funktionsmuskulatur mit lateinischer Nomenklatur. Die deutschen Bezeichnungen sind aus Tabelle 9, S. 86 ersichtlich und helfen bei der Lagebestimmung der aufgeführten Muskulatur.
Spalte 2: Angaben zur Hauptfunktion der genannten Muskelgruppen.
Spalte 3: Auflistung möglicher Nebenfunktionen der Funktionsmuskulatur.

Tabelle 9 Muskelbereiche mit Hauptmuskeln und Sportarten/Sportdisziplinen

Muskelbereiche \ Sportarten, Sportdisziplinen	Badminton/Tischtennis	Basketball	Bergsport	Bodybuilding	Boxen/Karate u. ä.	Eishockey	Eiskunstlauf	Eisschnellauf	Fechten
1. Hüft- und Oberschenkelmuskeln 1 M. glutaeus maximus – Gesäßmuskel 2 M. iliopsoas – Hüft-Lenden-Beuger 3 M. quadriceps femoris – Muskulatur der Oberschenkelvorderseite 4 Adduktorengruppe – Muskulatur der Oberschenkelinnenseite 5 Mm. ischiocrurales – Muskulatur der Oberschenkelrückseite	○	○	○	○	○	○	○	○	○
2. Unterschenkel-Muskulatur/Sprunggelenke 6 M. gastrocnemius – Wadenmuskel 7 M. peronaeus longus – Wadenbeinmuskel 8 M. tibialis anterior – vorderer Schienbeinmuskel	○	○	○	○	○	○	○	○	○
3. Rumpfmuskulatur (Wirbelsäule) 9 M. erector spinae – Rückenstrecker 10 M. rectus abdominis – gerade Bauchmuskulatur 11 Mm. obliqui abdominis – schräge Bauchmuskulatur	○	○	○	○	○	○	○	○	○
4. Schultergürtelmuskulatur 12 M. pectoralis major – großer Brustmuskel 13 M. deltoideus – Deltamuskel 14 M. trapezius – Kapuzenmuskel 15 M. latissimus dorsi – breiter Rückenmuskel 16 M. serratus anterior – Sägemuskel	○	○	○	○	○	○			○
5. Armmuskulatur 17 M. biceps brachii – »Biceps« 18 M. triceps br. – »Triceps« 19 Mm. flexores carpi, flexores digiti – Hand- und Fingerbeuger 20 Mm. extensores – Hand- und Fingerstrecker	○	○	○	○	○	○			○

Fußball	○		○	○	
Gewichtheben	○	○	○	○	○
Golf	○	○	○	○	○
Handball	○	○	○	○	○
Hockey	○	○	○	○	○
Judo/Ringen	○	○	○	○	○
Reiten	○	○	○		
Rudern/Kanu	○	○	○	○	○
Schießen	○		○	○	○
Schwimmen	○		○	○	○
Segeln/Surfen	○	○	○	○	○
Ski alpin	○	○	○		
Skilanglauf	○	○	○	○	○
Skisprung	○	○	○		
Sprint/Sprung	○	○	○		
Tennis	○	○	○	○	○
Turnen	○	○	○	○	○
Volleyball	○	○	○	○	○
Wurf/Stoß	○	○	○	○	○

Spalte 4: Nennung derjenigen Muskeln, die die Hauptfunktion unterstützen (sog. Synergisten). Diese werden im Rahmen des funktionellen Einsatzes der Funktionsmuskulatur häufig mehr oder weniger mittrainiert.

Spalte 5: Nummern der Abbildungen, die geeignete Übungen für das Krafttraining der in Spalte 1 genannten Muskeln kennzeichnen.
M.A. = Muskelaufbau; I.K. = intramuskuläre Koordination;
S.K. = Schnellkraft.

Olympiasieger Rolf Milser mit perfekter Kniebeuge

Tabelle 10 Muskelbereich 1: Hüft- und Oberschenkelmuskeln

Funktionsmuskulatur	Hauptfunktion	Begleitfunktion	Synergisten	Kraftübungen für		
				M. A.	I. K.	S. K.
1. M. glutaeus maximus	Streckung im Hüftgelenk	Außenrotation Beckenaufrichtung Abduktion	M. erector spinae M. rectus abdominis Ischiocrurale Mm.	1a 1b 1c	1d	1e
2. M. iliopsoas	Beugung im Hüftgelenk	Außenrotation Beckenkippung	M. rectus abd. M. rectus fem. M. tensor fasciae latae	2a 2b	2c 2d	2e 2f
3. M. quadriceps fem.	Streckung im Kniegelenk	(Beugung im Hüftgelenk)	Ischiocrurale Mm.	3a	3b 3c	3d
4. Adduktorengruppe	Adduktion	Stabilisieren des Oberschenkelknochens		4a 4b		4c
5. Ischiocrurale Muskulatur	Beugen im Kniegelenk	Strecken im Hüftgelenk	f. Streckung im Hüftgelenk: M. glutaeus max. f. Beugen im Kniegelenk: M. gastrocnemius	5a	5b	5c

Kraftübungsauswahl und Praxishinweise

Zur Auswahl der Übungen

Die mit Bildern dargestellten Übungen zu den einzelnen Muskeln bedeuten eine Auswahl, wobei eine Beschränkung auf die für alle Anwendungsbereiche und Sportarten wesentlichsten Übungen notwendig wurde (weitere vielfältige Übungsbeispiele finden sich bei GROSSER/MÜLLER: Power Stretch. BLV Verlag München 1993 und GROSSER u. a.: Richtig Muskeltraining. BLV Verlag München 1996).

Literaturhinweis

Je nach Anforderung der Sportart können verschiedene Übungen mit Zusatzlasten durchgeführt werden. Dies gilt insbesondere für Sportarten mit hoher Kraft- bzw. Kraftausdaueranforderung (Ringen, Judo, Wurfdisziplinen u. a.): z. B. Übung 1 e: Hock-Winkel-Strecksprung mit Hanteln im Nacken.

Außerdem sind es vorwiegend Übungen mit freien Hanteln, die teilweise gewisse Bewegungsvorerfahrungen erfordern, um letztlich auch unphysiologische Bewegungsaktionen zu vermeiden. Übungen an feststehenden Geräten findet der interessierte Leser darüber hinaus in den oben angegebenen Büchern und in den Trainingsprogrammen auf den Seiten 162–178.

Hinweise zur Praxis

Gesichtspunkte der Übungsauswahl

Die dargestellten Übungsbeispiele sind nach folgenden Gesichtspunkten ausgewählt:

1. Maximalkraftübungen zum Muskelaufbau (M.A.); hierbei handelt es sich vorwiegend um ›ein-gelenkige‹ Belastungen von 40–80% bzw. 60–95% der Maximalleistung (vgl. hierzu auch S. 111 ff.);
2. Maximalkraftübungen zur intramuskulären Koordination (I.K.); hierbei handelt es sich in der Regel um mehrgelenkige Übungen mit Belastungen von 70–95% der jeweiligen Maximalleistung;
3. Schnellkraftübungen (S.K.).

Auf Übungen zur Kraftausdauer ist bewußt verzichtet worden, da für diese Trainingsart nahezu alle unter 1–2 (M.A. und I.K.) dargestellten Übungen, lediglich mit höheren Wiederholungszahlen bei geringerem Widerstand, verwendet werden können; außerdem die Übungen unter 3. (S.K.) mit höheren Wiederholungszahlen und höherem Widerstand.

Beispiele für komplette *Krafttrainingsprogramme* werden in Kapitel 6 beschrieben.

Wie diese Übungen *methodisch* angewandt werden sollen, geht aus Kapitel 3 hervor.

Tabelle 11 Muskelbereich 2: Unterschenkelmuskulatur/Sprunggelenke

Funktionsmuskulatur	Hauptfunktion	Begleitfunktion	Synergisten	Kraftübungen für		
				M. A.	I. K.	S. K.
6. M. gastrocnemius	Fußstrecken	Supination Beugen im Kniegelenk	M. soleus	6a/7a	6b/7b 6c/7c	6d/7d 6e/7e 6f/7f
7. M. peroneus longus	Fußstrecken	Pronation	–	6a/7a	6b/7b 6c/7c	6d/7d 6e/7e 6f/7f
8. M. tibialis anterior	Fußbeugen, Anheben der Fußspitze	Supination		8a	8b, 8c	

Tabelle 12 Muskelbereich 3: Rumpfmuskulatur (Wirbelsäule)

Funktionsmuskulatur	Hauptfunktion	Begleitfunktion	Synergisten	Kraftübungen für		
				M. A.	I. K.	S. K.
9. M. erector spinae	Aufrichten des Rumpfes	Drehen des Rumpfes	M. glut. max. (M. rectus abd.) M. trapezius	9a 9b	9c	9d 9e
10. M. rectus abdominis	Vorbeugen des Rumpfes	Aufrichten des Beckens, Stabilisieren des Rumpfskeletts	f. Hauptfunktion: M. iliopsoas f. Nebenfunktion: M. glut. max. M. erector spinae	10a 10b 10c		10d 10e
11. Mm. obliqui abdominis	Drehen des Rumpfes	Seitneigung des Rumpfes	M. quadr. lumb. M. erector spinae	11a 11b		

Kraftübungen für		
M.A.	I.K.	S.K.
1a 1b 1c	1d	1e
2a 2b	2c 2d	2e 2f
3a	3b 3c	3d
4a 4b		4c
5a	5b	5c

1a Beinrückheben (Hüftstrecken)
1b Beinrückheben (Hüftstrecken)
1c Kniebeugen mit Kurzhanteln
1d Tiefe Kniebeuge
1e Hockwinkel-streckssprung

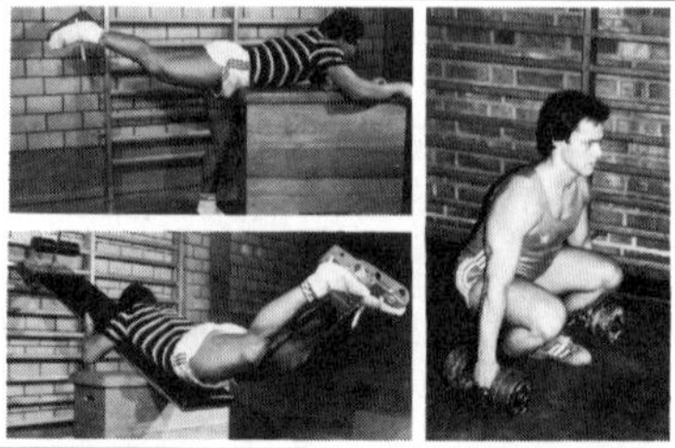

2a Oberschenkel-heben
2b Beinhochziehen
2c Beinhochziehen
2d Oberschenkel-anziehen
2e Beinanreißen
2f Hohe Skippings

3a Kniegelenkstrecken
3b Tiefsprung mit aufschlagender Ferse
3c Halbhohe Kniebeuge
3d Hockstrecksprung

4a Beinspreizen und -schließen
4b Spreizen einbeinig
4c Schnelle Sitzschere

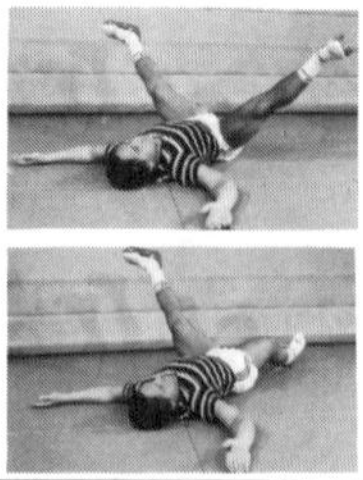

5a Kniegelenkbeugen
5b Rumpfaufrichten mit gestreckter Hüfte
5c Schnelles Anfersen

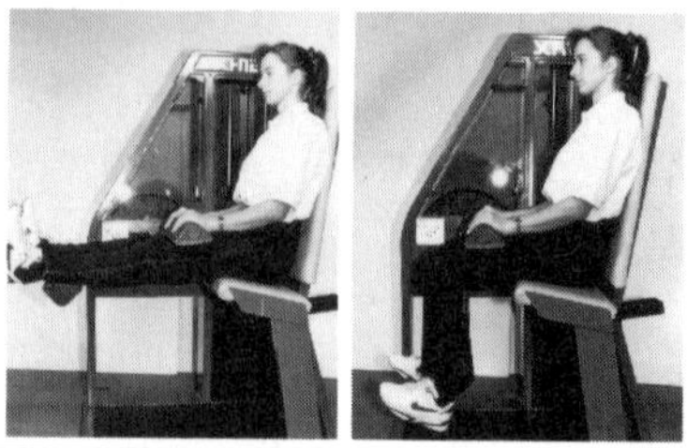

Kraftübungen für		
M.A.	I.K.	S.K.
6a/7a	6b/7b 6c/7c	6d/7d 6e/7e 6f/7f
6a/7a	6b/7b 6c/7c	6d/7d 6e/7e 6f/7f
8a	8b/8c	

6a/7a Fußstrecken
6b/7b Ziehen in den Zehenstand
6c/7c Tiefsprung ohne Fersenberührung
6d/7d Hockstrecksprung
6e/7e Schrittsprünge
6f/7f Steigesprünge (hohe Hopser)

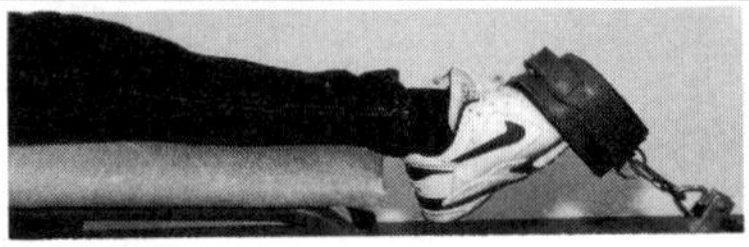

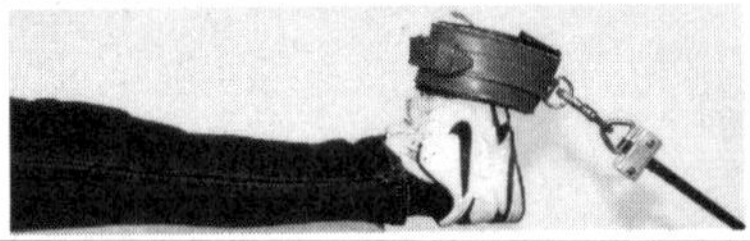

8a Fußbeugen
8b Fußbeugen (schweres Gewicht)
8c Hockrücksenken

Kraftübungen für		
M. A.	I. K.	S. K.
9a 9b	9c	9d 9e
10a 10b 10c		10d 10e
11a 11b		

9a Rumpfschwünge
9b Rumpfaufrichten
9c Rumpfaufrichten
9d Hockwinkel-
strecksprung
9e Schockwurf rw.

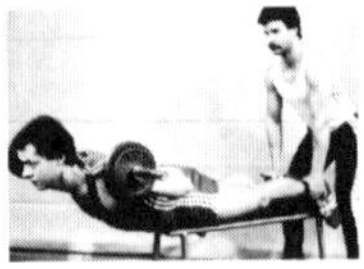

10a Situps
10b Situps
10c Gesäßheben
10d Schnelle Situps
10e Situps mit Knie anziehen

11a Rumpfdrehsitups
11b Beineheben seitwärts

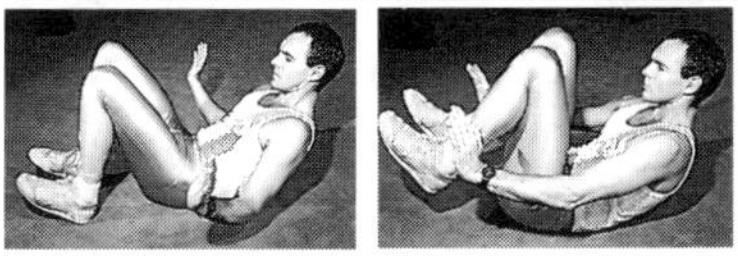

Tabelle 13 Muskelbereich 4: Schultergürtelmuskulatur

Funktionsmuskulatur	Hauptfunktion	Begleitfunktion	Synergisten	Kraftübungen für		
				M. A.	I. K.	S. K.
12. M. pectoralis major	Adduktion, Innenrotation des Armes	Anteversion	M. deltoideus	12a 12b	12c 12d	12e 12f
13. M. deltoideus	an allen Bewegungen im Schultergelenk beteiligt	Stabilisierung des Schultergelenkes		13a 13b 13c	13d 13e	13f
14. M. trapezius	Fixierung des Schultergürtels	Beteiligung an allen Bewegungen des Schultergürtels	M. rhomboideus M. serratus ant.	14a 15a	14b 13d 13e	13f
15. M. latissimus dorsi	Adduktion, Innenrotation	Retroversion	M. deltoideus M. trapezius	15a 15b 15c 15d	15e 15f	
16. M. serratus anterior	Drehung des Schulterblattes (erforderl. f. Anheben des Armes über die Horizontale)	Fixierung des Schultergürtels am Rumpf	M. trapezius	12a–d 16a	16b	

Tabelle 14 Muskelbereich 5: Armmuskulatur

Funktionsmuskulatur	Hauptfunktion	Begleitfunktion	Synergisten	Kraftübungen für		
				M. A.	I. K.	S. K.
17. M. biceps brachii	Beugen im Ellenbogengelenk	Supination	für Beugung im Ellenbogengelenk: M. brachialis M. brachioradialis f. Supination: M. supinator	17a 17b	17c 17d	
18. M. triceps brachii	Strecken im Ellenbogengelenk	–	–	18a 18b 18c	18d 18e	18f
19. Mm. flexores antebrachii	Beugen im Handgelenk und in Fingergelenken	Unterstützung der Ad- bzw. Abduktionsbewegung im Handgelenk, Fixierung des Handgelenkes	für die Begleitfunktion: Mm. extensores antebrachii	19a 19b Kammgriff	19c Kammgriff	
20. Mm. extensores antebrachii	Strecken im Handgelenk und in Fingergelenken	Unterstützung der Ad- bzw. Abduktionsbewegung im Handgelenk, Fixierung des Handgelenkes	Mm. extensores antebrachii	20a Ristgriff	20b Ristgriff	

Kraftübungen für		
M.A.	I.K.	S.K.
12a 12b	12c 12d	12e 12f
13a 13b 13c	13d 13e	13f
14a 15a	14b 13d 13e	13f
15a 15b 15c 15d	15e 15f	
12a–d 16a	16b	

12a Butterfly
12b Armheben und -senken
12c Bankdrücken (breites Fassen
12d Schrägbankdrücken
12e Standstoß
12f Ziehwurf

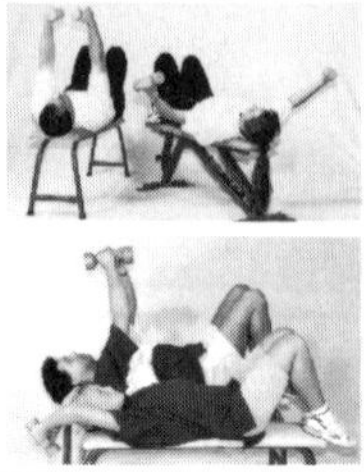

13a Armseitheben
13b Armaufund-abheben
13c Armrückführen
13d Rudern eng
13e Nackendrücken
13f Schockwurf rw.

14a Schulterhochziehen wechselseitig
14b Schulterhochziehen

15a Bankziehen
15b Nackenziehen
15c Armziehen
15d Winkelstandheben
15e Bankziehen
15f Winkelstandheben (schweres Gewicht)

16a Armhochstrecken und -senken
16b Armheben und Ellenbogenstrecken

Kraftübungen für		
M.A.	I.K.	S.K
17a 17b	17c 17d	
18a 18b 18c	18d 18e	18f 18g
19a 19b	19c Kammgriff	
20a	20b Ristgriff	

17a Armbeugen
17b Armbeugen
17c Armbeugen
17d Armbeugen

18a Armstrecken
18b Armstrecken
18c Armstrecken
18d Armstrecken
18e Powerpress
18f Standstoß
18g Armstrecken

19a Handrollen (Kammgriff)
19b Handknochenübung
19c Handbeugen (Kammgriff)

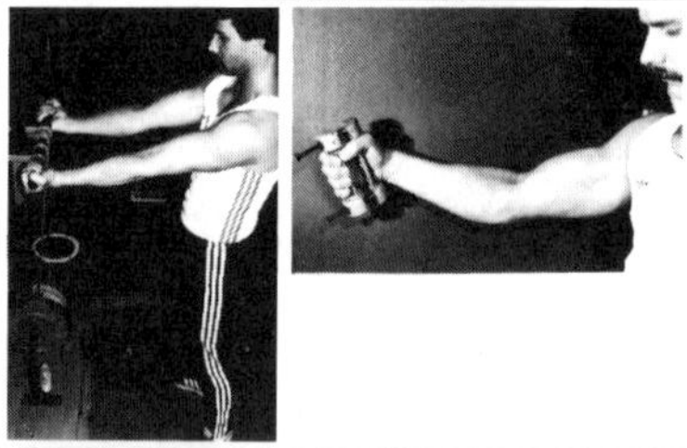

20a Handrollen (Ristgriff)
20b Handstrecken (Ristgriff)

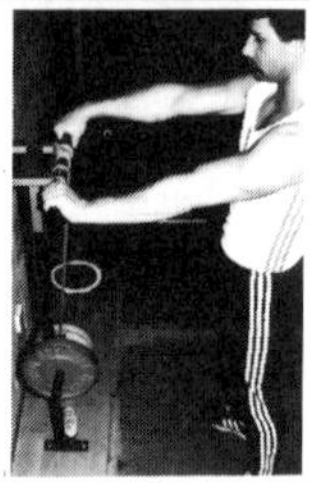

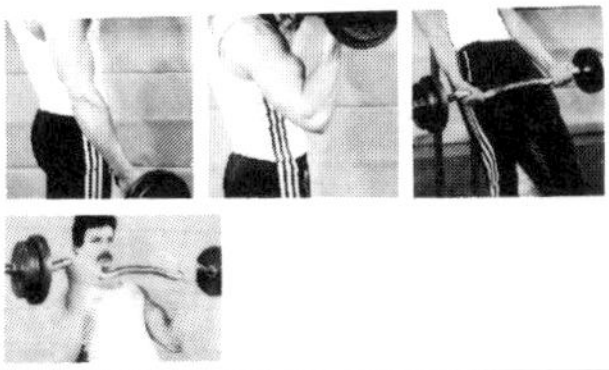

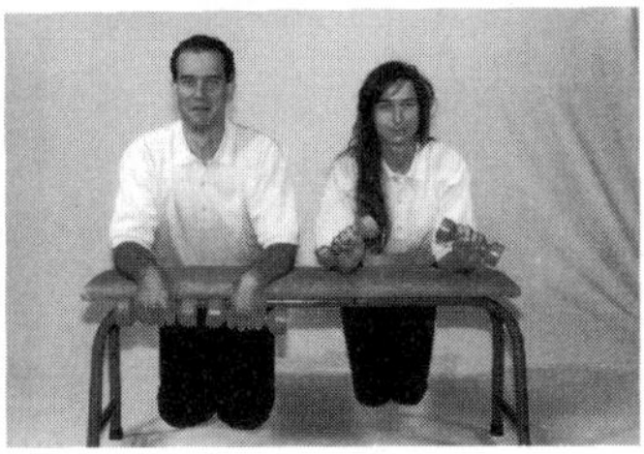

Tabelle 15 Kraftkategorien und Krafterscheinungsformen im Zusammenhang mit Anwendungsbereichen und Sportarten (vgl. auch Tab. 9)

Kategorien Erscheinungsformen	Anwendungsbereiche				Sportarten Sportdisziplinen																										
	Fitneß-Sport	Rehabilitation	Schulsport	Leistungs- und Hochleistungssport	Badminton/Tischt.	Basketball	Bergsport	Bodybuilding	Boxen/Karate	Eishockey	Eiskunstlauf	Fechten	Fußball	Gewichtheben	Golf	Handball	Hockey	Judo-Ringen	Reiten	Rudern/Kanu	Schießen	Schwimmen	Segeln/Surfen	Ski alpin	Skilanglauf	Skisprung	Sprint/Sprung	Tennis	Turnen	Volleyball	Wurf/Stoß
Komplexe Kraft (durch Muskelaufbau-training)	○	○	○	○	○	○	○	○	○	○	○	○	○	○	○	○	○	○	○	○	○	○	○	○	○	○	○	○	○	○	○
Spezielle Kraft					Differenzierte und spezielle Kraft in Form von:																										
Maximalkraft (durch intramuskuläre Koordination und ›Kombination‹)				○	○	○	○	○	○	○	○	○	○	○	○	○	○	○		○	○	○	○	○	○	○	○	○	○	○	○
Schnellkraft				○	○	○			○	○	○	○	○	○	○	○	○	○					○	○	○	○	○	○	○	○	○
Kraftausdauer				○	○		○	○	○	○	○	○	○					○	○	○	○	○	○	○	○				○		

3 Arten und Methoden des Krafttrainings

Vorbemerkung

Bisherige Darlegungen

Die bisherigen Kapitel haben Auskunft gegeben über:
- Grundlagenkenntnisse, die für ein praktisches Krafttraining notwendige Voraussetzungen bedeuten;
- die verschiedenen Erscheinungsformen der Kraft;
- Geschlecht und Alter in Verbindung mit Kraft und Krafttraining und
- die wichtigsten Muskeln und dazugehörigen Kraftübungen zur Anwendung für nahezu alle Sportarten.

Auf dieser theoretischen Basis werden nun in den nachstehenden Kapiteln 3 bis 6 die praktischen Anwendungsmöglichkeiten beschrieben.
Zunächst stellt das vorliegende Kapitel folgende Aspekte und Zusammenhänge praktischen Trainings in den Vordergrund:

Trainingsziele – Kraftarten – Anwendungsbereiche

Checkliste zur Kraftverbesserung

Um eine Kraftverbesserung richtig angehen zu können, wird
- zunächst die **Zielstellung** des Krafttrainings bestimmt, d. h., welche Kategorie von Kraftentwicklung (allgemeine/komplexe oder differenzierte und spezielle; siehe Seiten 106f.) wird benötigt (z. B. im Rehabilitationsbereich, im Fitness-Sport, in der Schule, im Leistungs- oder Hochleistungssport); nach dieser Festsetzung werden in der weiteren Reihenfolge je nach Trainingszustand
- die erforderlichen bzw. gewünschten **Erscheinungsformen** (= Kraftarten) der Kraft (Maximalkraft, Schnellkraft oder Kraftausdauer) ausgewählt, die in Übereinstimmung mit den Anforderungen der Sportart (vgl. auch Tab. 15, S. 104) und den Schwachstellen des Sportlers stehen; parallel hierzu wird entschieden, ob
- die angestrebte Kraftsteigerung aufgrund von **Muskelzuwachs** (= Hypertrophie), **neuromuskulären Funktionsverbesserungen** oder beiden Möglichkeiten erfolgen soll; außerdem wird berücksichtigt, ob
- beim speziellen Krafttraining die Bewegungsrichtung der Übungen mit dem **disziplinspezifischen Bewegungsablauf** (= die Technik der Sportart) übereinstimmt.
- In einigen Fällen ist auch zu überlegen, ob der angestrebte Kraftzuwachs nur in einem bestimmten **Teil eines Muskels** erforderlich ist (z. B. wird beim Gewichtheben im Moment des Überstoßens der Triceps nur im oberen Sektor [= 120–180°] beansprucht – was sich somit auch in einem entsprechenden Muskelprofil zeigt).

Übergeordnete Ziele

Hinsichtlich **übergeordneter Zielsetzungen** unterscheidet man:
- eine **komplexe Kraftentwicklung** (= Basistraining) für die Anwendungsbereiche a) Gesundheitsfitneß, Kinder, Jugendliche, Prävention und Rehabilitation; b) für sportliche Anfänger und c) für sportliche Fortgeschrittene;
- eine **differenzierte Entwicklung** einzelner Kraftarten wie Maximalkraft, Schnellkraft, Reaktivkraft und Kraftausdauer sowohl sportartunspezifisch als auch teilweise spezifisch für Leistungssportler, Bodybuilder, Powerlifter u. a.; sowie
- ein **spezielles Krafttraining,** gänzlich ausgerichtet auf den Hochleistungssport (mittels disziplinspezifischer Bewegungen bzw. Übungen, die sowohl Kraft als auch Koordinationsmuster steigern und festigen).

Zur komplexen Kraftentwicklung

Zielstellung des allgemeinen (komplexen) Krafttrainings ist eine allseitige und umfassende Kräftigung der Muskulatur von Beinen, Rumpf, Schultergürtel und Armen, unabhängig davon, welche Muskulatur für die jeweilige Sportart leistungsbestimmend ist und ob die Kraftübungen mit der Bewegungsstruktur der Sportart übereinstimmen.

Anwendung eines komplexen Krafttrainings

Ein allgemeines Krafttraining wird deshalb angewendet
- im Gesundheits- und *Fitneß-Sport,* da es hier neben einer allgemeinen Ausdauer- und Beweglichkeitsschulung lediglich um eine allgemeine Kräftigung geht;
- im *Schul-, Präventions- und Rehabilitationsbereich,* in denen die Allgemeinausbildung ebenfalls im Vordergrund steht (abgesehen von einigen spezifischen Aufgabenstellungen);
- im *Leistungssport* als Trainingsmaßnahme der Grundlagen- und Aufbaustufen (insbesonders bei Kindern und Jugendlichen), gleichsam als Basis für das später im Hochleistungstraining folgende spezielle Krafttraining, sowie zum schnellen Erreichen des alten Kraftniveaus nach verletzungs-, krankheits- oder urlaubsbedingten Trainingsausfällen;
- im *Hochleistungssport* als eine effektive Trainingsmaßnahme, wenn beispielsweise bis dato kein Krafttraining durchgeführt wurde. Dies betrifft v. a. Spielsportarten, in denen trotz spezieller vorhandener Kraftfähigkeit der Sportlerinnen oder Sportler durch verbesserte allgemeine Kraftfähigkeiten Leistungssteigerungen möglich sind. So können z. B. bei leichtgewichtigen Fuß- oder Handballern durch das gesteigerte Kraftniveau mehr kämpferische und technische Varianten effektiv eingesetzt werden und damit das taktische Repertoire des Spielers vergrößern.

Haupttrainingsart des allgemeinen Krafttrainings ist das **Muskelaufbautraining** mit 30–85% Intensität. Von hier aus werden alle anderen Kraftformen und Trainingsziele angesteuert.

Zur differenzierten und speziellen Kraftentwicklung

Anwendung eines differenzierten und speziellen Krafttrainings

Zielstellung dieses Krafttrainings ist

- aus Gründen größerer Effektivität die Kräftigung der Muskeln oder Muskelgruppen, die primär für die jeweilige Sportart leistungsbestimmend sind (bzw. die Übereinstimmung der Bewegungsstruktur von Kraftübungen und der Sportart).
- Da es sich bei der primär zur Wettkampfdisziplin benötigten Muskulatur immer nur um Teilbereiche der Gesamtmuskulatur handelt, können diese intensiver trainiert werden, was zu einem schnelleren und höheren Kraftgewinn gegenüber dem allgemeinen Krafttraining führt.
- Des weiteren verhindert die Übereinstimmung der Bewegungsstruktur von Kraftübungen und Wettkampfdisziplinen die Stärkung von Muskeln oder Muskelbereichen, die nicht oder nur wenig zur Realisierung der Wettkampfdisziplin beitragen, den Organismus aber belasten, da sie ja auch versorgt werden müssen.
- Da Effektivität Voraussetzung des Leistungs- und Hochleistungstrainings ist, eignet sich das spezielle Krafttraining besonders für diese Bereiche.
- Das differenzierte und spezielle Krafttraining findet in den Erscheinungsformen der Maximal- und Schnellkraft und der Kraftausdauer seine Anwendung (vgl. auch Tab. 15, S. 104) und
- wird in vielen Fällen gleichzeitig bzw. ergänzend mit anderen leistungsbestimmenden Fähigkeiten (z. B. Bewegungstechnik oder Schnelligkeit) durchgeführt.

Haupttrainingsarten des differenzierten und speziellen Krafttrainings sind das Hypertrophietraining mit 60–95%, das intramuskuläre Koordinationstraining und die ›Kombination‹ zur Steigerung der Maximalkraft und die Methoden des Schnellkraft- und Kraftausdauertrainings.

Trainingsmethoden und Methoden-Erklärungen

Die verschiedenen Trainingsziele und die vier Erscheinungsformen der Kraft werden durch bestimmte Trainingsmethoden herausgebildet. Grundsätzlich geschieht die Ansteuerung aller Kraftformen bzw. Trainingsziele über ein Basis-Training (= komplexe Kraftentwicklung).
Mit der Tabelle 16, S. 108 geben wir einen differenzierten Überblick zu diesen Zusammenhängen.

Belastungskomponenten

Bevor wir auf die einzelnen Trainingsmethoden näher eingehen, sind einige Erklärungen zu den Belastungskomponenten und Organisationsformen der Methoden notwendig.
Eine Krafttrainingsmethode ist exakt definiert durch konkrete Angaben zu den einzelnen *Belastungskomponenten*; diese sind:
Aw = Arbeitsweise der Muskulatur;

Tabelle 16 Kraftformen, Trainingsmethoden, Methodencharakterisierung und Anwendungsbereiche (= differenzierter Überblick)

Kraft-formen	Trainingsmethoden	Methoden-Charakterisierung, Anwendungsbereiche
Unspezifische Kraft	– Methode der geringen Krafteinsätze mit mittleren bis hohen Wiederholungszahlen (= Gesundheits-Fitneßmethode) – Methode der leichten Krafteinsätze mit mittlerer Wiederholungszahl (= Anfängermethode) – Methode der mittleren Krafteinsätze mit ermüdender Wiederholungszahl (= Fitneßmethode für Fortgeschrittene)	Methoden der komplexen Kraftentwicklung für: – Anfänger, Kinder – Jugendliche – Gesundheit und Fitneß – (Rehabilitation) – Fortgeschrittene
Maximalkraft	– M. der erschöpfenden submaximalen Krafteinsätze (= Hypertrophiemethode) – M. der erschöpfenden kontinuierlich-schnellen Krafteinsätze (= schnelligkeitsorientierte MK-Methode) – M. der explosiven maximalen Krafteinsätze (= IK-Methode, M. der intramuskulären Koordination) – Kombinationsmethode (= Pyramidenmethode)	Methoden der differenzierten Kraftentwicklung für: – Leistungssportler – Bodybuilder – Power Lifter (Spezielles Krafttraining, s. S. 122f.)
Schnellkraft	– M. der explosiv-ballistischen Krafteinsätze (= Schnellkraftmethode) – M. der maximalen Kraftleistung (= Muskelleistungsmethode) – Kontrastmethode, Negativmethode	
Reaktivkraft	– Reaktive Methode (= plyometrische Methode)	
Kraftausdauer	– Hypertrophiemethode mit Varianten + extr. Strategien – intensive Intervallmethode mit KZI (30–45″) – Wiederholungsmethode mit erschöpfenden MZI – extensive Intervallmethode mit MZI (60–90″) – Wiederholungsmethode mit LZI (2–3 min)	

I = Intensität der Belastung; sie wird bestimmt durch die Last (L) und die Bewegungsgeschwindigkeit (Bg). Bezüglich der Last wird abgestuft in Ausrichtung auf die Maximallast (ML): maximal (100–90%), submaximal (90–80%), mittel (80–70%), leicht (70–50%), gering (50–30%);

S = Serie, z. B. 3 mal 12 Wiederholungen derselben Übung (= 3 Serien à 12 Wiederholungen mit jeweils x Minuten Pause dazwischen);

Da = Dauer einer Übung (Serie); in Zeit oder Wiederholungszahl (Wh);
P = Pause mit Zeitangabe; SP = Pause zwischen Serien, WP = Pause zwischen den Einzelübungen;
U = Gesamtumfang; ausgedrückt in Serienzahl.

Organisationsformen beim Krafttraining

Die üblichen *Organisationsformen* beim Krafttraining sind:
Stationstraining: sämtliche Serien einer Übung werden nacheinander an ein und derselben Station durchgeführt.
Satztraining: 1 Satz besteht aus 2–4 Übungen; diese werden nacheinander absolviert, bevor die nächste Serie (= Satz) durchgeführt wird. Eine Serie kann auch als Satz bezeichnet werden, wenn ein Satz nicht aus mehreren Übungen besteht, sondern nur aus einer.
Zirkeltraining: 1 Zirkel besteht aus mehr als 5 Übungsstationen, die nacheinander absolviert werden.
Die folgenden Abschnitte beschreiben nun näher die Trainingsarten und -methoden des Maximalkraft-, Schnellkraft- und Kraftausdauertrainings.
Wie die Trainingsinhalte, also die Kraftübungen, hinsichtlich ihrer Intensitäts- und Umfangssteigerung und Variation in einzelnen Trainingsetappen und verschiedenen Anwendungsbereichen methodisch eingesetzt werden, ist im Kapitel 4 ›Trainingssteuerung‹ ausführlich dargestellt.

Basistraining – Methoden der komplexen Kraftentwicklung

Im sog. Basistraining unterscheiden wir drei Kategorien: Gesundheitstraining – Fitneßtraining für Anfänger – Fitneßtraining für Fortgeschrittene

Muskeltraining für Gesundheit, allgemeine Fitneß, Kinder, Jugendliche

Ziele dieses Trainings sind: Ausgleich muskulärer Dysbalancen, Muskelaufbau (Hypertrophie), Kapillarisierung, Verbesserung des aerob-anaeroben Stoffwechsels (lokale Muskelausdauer) und Fettabbau (gute Figur). Es kann auch zur Verbesserung der intramuskulären Koordination kommen.

Gesundheits-Fitneßmethode

Methode geringer Krafteinsätze mit mittleren bis hohen Wiederholungszahlen (= Gesundheits-Fitneßmethode)
Aw: konzentrisch
I: gering; L: 30–50%; Bg: langsam bis zügig
Wh: 10–100
S: 2–5; 8–15 Übungen
P: 1–3 min zwischen Serien

Literaturhinweis

Anmerkung: Ausführliche Darlegungen mit periodisierten Programmen und vielen bebilderten Trainingsübungs-Vorschlägen für den Gesundheits-Fitneß- und Rehabilitationsbereich (Training von 8–80 Jahren) finden sich in dem Buch Grosser u. a.: Richtig Muskeltraining. BLV Verlag München 1996, sowie für Kinder und Jugendliche in diesem Buch auf den Seiten 179–196.

Fitneßtraining für sportliche Anfänger

Im Anfängertraining sollte nicht der möglichst schnelle Kraftzuwachs die Zielsetzung sein, sondern das Schaffen einer breiten Kraftbasis für spätere Belastungssteigerungen und differenzierte Kraftentwicklung. Dies geschieht durch ein umfassendes (alle wesentlichen Muskelgruppen), ausgeglichenes (Agonisten und Antagonisten) und komplexes (verschiedene Kraftarten im Zusammenhang) Training. Es geht um eine gleichzeitige Entwicklung von Maximalkraft, Schnellkraft und Kraftausdauer und den Erhalt einer gewissen Dehnfähigkeit sowie die Verbesserung der Funktionstüchtigkeit von Binde- und Stützgewebe.

Anfänger-Methode

Methode der leichten Krafteinsätze mit mittlerer Wiederholungszahl (= Anfängermethode)
Aw: konzentrisch
I: mittel; L: 45–65%; Bg: zügig
Da: 50% des Wiederholungsmaximums; ca. 8–15 Wh
P: 1–3 min; ohne volle Erholung
U: hoch; 6–8 Sätze zu je 3–4 Übungen

Weitere Belastungsmerkmale:
- Einfache Übungen (u. a. an Kraftmaschinen);
- voller Bewegungsausschlag (Dehnreiz);
- Agonisten und Antagonisten im Wechsel;
- Übungszusammenstellung nach ca. 20–25 Trainingseinheiten wechseln;
- allmähliche Steigerung der Last und Wiederholungszahl.

Effiziente Trainingsdauer:
6–9 Monate bei anfangs 2 Trainingseinheiten/Woche, später 4/Woche (insgesamt 75–100 Trainingseinheiten)
Trainingswirkungen: Hypertrophie, Kapillarisierung, Verbesserung des aerob-anaeroben Stoffwechsels.

Fitneßtraining für Fortgeschrittene

Im Fortgeschrittenentraining hat die komplexe Kraftentwicklung weiterhin ihre Bedeutung, wenn die Zielstellung Fitneß oder Grundlagenaufbau (im Rahmen eines periodisierten Leistungstrainings) ist.

Fitneß-methode für Fortgeschrittene

Methode der mittleren Krafteinsätze mit ermüdender Wiederholungszahl (= Fitneßmethode für Fortgeschrittene)
Aw: konzentrisch
I: submaximal; L: 70–85%; Bg: zügig-langsam
Da: bis zu starker lokaler Ermüdung; ca. 5–10 Wh (je nach Last)
P: Satzpausen 2–3 min; innerhalb des Satzes 30–60 s
U: hoch; 6–8 Sätze zu je 3 Übungen

Weitere Belastungsmerkmale:
- Anspruchsvollere Übungen in bewegungstechnisch guter Ausführung (u. a. Übungen mit freier Hantel);

- explosiver Krafteinsatz und schnellstmögliche Bewegungsausführung zu Beginn jeder Serie; Pausenverkürzung innerhalb der Sätze;
- dynamische Dehnübungen für die beanspruchten Muskeln, wenn Bewegungsamplitude nicht mehr ausgeschöpft werden kann.

Effiziente Trainingsdauer:
Bei 3–4 Trainingseinheiten/Woche und gleichbleibendem Standardprogramm 3–4 Monate; unter Variation der Belastung durch Akzentuierung der hohen Lasten (Hypertrophie), explosiven Krafteinsätze (Schnellkraft) und höheren Wiederholungszahlen mit Pausenverkürzungen (Kraftausdauer) weitere 3 Monate etwa; danach nur noch Erhalt des erworbenen komplexen Kraftniveaus. Eine extreme Ausprägung einzelner Kraftarten wird nicht erreicht.
Trainingswirkungen: Hypertrophiewirkung, intermuskuläre Koordinationsverbesserung, Kapillarisierung, Verbesserung des anaeroben und aeroben Stoffwechsels. Bei explosiver Bewegungsausführung sind auch intramuskuläre Koordinationsverbesserungen möglich.

Methoden der differenzierten Entwicklung einzelner Kraftarten

Maximalkrafttraining

Der komplexe Wirkungscharakter aller Methoden

Einleitend ist darauf hinzuweisen, daß es eine isolierte Trainingswirkung nicht gibt. *Jede Kraftbelastung hat zunächst komplexen Wirkungscharakter.* Dies wird schon darin deutlich, daß bei der Belastung mehrere biologische Funktionsbereiche (z. B. Muskel, Energiebereitstellung, Hormonsystem) angesprochen werden, und die erste Kraftsteigerung – unabhängig von der gewählten Belastungsmethode – mit Koordinationsverbesserung beginnt. Es ist allerdings möglich, durch bestimmte Belastungsgestaltung die eine oder andere Wirkungsrichtung zu akzentuieren. An solche Akzentuierungen ist bei der differenzierten Entwicklung von Maximalkraft und anderen Kraftarten zu denken.
Die **Maximalkraft** wird innerhalb aller Einflußfaktoren in entscheidendem Maße vom *Muskelquerschnitt* und der *intramuskulären Koordination* geprägt. Da diese beiden trainingsabhängigen Einflußfaktoren einer hohen Ausprägung unterschiedlicher Belastungsgestaltungen bedürfen, sind für Maximalkraftverbesserung folgende Methoden von Bedeutung.

Hypertrophiemethode

Methode der erschöpfenden submaximalen Krafteinsätze (= Hypertrophiemethode)
Aw: konzentrisch-gleichmäßig
I: submaximal; L: 80–90% (Varianten 70% und 95%); Bg: langsam bis zügig
Da: bis zur zeitweiligen lokalen Muskelerschöpfung; ca. 5–10 Wh (Varianten 3–18); ca. 20–30 s
P: 3–5 min Serienpause; im Satztraining 1–3 min zwischen den Stationen
U: hoch; 5–10 Serien pro Übung (ca. 80–120 Einzelbelastungen pro Muskelgruppe bei 2–3 Übungen)

Tabelle 17 Varianten des Hypertrophie-Trainings (Methoden der erschöpfenden submaximalen Krafteinsätze) (nach SCHMIDTBLEICHER 1985; ergänzt mit desmodromischer Variante)

	Standardmethode I (konstante Lasten)	Standardmethode II (progressiv ansteigende Lasten)	Bodybuildingmethode I extensiv	Bodybuildingmethode II intensiv	Isokinetische Methode	Isometrische Methode	Desmodromische Methode
Arbeitsweise:							
– konzentrisch	×	×	×	×	×		×
– isometrisch						×	
– exzentrisch					(×)		×
Krafteinsatz:							
– explosiv							
– kontinuierlich	×	×	×	×	×	×	×
Belastungshöhe	80%	70 80 85 90%	60–70%	85–95%	z. B. 70%	100%	30–50%
Wiederholungen	8–10	12 10 7 5	15–20	8–5	15	10	
Serien	3–5	1 2 3 4	3–5	3–5	3	3–5	2–3
Belastungsdauer						10–12 s	30–45 s
Pausenlänge	3–5 min.	5 min.	2–3 min.	3–5 min.	3 min.	3 min.	> 5 min.

Trainingswirkungen:
- Muskelquerschnittsvergrößerung (ST- und FT-Fasern);
- Phosphatspeicher- (auch Glykogenspeicher-)Vergrößerung;
- Verbesserung des alaktaziden und laktaziden Stoffwechsels.

Die Gestaltung der Belastungskomponenten stützt sich auf die Anforderungen, die zur Auslösung eines Hypertrophiereizes (Stimulation zum Proteinaufbau) notwendig erscheinen: Überschreiten einer kritischen Muskelspannungsschwelle (ca. 70–80% der Maximalspannung für Trainierte), Arbeitsdauer bis zur Ausschöpfung des KP-Speichers (ca. 20–30 s und länger) mit Übersäuerung, Aufsummierung mehrerer erschöpfender Belastungen. Insgesamt müssen Störungen in der Muskelzelle mit dem Entstehen »proteinspezifischer Bruchstücke« (MADER et. al. 1983) verursacht werden, da dadurch die genetischen Zellanteile (v. a. Zellkern) aktiviert werden sollen und in der Folge zu Eiweißbildung führen. Die Pausenlängen sind auf die Resynthesezeit des KP-Speichers abgestimmt. In dieser Zeitspanne (3–5 mm) dürfte auch ein wesentlicher Teil des gebildeten Laktats aus der Muskelzelle eliminiert sein.

Die Hypertrophiemethode ähnelt stark der Fitneßmethode für Fortgeschrittene, und es gibt eine Vielzahl von Varianten (vgl. Tab. 17), die sich entweder aus der Lastenveränderung pro Serie oder aus Intensitätsabweichungen (über oder unter dem Optimalbereich) oder durch die Arbeitsweise ergeben.

Isokinetische Variante

Bei der *isokinetischen Variante* (= durch apparative Steuerung konstant gehaltene Bewegungsgeschwindigkeit über den ganzen Bewegungsbereich) kann wegen der gleichbleibenden Belastung auch mit ca. 70% Intensität die Muskelausschöpfung erreicht werden.

Desmodromisches Training

Noch extremer liegen die diesbezüglichen Verhältnisse beim *desmodromischen* (= durch Motorantrieb zwangsgesteuerte Bewegung) Training, weil hier durch den unmittelbaren Übergang von konzentrischer in exzentrische Arbeitsphase und umgekehrt (ohne Spannungsabfall!) dem Muskel keinerlei Erholungsphase gegönnt wird. So ist mit ca. 30–50% Intensität und einer Arbeitsdauer von 30–50 s die lokale Muskelerschöpfung möglich.

Isometrische Variante

Die *isometrische Variante* erfordert eine Kontraktionsdauer von 10–12 s mit 100% willentlicher Maximalanspannung, wobei das tatsächliche Erreichen dieser 100% in Anbetracht der Zeitdauer und Wiederholungen in Frage steht.

Über die genannten Methodenvarianten hinaus wurden noch zusätzliche Strategien zur totalen Muskelausschöpfung entwickelt (vgl. Tab. 18, S. 114).

Schnelligkeitsorientierte Maximalkraftmethode

Methode der erschöpfenden kontinuierlich-schnellen Krafteinsätze (= schnelligkeitsorientierte Maximalkraftmethode)

Aw: konzentrisch (-exzentrisch) kontinuierlich (schnelle Bewegungsumkehr)
I: submaximal; L = 40–60%; Bg: schnellstmöglich
Da: bis zum deutlichen Geschwindigkeitseinbruch; ca. 20–25 s; ca. 15–25 Wh (je nach Bewegungsumfang)
P: 3–5 min (und mehr)
U: 3–5 Serien pro Übung

Tabelle 18 Möglichkeiten (Strategien) zur totalen Muskelerschöpfung im Rahmen des Hypertrophietrainings (Bodybuilding-Methoden)

Bezeichnung	Ausführungsart
– erzwungene oder gestützte Wiederholungen	am Serienende noch 2–3 Übungsausführungen mit Partnerhilfe
– gewichtsreduzierte Wiederholungen	am Serienende durch Lastreduzierung (Partnerhilfe) 2–3 weitere Übungsausführungen
– »brennende« Wiederholungen (burns)	unvollständige Übungsausführungen am Ende der Serie (mit korrekten Ausführungen) bis zu den ungünstigen Gelenkwinkeln
– gemogelte Wiederholungen (cheatings)	bewegungstechnisch unsaubere Ausführungen am Ende der Serie
– Negativwiederholungen	nach konzentrischer Ausbelastung in der Serie noch 2–3 Übungsausführungen in exzentrischer Arbeitsweise; Partnerhilfe für die Ausgangsstellung
– Superserien (Doppelserien)	2 unmittelbar aufeinanderfolgende Serien mit verwandten Übungen (gleiche Muskelbeanspruchung)
– Vorermüdungsserien	einer Serie mit elementaren Übungen folgt sofort eine Serie mit komplexen Übungen (z. B. Bizepscurls gefolgt von Klimmzügen)

Trainingswirkung:
- Hypertrophie, v. a. FT-Fasern (selektive Wirkung);
- Verbesserung des Kraftanstiegs;
- Verbesserung der Kontraktionsgeschwindigkeit;
- Verbesserung des alaktaziden und laktaziden Stoffwechsels.

Durch die geringe Auflast und die schnellstmögliche Bewegungsausführung werden verstärkt die FT-Fasern eingesetzt. Zur Beförderung der beschleunigten Last sind die ST-Fasern bei weitem nicht in dem Ausmaß beteiligt wie bei Verwendung hoher Lasten und langsamer Bewegung. Abbruchkriterium für die Wiederholungen muß deshalb der deutliche Geschwindigkeitsabfall (unabhängig von Zeit und Wiederholungszahl) sein. Die verwendete Last muß – zumindest in der Anfangsphase – eine explosiv-ballistische Bewegung ermöglichen.

IK-Methode

Methode der explosiven maximalen Krafteinsätze (= IK-Methode; Methode der intramuskulären Koordination)

Aw: konzentrisch
I: maximal; L: 90–100%; Bg: zügig bei explosivem Krafteinsatz
Da: 1–5 Wh
P: 3–5 min
U: 5–12 Serien pro Übung (ca. 30–50 Einzelbelastungen pro Muskelgruppe bei 2 Übungen)

Trainingswirkung:
- Verarbeitung hoher Frequenzierung und gesteigerte Rekrutierung motorischer Einheiten (= verbesserte intramuskuläre Koordination);
- Verringerung des Kraftdefizits;
- Verbesserung der relativen Kraft;
- Verbesserung des Kraftanstiegs und damit der Explosivkraft;
- Maximalkraftsteigerung ohne Hypertrophiewirkung.

Die grundsätzliche Belastungsgestaltung der IK-Methode hat die Bedingungen der nervalen Funktionsverbesserung zu erfüllen: höchste Lasten und willentlich explosive Kraftentfaltung zur Erzeugung hoher Innervationssalven. Die Arbeit und damit auch der Energieverbrauch sind wegen der niedrigen Wiederholungszahlen gering. Die Pausendauer richtet sich deshalb auf die Wiederherstellung der vollen Funktionsfähigkeit von Erregungsleitung und elektromechanischer Koppelung aus. Infolge der sehr kurzen Kontraktionsphasen ist für eine gute Trainingswirkung eine bestimmte Mindestanzahl von Kontraktionen erforderlich.

Innerhalb der IK-Methode haben sich auch verschiedene Varianten herauskristallisiert, sie sind in Tab. 19, S. 116 erfaßt.

Exzentrische Variante

Bei der *exzentrischen Variante* ist die Intensität auf die konzentrische Maximalkraft (100%) bezogen. Bei abbremsender (exzentrischer) Arbeit kann der Muskel gewöhnlich 30–50% mehr Kraft aufbringen (Begründung s. S. 45). Trotz höherer Kraftentwicklung ist der energetisch aufzubringende Betrag wegen des elastischen Kraftanteils geringer als vermutet. Deshalb sind einige Wiederholungen mehr möglich. In der Trainingspraxis sind spezielle Maschinen oder Partnerhilfe für dieses Training notwendig. Die Überlast muß ja nach jeder exzentrischen Arbeitsphase wieder in eine Ausgangsposition gebracht werden. Da exzentrische Belastungen sehr schnell einen Muskelkater (Mikroverletzungen im Sarkomer- und Bindegewebe) verursachen, ist an dieses Training vorsichtig heranzuführen.

Die Variante der exzentrisch-konzentrischen Maximalkontraktionen verbindet die Wirkung aus beiden Arbeitsphasen dadurch, daß nach plötzlichem Abbremsen der fast frei fallenden Last sofort die konzentrische Kontraktion angeschlossen wird. Nicht alle Trainingsübungen sind so ausführbar. Bankdrücken, Überzüge, Halb- und Viertel-Kniebeugen sind z. B. geeignete Übungen dafür.

Bei der isometrischen Variante ist zu beachten, daß die Wirkung nur im engeren Winkelbereich des gewählten Arbeitswinkels zur Geltung kommt.

Pyramidenmethode

Kombinationsmethode (= Pyramidenmethode)
Die Pyramidenmethode stellt die Vereinigung der beiden grundsätzlichen Belastungsgestaltungen für Maximalkraftentwicklung dar: Es werden Serien mit vorrangiger Hypertrophiewirkung (an der Pyramidenbasis) und Serien mit vorrangiger IK-Wirkung (in der Pyramidenspitze) absolviert (Abb. 37 a + b, S. 117). Der Gesamtumfang ist relativ groß (9–12 Serien), die Serienzahl ist auf die beiden Intensitätsbereiche so zu verteilen, daß hinsichtlich der Wirkung ein ausgewogenes Verhältnis von submaximalen und maximalen Krafteinsätzen zustande kommt.

Die Reihenfolge der Serien kann unterschiedlich angelegt werden. Ein Beginn an der Basis und Abschluß im Spitzenbereich ist nur sinnvoll, wenn der Trainierende

Tabelle 19 Varianten des IK-Trainings (Methoden der explosiven maximalen Krafteinsätze) (nach SCHMIDTBLEICHER 1985)

	Quasimaximale Kontraktionen	Maximale konzentrische Kontraktionen	Maximale isometrische Kontraktionen	Maximale exzentrische Kontraktionen	Konzentrisch-exzentrische Maximalkontraktionen
Arbeitsweise:					
– konzentrisch	×	×			×
– isometrisch			×		
– exzentrisch				×	×
Krafteinsatz:					
– explosiv	×	×	×	×	×
– kontinuierlich					
Belastungshöhe	90 95 97 100%	100%	100%	ca. 150%	70–90%
Wiederholungen	3 1 1 1+1	1	2	5	6–8
Serien	1 2 3 4+5	5	5	3	3–5
Belastungsdauer			5–6 s		
Pausenlänge	3–5 min.	3–5 min.	3 min.	3 min.	5 min.

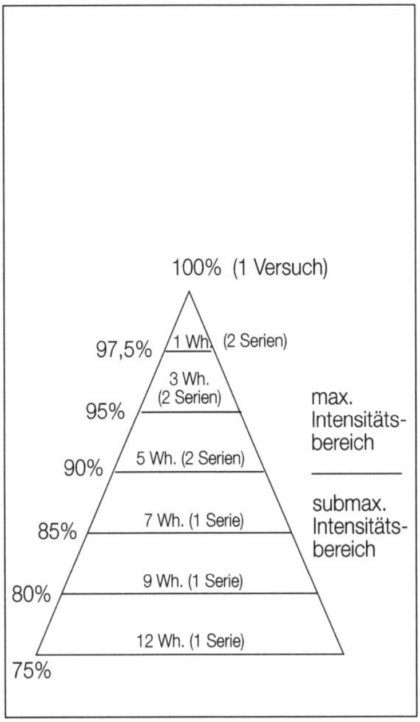

Abbildung 37a Schematisches Beispiel einer »Pyramide« für die Kombinationsmethode.

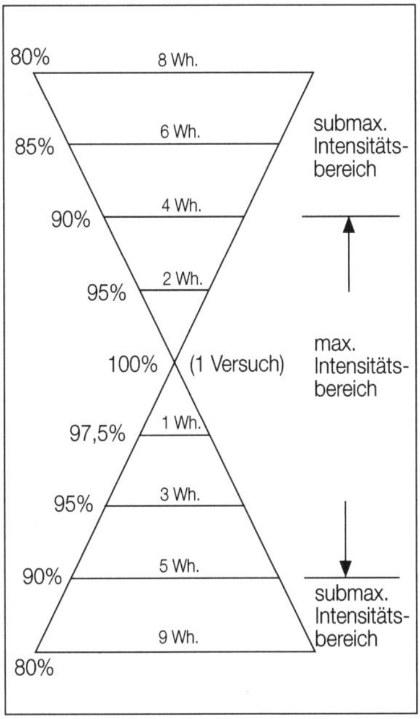

Abbildung 37b Schematisches Beispiel einer »Doppelpyramide« für die Kombinationsmethode.

nach Ausführung der submaximalen Serien noch maximale Kraft entwickeln kann. Um Vorermüdung zu vermeiden, ist deshalb ein Beginn in der Pyramidenspitze oder das Verfahren gemäß einer Doppelpyramide möglich und sinnvoll (Abb. 37b). Die gleiche Tendenz verfolgt die Vorgehensweise des »Besteigens« der Pyramide an der einen Seite und »Absteigens« an der anderen Seite. Auch so kann möglichst bald zu den maximalen Lasten gelangt werden. Aus der Neurophysiologie ist bekannt, daß durch den Ermüdungseffekt hohe Entladungsfrequenzen nicht mehr effektiv verarbeitet werden, während niedrigere Entladungsfrequenzen noch relativ hohe Kraftwerte ergeben.

Schnellkrafttraining

Muskuläre Leistung

Die Methoden, die im folgenden beschrieben werden, sind Belastungsverfahren, die in erster Linie der Verbesserung der muskulären Leistung (konzentrische Schnellkraft) dienen. Explosivkraft (Kraftanstieg) wird u. a. mit der IK-Methode verbessert (s. S. 114 f.). Das zentrale Prinzip dieser Belastungsmethode (für muskuläre Leistung) ist der Kraft-Schnelligkeits-Zusammenhang (s. S. 53 f.), der sich aus der

Muskelleistungskurve (s. S. 54) ergibt. Da in der Sportpraxis unter diesem Aspekt (Lastgröße und Geschwindigkeit) verschiedene Typen von Schnellkraft trainiert werden müssen, ist für ein breitgefächertes »Leistungstraining« (KOMI 1975) mit Lasten zwischen 30 und 60% der Maximallast zu trainieren. MARTIN et al. (1991) gehen von einer sogenannten Schwellenlast von 55–60% der dynamischen Maximalkraft aus. Das ausschließliche Training in einem engeren Prozentbereich birgt allerdings die Gefahr in sich, sehr bald an eine Art »Leistungsbarriere« zu stoßen. Es ist deshalb sinnvoll, in gewissen Zeitabständen das Gewicht zwischen 30 und 60% zu ändern. Für die gleichzeitige optimale Entwicklung von Maximalkraft und Kontraktionsschnelligkeit ist die Arbeit mit 55–60% zweifellos das Günstigste.
In der Trainingspraxis werden in der Hauptsache folgende 2 Methoden favorisiert.

Schnellkraftmethode

Methode der explosiv-ballistischen[1] Krafteinsätze (= Schnellkraftmethode)
Aw: konzentrisch
I: maximal; L: 30–40% Bg: explosiv-schnell
Da: 6–8 Wh (höchstmögliche Geschwindigkeit darf nicht abfallen)
P: Serienpausen 3–5 min; ca. 5–10 s zwischen den Wiederholungen (bei alternierenden Bewegungen auch ohne Pause)
U: gering; 3–5 Serien

Trainingswirkung:
- Ausprägung einer Stoßinnervation (= Impulsserie mit folgender Innervationsstille);
- hohe Anfangsrekrutierung von FT-Einheiten (neben ST-Einheiten);
- Verbesserung der intramuskulären Koordination;
- Verbesserung der Kontraktionsgeschwindigkeit beider Fasertypen;
- Verbesserung der intermuskulären Koordination (insbesondere bei disziplinspezifischen Übungen wesentlich).

Muskelleistungsmethode

Methode der maximalen Kraftleistung (= Muskelleistungsmethode)
Aw: konzentrisch
I: maximal; L: ca. 55–60% Bg: explosiv-schnell
Da: 6–8 Wh; Abbruch bei Nachlassen der Bewegungsgeschwindigkeit bzw. Abfall des maximalen Impulses (wenn durch Messung erfaßt)
P: Serienpausen 3–5 min; Wiederholungspausen 5–10 s
U: gering; 4–5 Serien

Trainingswirkung:
- Hohe Anfangsrekrutierung von FT-Einheiten (neben ST-Einheiten);
- Ausprägung einer Stoßinnervation mit 2 oder mehr Impulsserien (zur Anfangs- und Weiterbeschleunigung);

[1] ballistisch = Bewegung, die mit abrupter Anfangsrekrutierung beginnt und in »freier« Kontraktion endet; Last geht in freien Flug über.

- damit Verbesserung der Explosivkraft;
- Verbesserung der Kontraktionsgeschwindigkeit (FT- und ST-Fasern);
- insgesamt selektive FT-Faserbeanspruchung;
- Steigerung der Maximalkraft;
- Verbesserung der intermuskulären Koordination.

Varianten der Schnellkraftmethode

Der Vollständigkeit wegen werden noch 2 weitere Belastungsverfahren, die als Varianten der grundsätzlichen Schnellkraftmethode verstanden werden können, erwähnt. In der Trainingspraxis werden sie lediglich kurzfristig als ergänzende Maßnahmen angewandt.

Kontrastmethode
Aw: quasistatisch-konzentrisch
I: maximal; L: zunächst 100%, dann Reduzierung auf 30–40%; Bg: (fast) statisch (1–2 s), dann explosiv-schnell
Da: 5–7 Wh
P: Serienpause 3–5 min; Wiederholungspause ca. 10 s
U: mittel; 6–8 Serien

Trainingswirkung:
- Hohe Rekrutierung (in der statischen Phase); damit IK-Verbesserung;
- vorrangige Kontraktionsarbeit der FT-Fasern (für die Beschleunigung der Last);
- insgesamt: unmittelbare Umsetzung von Maximalkraft in azyklische Schnellkraft.

Hier werden eine statische oder quasistatische Maximalkraftphase (bei ausgewähltem Gelenkwinkel) und eine explosiv-konzentrische Phase unmittelbar hintereinander geschaltet. Die Kontrastverteilung kann nur mit speziellen Trainingsmaschinen oder behelfsmäßig durch die regulierende Widerstandsarbeit eines Helfers erreicht werden. Durch plötzliche Auflösung des maximalen Widerstands kann die Bewegung gegen die verbleibende leichtere Last (30–40%) explosiv-schnell zu Ende geführt werden.

Negativmethode
Aw: exzentrisch
I: maximal; L: 60–80%; Bg: schnell mit plötzlichem Abstoppen
Da: Serienpause ca. 3 min; Wiederholungspause 5–10 s
U: mittel; 5–9 Serien

Trainingswirkung:
- Hohe Rekrutierung vieler motorischer Einheiten in der statischen Bremsphase (Reflexinnervation);
- Speicherung potentieller Energie in der elastischen Komponente des Muskels.

Durch diese Bewegungsart kommt es zur Speicherung elastischer Energie. Dabei darf aber nicht übersehen werden, daß durch den Fortfall der konzentrischen Phase es zu keiner Nutzung dieser Energie kommt. Das visko-elastische Verhalten der Sehnen-Muskel-Substanz wird somit nicht so trainiert, wie es in sportspezifischen Bewegungen erforderlich ist.

Reaktivkrafttraining

Die Reaktivkraft wurde als relativ eigenständige Kraftart, als Schnellkraft im Dehnungs-Verkürzungs-Zyklus definiert. Sie ist deshalb auch mit einer eigenen Belastungsmethode zu trainieren.

Plyometrische Methode

Reaktive Methode (= plyometrische Methode, Schlagmethode)
Aw: exzentrisch-konzentrisch
I: maximal-supramaximal; L: keine oder gering; Bg: maximal-schnell
Da: 8–10 Wh
P: Serienpause 5–8 min (bis 12 min); ca. 5 s Wiederholungspause
U: gering; 3–5 Serien

Weitere Belastungsmerkmale:
- Übungsausführung so, daß trotz exzentrischer Belastung die konzentrische Phase explosiv und betont bleibt;
- kurzer Bremsweg und schnelle Umkehrphase (Ziel: < 200 ms);
- eventuelle Lasten und Niedersprunghöhen individuell so bemessen, daß schnelle Umkehr und Explosivität gewährleistet bleiben;
- exzentrische Krafteinwirkung muß von der Muskulatur, nicht vom passiven Bewegungsapparat aufgenommen werden.

Trainingswirkung:
- Hohe Faserrekrutierung;
- Verbesserung der reaktiven Spannungsfähigkeit (stiffness);
- Verbesserung der intramuskulären Koordination;
- Schulung von Zeitprogrammen (vgl. GROSSER/STARISCHKA 1998, Kap. 3).

Bei Anwendung der reaktiven Belastungsmethode ist auf allmähliche Belastungssteigerung zu achten. Bezüglich der Beinstreckmuskulatur stehen deshalb anfangs Hüpfübungen (beidbeinig, einbeinig), später Sprungübungen (z. B. Vertikalsprünge über niedrige Hürden, Horizontalsprünge als Sprungschritte), dann schließlich Tief-Hoch-Sprünge auf dem Programm. Bezüglich anderer Muskelgruppen (z. B. Arme, Schultergürtel) ist die allmähliche Belastungssteigerung ebenso über Fallhöhe und Lastgröße zu regulieren.
Wegen der Bedeutung des stufenweisen Vorgehens wird in der Fachliteratur sogar von der Methode des Hüpfens, Methode der Sprungübungen und Methode der Tiefsprünge gesprochen (Tab. 20).

Kraftausdauertraining

Kraftausdauerformen

Die Gliederung der Kraftausdauer in *Maximalkraftausdauer, submaximale Kraftausdauer* und *Ausdauerkraft* ist nicht zuletzt aus trainingsmethodischen Gründen geschehen. Jede dieser Kraftausdauerfähigkeiten hat ihre typische Energiebereitstellung. Da die Verbesserung des Energieflusses das Hauptziel jeglichen Kraftausdauertrainings ist, sind auch die drei genannten Fähigkeiten jeweils mit eigenen Methoden zu trainieren.
Maximalkraftausdauer läßt sich am günstigsten mit der Hypertrophiemethode und ihren Varianten zur starken Muskelausbeutung trainieren. In diesem Intensi-

Tabelle 20 Reaktive Methoden (nach SCHMIDTBLEICHER 1985)

	Hüpfen beid- und einbeinig	Sprungübungen	Tiefsprünge
Arbeitsweise:			
– konzentrisch	×	×	×
– isometrisch			
– exzentrisch	×	×	×
Krafteinsatz:			
– explosiv	×	×	×
– kontinuierlich			
Belastungshöhe	ohne Zusatzl.	ohne Zusatzl.	ohne Zusatzl.
Wiederholungen	30	10	10
Serien	3	3	3–5
Pausenlänge	5 min	5 min	10 min

tätsbereich (über 75% MK) spielt die Größe der Maximalkraft noch eine überragende Rolle. Die Energiebereitstellung anaerober Art (besonders alaktazid) wird ebenfalls verbessert.
Für die **submaximale Kraftausdauer** ist neben der Maximalkraft bereits die laktazide Energiebereitstellung der leistungsbestimmende Faktor. Die zeitweilige Blutsperre durch den Muskelinnendruck und der erforderliche relativ hohe Energiefluß pro Zeit tragen wesentlich dazu bei. Diese Art der Kraftausdauer kann mit der Intervall- und mit der Wiederholungsmethode verbessert werden.

Methoden der submaximalen Kraftausdauer

Intensive Intervallmethode mit Kurzzeitintervallen
Aw: konzentrisch-kontinuierlich (eventuell statisch)
I: fast maximal; L: 75–50% (statisch –30%); Bg: optimal-schnell
Da: 30–45 s
P: 10–30 s bei Satz- und Zirkeltraining, 60–90 s bei Stationstraining; Pausen zwischen Sätzen bzw. Zirkeln 1–3 min
U: hoch; 6 Sätze zu je 3 Übungen oder 3–4 Zirkel mit 6–8 Stationen

Wiederholungsmethode mit erschöpfenden Mittelzeitintervallen
Aw: konzentrisch
I: submaximal; L: 60–50%; Bg: zügig-schnell
Da: 1–2 min; bis zur lokalen Erschöpfung
P: 8–10 min bei Stationstraining; 5–6 min bei Satztraining (2 Übungen)
U: mittel; 3–5 Serien

Trainingswirkung (beider Methoden):
- Erhöhung der Säuretoleranz;
- Verbesserung der Erholungsfähigkeit nach solchen Belastungen;
- Verbesserung des laktaziden und aeroben Stoffwechsels;

- Vergrößerung der Muskelglykogenspeicher;
- Verbesserung der Herzarbeit.

Ausdauerkraft-Leistungen laufen energetisch bereits mit starkem aeroben Anteil, so daß das Training hinsichtlich der Belastungsmethoden und Inhalte (meist disziplinspezifische Übungen der Sportarten) mehr dem Ausdauer- als Krafttraining zugehörig ist. Für das *allgemeine Training* ist der Intervallmethode der Vorzug zu geben. Im *speziellen Ausdauerkraft-Training* kommt auch die Wiederholungsmethode zum Einsatz.

Methoden der Ausdauerkraft

Extensive Intervallmethode mit Mittelzeitintervallen
Aw: konzentrisch
I: mittel; L: ca. 30% oder 3–5% Zusatzlast zum Körpergewicht; Bg: zügig
Da: 1–1½ min
P: ca. 1 min bei Zirkel- und Satztraining, 3 min zwischen Zirkeln und Sätzen
U: hoch; 4–6 Sätze (zu 2 Übungen) bzw. Zirkeldurchgänge (zu 6 Übungen)

Wiederholungsmethode mit Langzeitintervallen
In Verbindung mit Disziplinbewegungen (z. B. Laufen, Rudern, Radfahren, Paddeln) und einer entsprechenden Zusatzlast bzw. Bremskraft, die noch den richtigen Bewegungsablauf zulassen, belastet man im allgemeinen über 2–3 min (bis 8 min). Pausenlänge ca. 7–10 min, bei ca. 2–3 Wiederholungen.

Trainingswirkung (beider Methoden):
- Ökonomisierung der gemischt aerob-anaeroben Energiebereitstellung (d. h. bei gleicher Leistungsabgabe höherer aerober Anteil);
- Kapillarisierung und Mitochondrienvermehrung;
- Aktivierung aerober Prozesse;
- Glykogenspeichervermehrung (Muskel und Leber);
- Verbesserung der Herzarbeit;
- Laktattoleranz (bei mittleren Laktatkonzentrationen).

Spezielles Krafttraining

Schon in Zusammenhang mit den praxisorientierten Kraftbegriffen (vgl. S. 106) wurde auf den bestehenden Unterschied zwischen allgemeinem und speziellem Krafttraining aufmerksam gemacht und eine Begründung über den Aspekt des koordinativen Zusammenhangs mit der Disziplinbewegung gegeben. Im folgenden soll der Unterschied noch deutlicher herausgestellt werden.

Während im **allgemeinen Krafttraining** die wesentlichen Einflußfaktoren der einzelnen Kraftarten (Maximalkraft, Schnellkraft usw.) und vielfach Einzelmuskeln oder Muskelgruppen sportartunspezifisch trainiert werden, sind es im **speziellen Krafttraining** disziplinspezifische Kraftbewegungen. Dadurch wird berücksichtigt, daß bei häufiger Wiederholung der Trainingsübungen sich nicht nur *muskuläre Anpassungen* einstellen, sondern auch *bestimmte Innervationsmuster* (Bewegungsmuster) geprägt werden. In diesen stabilisierten Bewegungsprogrammen sind auch die kinematischen (Weg-Zeit-Verhältnisse) und dynamischen (Kraft-Zeit-Verhältnisse) Merkmale einer Bewegung enthalten. Für einen optimal hohen Transfer der erzielten Trainingswirkungen auf die Wettkampfübung ist deshalb enge Verwandtschaft bzw. Identität der Bewegungsprogramme von Bedeutung, d. h., es muß *funktionell-anatomische, kinematische und dynamische Übereinstimmung* (mit gewisser Variationsbreite) in den Übungen vorliegen. Bei der Übungsauswahl bezieht sich dies auf die Berücksichtigung von Muskelschlingen, Arbeitswinkeln, Arbeitsweisen (meist Kombinationen der grundsätzlichen), Größe sowie Zeitdauer und Wirkungsrichtung der Krafteinsätze und – bei zyklischen Bewegungen – von rhythmischer Konstanz (= Stabilität des charakteristischen Spannungs-Entspannungswechsels).

Bedingungen eines speziellen Krafttrainings

Damit wird deutlich, daß z. B. selbst innerhalb eines Sprintkraft-, Sprungkraft-, Wurfkraft-, Stoßkraft-Trainings noch disziplinspezifische Unterschiede zu berücksichtigen sind.

Auf der Suche nach geeigneten Trainingsinhalten (-übungen) mit hoher Effektivität kann es deshalb nicht immer bei *Imitationsübungen* und der *Wettkampfübung mit adäquaten Zusatzlasten* bleiben. Zur Absicherung hoher Übereinstimmung in quantitativen Bewegungsmerkmalen müssen auch biomechanische Messungen (z. B. Geschwindigkeits-, Beschleunigungs-, elektromyographische Messungen) durchgeführt werden, und die Meßdaten zur Konstruktion von Trainingsübungen einschließlich dazugehöriger Krafttrainingsgeräte herangezogen werden. In mehreren Sportdisziplinen liegen dazu bereits Beispiele vor (Speerwurf, Sprint, Weitsprung, Schwimmen u. a.).

Ein spezielles Krafttraining hat über das dargelegte Inhaltsproblem hinaus noch folgende zwei Fragen zu lösen:

- Welches ist das *optimale Mischungsverhältnis* einerseits zwischen den benötigten Kraftarten, andererseits zwischen allgemeinem und speziellem Krafttraining?
- Welches ist das *optimale (nicht maximale!) Maximalkraftniveau* für die disziplinspezifischen Schnellkraft-/Reaktivkraft- oder Kraftausdauer-Erfordernisse?

Die Basisfunktion des allgemeinen Krafttrainings

Im Unterschied zum speziellen Krafttraining hat das **allgemeine Krafttraining** eine Art **Basisfunktion**, auch wenn dort die Kraftarten akzentuiert entwickelt werden. Es handelt sich dabei nicht um disziplinspezifische Kraftfähigkeiten. Es geht vielmehr um optimale oder maximale Ausbildung der Muskelinnervation, der Muskelstruktur und der benötigten Energiebereitstellung, mitunter auch um Schulung der Willenskraft.

Auf niedrigem Leistungsniveau ist die *Transferwirkung* der allgemeinen Kraftarten auf spezielle Kraftfähigkeiten noch relativ groß. Mit steigendem Leistungsniveau geht diese mehr und mehr verloren. Im Hochleistungsbereich kann u. U. ein (zu lange betriebenes) allgemeines Krafttraining die spezielle Kraftleistungsfähigkeit beeinträchtigen.

4 Steuerung des Krafttrainings

Was ist Trainings- bzw. Leistungssteuerung?

Definition

Unter Trainings- bzw. Leistungssteuerung verstehen wir die gezielte kurz-, mittel- und langfristige Abstimmung aller für eine Trainingsdurchführung notwendigen Maßnahmen zum Zwecke der Leistungsoptimierung (s. Fußnote 1).

Anteilige und Steuerungselemente

Die ›notwendigen Maßnahmen‹ sind hierbei die sog. stets *anteiligen Elemente* und die variablen bzw. begrenzenden *Steuerungselemente* (siehe folgendes).
Die kurzfristige Abstimmung bezieht sich zeitlich auf eine Trainingseinheit und z. T. auf einen Tageszyklus (z. B. bei mehrmaligem täglichem Training), die mittel- und langfristige auf Mikro-, Makrozyklen und Perioden (vgl. S. 136ff.).

Anteilige Elemente

Der gesamte Steuerungsvorgang kann als Regelkreisprozeß verstanden werden, in dem der Trainer zunächst

- das Training plant (wobei der momentane Leistungs- und Trainingszustand des bzw. der Athleten bekannt sein muß → Eingangsdiagnosen);
- dann sachgerecht mit dem Athleten durchführt;
- während der Durchführung kontrolliert (z. B. während der Bewegungsabläufe diese beobachtet);
- möglichst die Kontrollwerte sofort auswertet und mit gegebenen Normen vergleicht (z. B. eine soeben gesehene Bewegung mit einer ›Idealtechnik‹ im Kopf vergleicht), um daraufhin
- sofort Informationen im Sinne von Korrekturen anbringen zu können (= Sofort bzw. Synchroninformation).
- Die Trainingsübungen können auch unmittelbar nach Beendigung bewertet und dann korrigiert werden (= Schnellinformation); oder der durch mehrere Trainingseinheiten erworbene Trainingszustand kann mittels Kontrollverfahren (oder auch durch Wettkampfleistungen) erfaßt, analysiert und dann korrigiert werden (= Spätinformation bzw. Planungsänderung).

---

[1] Ausführliche Darlegungen hierzu finden sich in dem Buch GROSSER, M./BRÜGGEMANN, P./ZINTL, F.: Leistungssteuerung in Training und Wettkampf, blv sportwissen Bd 414, München 1986.

Wir bezeichnen diese skizzierten Schritte als sog. ›anteilige Elemente‹ des Steuerungsprozesses, da sie bei jeder Trainingseinheit in der Zusammenarbeit zwischen Trainer und Athlet beteiligt sein sollen. Würde beispielsweise die ständig notwendige Kontrolle von Bewegungsabläufen bzw. Konditionszuständen vernachlässigt werden, ist unseres Erachtens eine optimale Leistungsentwicklung nicht gewährleistet (siehe Fußnote 1).

Anteilige Elemente in jeder Trainingseinheit

Steuerungselemente

Neben den sog. ›anteiligen Elementen‹, als quasi festgelegten Stationen in jedem Trainingsprozeß, existieren Elemente, mit denen im eigentlichen eine Leistungsentwicklung gesteuert, d. h., herausgebildet werden kann; wir bezeichnen diese als sog. Steuerungselemente. Hierzu zählen vorrangig

- die *Trainingsarten und Trainingsmethoden,* wie wir sie auf den Seiten 105–123 beschrieben haben;
- die *Trainingsinhalte*, das sind für die Kraftentwicklung Kraftübungen, Dehn- und Lockerungsübungen und Übungen zur Verbesserung der aeroben Ausdauer und
- die *Trainingsprinzipien*, auf die im folgenden noch eingegangen wird.

Diese Steuerungselemente (abgesehen von einigen Trainingsprinzipien) können jederzeit nach Bedarf und Notwendigkeit ausgetauscht und abgewandelt werden. Sie sind folglich variabel anwendbar (z. B. statt Muskelaufbautraining das intramuskuläre Koordinationstraining); sie wirken jedoch auch leistungsbegrenzend, beispielsweise in Form der Trainingsprinzipien, die bestimmte Gesetzmäßigkeiten der biologischen Anpassungs- und neuromuskulären Steuerungsvorgänge in sich tragen.

Steuerungselemente sind austauschbar und leistungsbegrenzend

Trainingsprinzipien und biologische Anpassung

Da Training von biologischen Anpassungs- und neuromuskulären Steuerungsvorgängen bestimmt ist, hat die Trainingslehre sog. **Trainingsprinzipien** formuliert (vgl. z. B. Grosser et al. 1998, 18–36), die dazu dienen, wissenschaftliche Erkenntnisse systematisch in methodische Handlungsweisen zu integrieren.

Aufgaben von Trainingsprinzipien

Mittels dieser Prinzipien haben wir folglich die Möglichkeit, eine Kraftverbesserung stets auf der Basis der bis heute zur Verfügung stehenden wissenschaftlichen Fakten zu erreichen.

Die Prinzipien im Bereich des Konditionstrainings – Kraft ist bekanntlich eine konditionelle Fähigkeit – beruhen auf den Gesetzmäßigkeiten der *biologischen Anpassung* (Adaptation). **Biologische Anpassung** selbst heißt: Wirken auf den menschlichen Organismus überschwellige Trainingsreize ein, so vollzieht sich eine Umstellung innerer Systeme (beim Krafttraining in der Muskulatur und im ZNS) auf ein höheres Leistungsniveau.

---

[1] Zur Kontrolle des Krafttrainingsleistungszustandes vgl. die Testbeispiele in dem Buch Grosser, M./Starischka, St.: Konditionstests. blv sportwissen Bd 402, München 1986.

In der **methodischen Anwendung** der Prinzipien im Krafttraining müssen zunächst im Sinne biologischer Anpassung

- erste Anpassungseffekte ausgelöst werden;
- daraufhin diese Anpassungseffekte über einen längeren Zeitraum entwickelt und gesichert werden und
- schließlich langfristig die Anpassungseffekte in eine spezifische Richtung gelenkt werden.

Die Tabelle 21 stellt die Trainingsprinzipien für den Bereich der biologischen Anpassung (= Konditionstraining) überblickartig dar.

Aus dieser gereihten Anwendungsfolge der Trainingsprinzipien ist gleichzeitig ersichtlich, daß sich eine Leistungssteigerung über einen längeren Zeitraum erstrecken muß, den man allgemein in folgende Trainingsstufen mit entsprechenden Trainingsjahren unterteilen kann:

Trainingsstufen

Trainingsstufen

- Grundlagentraining (Anfänger): 2–4 Jahre
- Aufbau- und Anschlußtraining (Fortgeschrittene): 2–4 Jahre
- Hochleistungstraining (Könner): 2–3 Jahre
- Höchstleistungstraining (Spitzenathleten): nach ca. 6–9 Jahren.

Tabelle 21 Übersicht zu den Trainingsprinzipien und zugehörigen biologischen Gesetzmäßigkeiten/Einflußfaktoren

Bedeutung für das Geschehen	Trainingsprinzip (P)	Biologischer Einflußfaktor
Auslösung der Anpassung	P. des wirksamen Belastungsreizes	Reizstufenregel
	P. der progressiven Belastungssteigerung ● allmählich ● sprunghaft	parabolischer Kurvenverlauf des Adaptationsprozesses
	P. der Variation der Trainingsbelastung	Reizstufenregel
Sicherung der Anpassung	P. der optimalen Gestaltung von Belastung und Erholung	Superkompensation, Heterochronizität der Adaptation
	P. der Wiederholung und Kontinuität	Deadaptation
	P. der Periodisierung und Zyklisierung	Phasencharakter des Adaptationsverlaufs
Spezifische Steuerung der Anpassung	P. der Individualität und Altersgemäßheit	individuelle Adaptationsfähigkeit; genetisch begrenzte maximale Funktionskapazität
	P. der zunehmenden Spezialisierung	spezifische Adaptation; genetisch begrenzte Anpassungsreserve
	P. der regulierenden Wechselwirkung einzelner Trainingselemente	Wechselwirkung von spezifischer und unspezifischer Adaptation

Für das Krafttraining beschreiben wir nun im folgenden die einzelnen Trainingsprinzipien im Zusammenhang mit dem Vorgang biologischer Anpassungsprozesse und der Steuerungsmöglichkeiten.

Prinzipien zur Auslösung der Anpassung

Prinzip des wirksamen Belastungsreizes

Dieser Grundsatz sagt aus, daß der Trainingsreiz eine bestimmte *Intensitätsschwelle* überschreiten muß, um überhaupt eine Anpassungsreaktion auszulösen, d. h. um trainingswirksam zu sein. Biologischer Hintergrund ist die *Reizstufenregel* (häufig auch als Schultz-Arndtsche Regel bezeichnet, was historisch nicht korrekt ist), nach der im Hinblick auf funktionelle und morphologische Anpassungsänderungen *unterschwellige* (= unter der wirksamen Reizschwelle), *überschwellig schwache, überschwellig starke* und *zu starke* Reize unterschieden werden. Unterschwellige Reize bleiben wirkungslos, überschwellig schwache erhalten das Funktionsniveau, überschwellig starke (= optimale) lösen physiologische und anatomische Änderungen aus; zu starke Reize schädigen die Funktion. Der Schwellenwert des Belastungsreizes hängt vom Leistungszustand des Sportlers ab.

Reizstufenregel

In den einzelnen Darstellungen der Trainingsmethoden sind die jeweiligen wirksamen Belastungsreize angegeben.

Prinzip der progressiven Belastungssteigerung

Wenn Trainingsbelastungen über eine längere Zeitdauer gleich bleiben, hat sich der Organismus so angepaßt, daß die gleichen Belastungsreize nicht mehr überschwellig stark wirken oder sogar unterschwellig werden. Jedenfalls rufen sie keine weitere Leistungssteigerung hervor. Die Konsequenz daraus ist eine fortschreitende Steigerung der Trainingsbelastung in gewissen Zeitabständen. Je nach biologischem Alter, Trainingsalter und Entwicklungsniveau der entsprechenden sportmotorischen Fähigkeit kann diese Belastungssteigerung *allmählich* oder *sprunghaft* geschehen. Die Steigerung in kleinen Schritten (allmählich) ist immer sinnvoll, solange über diese Art noch eine Leistungsverbesserung erreicht wird. Die möglichen unangenehmen Begleitumstände von Belastungssprüngen (erhöhte Schädigungsmöglichkeit, Leistungsinstabilität) können damit zurückgedrängt werden. Ein sprunghafter Belastungsanstieg wird jedoch bei hohem Trainingszustand notwendig, wenn die geringen Erhöhungen der äußeren Belastung keine Änderung der inneren Belastung mehr nach sich ziehen. Eine beträchtliche und damit abrupte Erhöhung der Anforderungen zwingt den Organismus zu weiteren Anpassungsvorgängen. Voraussetzung dazu ist allerdings eine bereits gut entwickelte Leistungsfähigkeit. Um Stabilität des dann erhöhten Adaptationszustandes zu erreichen, sind längere Zeitspannen notwendig als beim kleinstufigen Fortschreiten.

Allmähliche oder sprunghafte Belastungssteigerungen

Möglichkeiten der *progressiven Belastungssteigerung* sind gegeben über *Änderung der Belastungskomponenten*, durch *höhere koordinative Ansprüche*, durch die *Zahl der Wettkämpfe*. Langfristig ist die Änderung der **Belastungskomponenten** (vgl. S. 130ff.) in folgender Reihenfolge sinnvoll:

Methodische Anwendung der Belastungskomponenten

1. Erhöhung der *Trainingshäufigkeit* von 1–2 mal pro Woche bis zum täglichen Training (soweit dies für die Sportart erforderlich ist);
2. Erhöhung des *Trainingsumfanges*, beispielsweise durch höhere Wiederholungszahlen bzw. mehr Sätze/Serien; Beispiel:

1. TE – 2–3 Sätze 2. TE – 3 Sätze	1. Woche
3. TE – 3–4 Sätze 4. TE – 4 Sätze	2. Woche
5. TE – 4–5 Sätze 6. TE – 5 Sätze	3. Woche
7. TE – 5–6 Sätze 8. TE – 6 Sätze	4. Woche

(TE = Trainingseinheit)

3. Erhöhung der Reizintensität und somit gleichsam Erhöhung des Trainingsumfanges;
4. Verkürzung der Pausen.

Prinzip der Variation der Trainingsbelastung

Der ergotrope Effekt

Im Rahmen wirksamer Trainingsbelastungen darf die Rolle des *sympathischen vegetativen Nervensystems (Sympathikus)* nicht übersehen werden. Der *Sympathikus* versetzt den Körper in den Zustand hoher Leistungsbereitschaft, was notwendige Voraussetzung für wirksame Trainingsbelastungen ist. Bei ständig gleichgearteter Stimulierung unterliegt er gewissermaßen auch der Reizstufenregel, und es zeigt sich eine Abnahme seines *ergotropen (leistungssteigernden) Effekts*. Gleichartige Trainingsreize über einen längeren Zeitraum führen deshalb zu einer Stagnation des Trainingsgewinns. Durch Änderung des Belastungsreizes kann die vorherige Stimulationslage wieder erreicht werden. Diese Variation der Belastungsreize hat sich im praktischen Trainingsgeschehen nicht nur auf Intensitätsänderungen, sondern vor allem auf den Wechsel von Trainingsinhalten, der Bewegungsdynamik, der Pausengestaltung, also auch der Trainingsmethoden zu beziehen. Sie stellen für den angesprochenen Bereich (vegetatives Nervensystem) eine *Unterbrechung der Belastungsmonotonie* dar und verursachen als ungewohnte Belastungsreize weitere Homöostasestörungen mit nachfolgenden Anpassungen.

Das Prinzip der Variation spielt eine wesentliche Rolle im **Hochleistungstraining**, weil dort im Zuge der Spezialisierung die Variation der Belastungskomponenten, -inhalte und -methoden von vornherein nicht mehr gegeben ist, das Eintreten von Leistungsbarrieren andererseits geradezu nach Variation des Trainings verlangt. Die Änderung ist dann im Rahmen eines vorgegebenen Intensitätsbereichs möglich und auch wirksam. (Anmerkung: Bei manchen Autoren wird das angesprochene Prinzip auch als Variante des Prinzips der progressiven Belastungssteigerung erklärt.)

Prinzipien zur Sicherung der Anpassung

Prinzip der optimalen Gestaltung von Belastung und Erholung

Dieser Grundsatz berücksichtigt die Tatsache, daß nach einer wirkungsvollen Trainingsbelastung (Trainingseinheit) eine gewisse Zeit der Wiederherstellung notwendig ist, um eine erneute gleichgeartete Belastung (nächste Trainingseinheit) bei günstigen Voraussetzungen durchführen zu können. Belastung und Erholung sind gewissermaßen als Einheit zu betrachten. Biologische Grundlage ist das **Phänomen der Superkompensation** (Abb. 38), demzufolge es nach einem entsprechend starken Belastungsreiz nicht nur zur Wiederherstellung (= Kompensation) des Ausgangsniveaus, sondern zu einer Überkompensation (= erhöhte Wiederherstellung) der beanspruchten Energiespeicher (Kreatinphosphat, Glykogen) kommt. Das erhöhte Niveau bleibt aber nach einer einmaligen Belastung nicht erhalten, sondern bildet sich wieder zurück. Die Niveaukurve pendelt gewissermaßen um die Linie des Ausgangsniveaus aus. Damit kann sich neben der ersten Superkompensation noch ein zweiter – allerdings bereits niedrigerer – Superkompensationsgipfel zeigen. Die optimale neue Belastung muß logischerweise auf den Höhepunkt der Superkompensationsphase Rücksicht nehmen.

Phänomen der Superkompensation

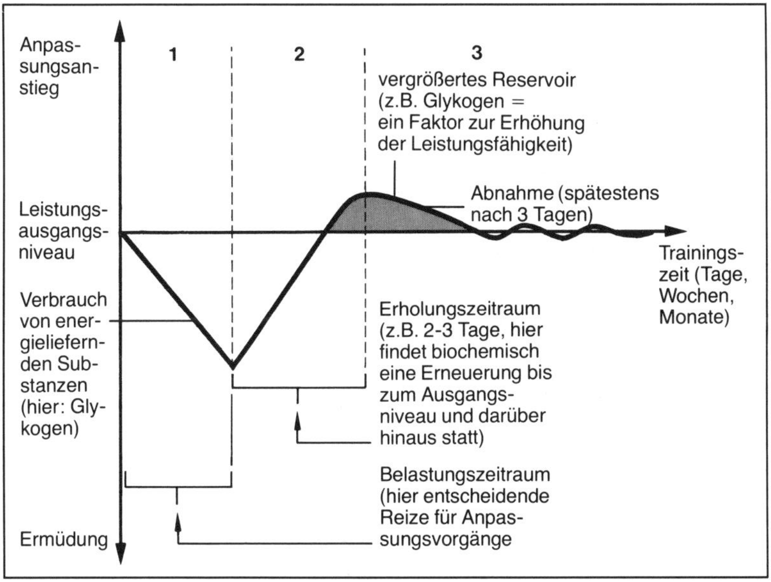

Abbildung 38 Veranschaulichungsschema der biologischen Anpassung – gilt insbesondere für die Prozesse der Glykogendepotvergrößerung (modifiziert nach JAKOWLEW 1977).

Hetero-chronismus der Regeneration

Da die *Wiederherstellung* der verschiedenen Energiespeicher bzw. biologischen Beanspruchungsbereiche einen *unterschiedlichen Zeitverlauf* zeigt, ist dieser *Heterochronismus* (= Verschiedenzeitigkeit) *der Regeneration* nach Belastung im angesprochenen Trainingsprinzip neben der Superkompensation mit zu beachten (vgl. auch Tab. 22). In der Trainingspraxis ist es nicht einfach, den jeweiligen optimalen Zeitpunkt der Wiederbelastung zu finden, da außer der vorausgegangenen Belastung auch die individuelle Anpassungsfähigkeit, die Ernährung und sonstige trainingsbegleitende Maßnahmen Einflußfaktoren auf den Kurvenverlauf darstellen. Letztlich führen neben dem theoretischen Wissen nur Erfahrung (der Trainer) und Beobachtung der individuellen Verhältnisse (der Athleten) zu konkreten Ergebnissen.

Tabelle 22 Regenerationsprozesse, Trainingsbelastungen und Regenerationszeiten für Leistungssportler

Regenerations-prozesse	Trainingsbelastungen		
	Mit aerober Energie-bereitstellung	Mit aerob-alaktazider und -laktazider Energiebereit-stellung	Mit anaerob-alaktazider Energiebereit-stellung und neuro-muskulärer Beanspruchung
Laufende Regeneration	Bei 60–70%iger Intensität möglich		Bei Belastungen unter 6 s nach 60–90-s-Pausen möglich
90–95%ige Regeneration	Nach 6–8 Stunden (Intensität 75–90%)	Nach 6–10 Stunden	Nach ca. 10 Stunden
Vollständige Regeneration	Nach 12–24 Stunden (bei 75–90%iger Intensität)	Nach 24–36 Stunden	Nach 36–48 Stunden

Anmerkung: Bei sportlichen Anfängern und wenig Trainierten können sich die angegebenen Zeiten verdoppeln (vgl. auch Tab. 24, S. 135).

Hinweis auf langzeitig verzögerten Trainingseffekt

Es ist außerdem zu beachten, daß bei Trainingsanfängern die Umsetzung der Superkompensation in ein höheres Leistungsniveau sich wesentlich schneller vollzieht als bei schon jahrelang trainierenden Hochleistungssportlern. Bei letzteren wirkt der Superkompensationseffekt z. T. überhaupt nicht mehr; deren Anpassung ist derzeit mit dem **Modell des langzeitig verzögerten Trainingseffektes** zu erklären (Näheres hierzu S. 138f.).

Belastungsnormative (Belastungskomponenten)

Im Rahmen der Abstimmung zwischen Belastung und Erholung spielen die sog. Belastungsnormative als steuernde Elemente eine wichtige Rolle.

Tabelle 23 Trainingshäufigkeiten pro Woche im Krafttraining

	Fitneß-bereich	Grundlagen-Training	Aufbau-Training	Hoch-leistungs-training
Allgemein	1×	1×	2×	3×
Abhängig vom Kraft-niveau				
niedrig	1–2×	1×	2×	3×
hoch	2–3×	2×	3×	3–4×
Abhängig von der Trainingsperiode[1]				
Übergangsperiode		1×	1×	1–2×
Vorbereitungsperiode		1–2×	2–3×	3–4×
Wettkampfperiode		1×	1×	1–2×
Abhängig von der Bedeutung der Kraft für die jeweilige Sportart				
gering		1×	1–2×	2×
mittel		1–2×	2×	3×
hoch		2×	2–4×	4× + mehr

[1] Zur Darstellung der Trainingsperioden vgl. S. 133ff.

Belastungsnormative für das Krafttraining sind Trainingshäufigkeit, Reiz- und Trainingsdauer, Reizumfang und Reizintensität; außerdem die bereits besprochene Erholungszeit (Reizdichte).

Trainingshäufigkeit

Die Trainingshäufigkeit gibt die Anzahl der wöchentlichen Trainingseinheiten an.

Definition Trainingshäufigkeit

Sie ist abhängig von (vgl. auch Tab. 23):

- Zielsetzung

Zur Realisierung der Zielsetzung ›Verbesserung der Kraftfähigkeiten im Fitneßbereich‹ genügt z. B. eine Trainingshäufigkeit von 2 × pro Woche, wogegen für die Verbesserung der Kraftfähigkeiten im Hochleistungssport sportartabhängig unter Umständen eine Trainingshäufigkeit von 8 × pro Woche und mehr erforderlich ist (z. B. im Gewichtheben).

- Wertigkeit der Kraft für die jeweilige Sportart

Vorstehendes ist auch zutreffend bezüglich der Wertigkeit der Kraft für die jeweilige Sportart. So kann für einen Tennisspieler zum Erreichen druckvollerer Schläge aufgrund verbesserter Kraftfähigkeiten eine Trainingshäufigkeit von 2 × pro Woche genügen, wogegen ein Diskuswerfer, dessen Disziplin bedeutend höhere Kraftanforderungen stellt, evtl. 6 Trainingseinheiten und mehr pro Woche benötigt.

- Kraftniveau

Bei entsprechender Berücksichtigung weiterer Belastungsnormative genügt bei geringem Kraftniveau eine Trainingshäufigkeit von 2 × pro Woche, um Kraftsteigerungen zu erzielen. Bei hohem Kraftniveau dagegen ist die Reizgebung eines zweimaligen Trainings pro Woche zu gering, um Anpassungen bezüglich weiterer Kraftsteigerungen zu erzielen.

- Alter und Trainingsstufen

Die Trainingsstufen erfassen in der Regel zwar bestimmte Altersgruppen, da diese aber sportartabhängig unterschiedlich sind, können sich die Angaben über Trainingshäufigkeit nur auf die Trainingsstufen beziehen. Im Grundlagentraining (erste Stufe des Anfänger- und Nachwuchstrainings) ist, abhängig von der Wertigkeit der Kraft für die jeweilige Sportart, eine Trainingshäufigkeit von 1 bis 3 × pro Woche ausreichend.
Im Aufbautraining (zweite Stufe des Nachwuchstrainings) wird die Trainingshäufigkeit auf 2 bis 4 × pro Woche gesteigert.
Im Hochleistungstraining erfolgt eine weitere Steigerung der Trainingshäufigkeit auf 4 bis 8 × und mehr pro Woche.

Reiz- und Trainingsdauer

Definition Reiz- und Trainingsdauer

Die **Reizdauer** stellt die Zeit dar, in der eine einzelne Kraftübung als Bewegungsreiz auf die Muskulatur wirkt. Es kann aber auch die Zeit einer Serie (z. B. mit 10 Wiederholungen) als Reizdauer angesehen werden.
Die **Trainingsdauer** ergibt sich aus Reizdauer mal Wiederholungszahl und Pausendauer zwischen den einzelnen Sätzen/Serien bzw. Übungen.

Die Trainingsdauer beim Krafttraining beträgt einschließlich eines je 10minütigen Aufwärmens und Ausklanges (z. B. Auslaufen oder Gymnastik) 60 bis 90 Minuten. Der Unterschied von 30 Minuten ergibt sich durch eine geringere Wiederholungszahl aufgrund der Erkenntnis, daß eine positive Anpassung auch entsprechende Entlastungen voraussetzt. Eine Entlastung kann auch bei normaler Trainingsdauer, d. h. normalen Wiederholungszahlen, durch eine Verringerung der Intensität (Hantelgewicht) erfolgen. Die *Pausenlänge* beträgt abhängig von der Höhe der Intensität 1 bis 5 Minuten; sind aus sportpraktischen Erkenntnissen jedoch nicht immer aufrechtzuerhalten. Dies ist z. B. am Training der Gewichtheber leicht zu ersehen: In einer 75-Minuten-Trainingseinheit werden, abhängig von der Trainingsperiode, 5 Übungen à 6 Sätze/Serien (durchschnittlich etwa 30 Sätze/Serien durchgeführt. Zwei Minuten Pause zwischen jedem Satz a 30 Sätze zuzüglich 15 Minuten für Aufwärmen und Ausklang ergeben schon eine Zeit von 75 Minuten ohne Berücksichtigung der Übungsdauerzeit.

Reizintensität

Sie bezeichnet die Reizhöhe bzw. die Belastungsanforderungen während der Übungsausführung.

Die maximale Intensität bedeutet die jeweilige Übungsbestleistung in kg. Bei den im Krafttraining angewendeten Intensitäten handelt es sich in der Regel aber nur um Anteile der Übungsbestleistungen, wobei immer nur vom aktuellen Leistungsstand ausgegangen werden darf. D. h., Leistungseinbußen, bedingt durch Verletzung, Krankheit, Urlaub usw. müssen berücksichtigt werden. Die Reizintensität ist abhängig von der Trainingsart bzw. der Trainingsperiode. Wirksam wird sie aber nur im Zusammenhang mit entsprechenden Wiederholungs- und Satz- bzw. Serienzahlen.
So wie ein hoher Reizumfang ohne entsprechende Intensität unwirksam ist, wird es auch eine hohe Intensität ohne entsprechende Wiederholungs- und Satz- bzw. Serienzahlen sein.

Definition Reizintensität

Trainingsumfang

Der Trainingsumfang ergibt sich aus der Dauer der Wiederholungszahl aller Belastungen sowie der Intensität einer Trainingseinheit.

Definition Trainingsumfang

Beispiel:
30 Sätze/Serien mit je 5 Wiederholungen und einem durchschnittlichen Hantelgewicht von 50 kg ergibt: $30 \times 5 \times 50 = 7500$ kg an Trainingsumfang.

Prinzip der Wiederholung und Dauerhaftigkeit (Kontinuität)

Zum Erreichen einer optimalen Anpassung ist es notwendig, *mehrfach die Belastung zu wiederholen*, da für eine stabile Anpassung der Organismus zunächst eine Reihe von akuten *Umstellungen* einzelner Funktionssysteme durchlaufen muß. Die *»endgültige« Adaptation* ist erst erreicht, wenn über die Anreicherung von Substraten (= energiereiche Stoffe) hinaus auch in anderen Funktionssystemen (z. B. Enzymsystem, Hormonsystem) Umstellungen erfolgten und vor allem auch das Zentralnervensystem als die Führungsinstanz von Bewegungsleistungen sich angepaßt hat. Es ist bekannt, daß sich die metabolischen und auch enzymatischen Umstellungsvorgänge relativ schnell vollziehen (2–3 Wochen) und für strukturelle (morphologische) Änderungen längere Zeitspannen (mindestens 4–6 Wochen) anzusetzen sind. Die steuernden und regelnden Strukturen des Zentralnervensystems benötigen die längste Anpassungszeit (Monate). Bleiben regelmäßige und dauerhafte Belastungsreize aus, so stellt sich eine *Rückbildung* der funktionellen und morphologischen Umstellungen ein *(Deadaptation)*. Bei bereits vollzogener Anpassung kommt es damit zu einem Stabilitätsverlust des Steuer- und Regelsystems.

Deadaptation

Prinzip der Periodisierung und Zyklisierung

Ein Sportler kann nicht ganzjährig im Hochleistungszustand sein, da er sich damit im Grenzbereich seiner individuellen Belastbarkeit befindet. Sehr leicht ist damit die Gefahr verbunden, daß die *anabole* (= *aufbauende* Stoffwechsellage) Gesamtsituation in eine *katabole (= abbauende)* übergeht. Aus biologischen Grün-

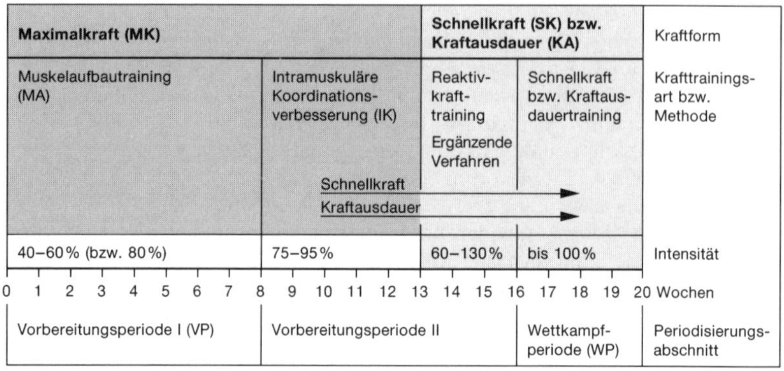

Abbildung 39 Periodisierungsabschnitte im Krafttraining (Zeitraum: 20 Wochen).

Phasencharakter der Adaptation

den ist also ein Belastungswechsel notwendig. Der *Phasencharakter des Adaptationsverlaufs* mit Steigungs-, Stabilisierungs- und Reduktionsphasen verlangt sowohl langfristig nach Einteilung des Trainingsjahres in *aufbauende, stabilisierende* und *reduzierende Belastungsperioden (Vorbereitungs-, Wettkampf-, Übergangsperiode)* als auch mittelfristig im Rahmen der Makrozyklen einen Wechsel von *belastungssteigernden, belastungserhaltenden* und *belastungsreduzierenden Mikrozyklen*. Dadurch können einerseits Belastungsüberforderungen vermieden und andererseits höhere Leistungsspitzen zu bestimmten Zeiten erreicht werden.
Ein Ganzjahrestraining (= Jahreszyklus) sichert eine hohe Gesamtbelastung und somit einen günstigen Leistungszuwachs. (Unterbrechungen würden zu Rückbildungen führen.) Das Ganzjahrestraining muß jedoch planmäßig aufgebaut sein. Es kann in sog. Perioden eingeteilt werden.
In der Praxis zählen zur *Periodisierung / Zyklisierung*:

Ganzjahrestraining

1. Abschnitte eines Jahres bzw. eines Halbjahres, da im Krafttraining meist nur für ein halbes Jahr periodisiert wird:
   - Vorbereitungsperiode(n),
   - Wettkampfperiode(n),
   - Übergangsperiode(n).
2. Unterteilende Abschnitte innerhalb obiger Perioden:
   - Makrozyklen (2–8 Wochen),
   - Mikrozyklen (7–10 Tage),
   - Tageszyklus (1–3 Trainingseinheiten),
   - Trainingseinheit (1–2 Stunden).

Perioden

Jede **Periode** hat im Rahmen des systematischen Leistungsaufbaues eine spezifische Zielstellung, aus der ihre speziellen Aufgaben, Mittel, Belastungsstruktur und weitere überschaubare Abschnitte abgeleitet werden.
Für eine **Periodisierung des Krafttrainings** sind insbesondere zu beachten:

Spezifische Zielsetzung

Aspekte der Periodisierung des Krafttrainings

Entsprechend der Gliederung und den Prinzipien der allgemeinen Trainingsperiodisierung sind die **Maximalkrafttrainingsarten** und das **allgemeine Kraftausdauertraining** Maßnahmen der Vorbereitungsperiode, das **Schnellkrafttraining** hingegen eine der Wettkampfperiode. Wobei in Sportarten mit hoher Kraftanforderung auch noch in der Wettkampfperiode Maximalkrafttrainingsmaßnahmen intramuskulärer Art bzw. schon in der Vorbereitungsperiode Schnellkraftmaßnahmen in geringem Umfang erforderlich sind (vgl. Abb. 39, S. 134).
Abweichungen von dieser Gliederung stellen den gesamten Trainingsaufwand in Frage. Dies wäre z. B. der Fall, wenn ein Sprinter in der Wettkampfperiode Muskelaufbautraining betreiben würde. Hier steht die langsame Bewegungsausführung beim Muskelaufbautraining im Widerspruch zur spezifischen Zielstellung der Wettkampfperiode, nämlich Bewegungen mit maximaler Geschwindigkeit durchzuführen.

Zeitliche Abstände: Zur kurzfristigen Steuerung

Bezüglich einer kurzfristigen (und auch mittelfristigen) Steuerung der Kraftentwicklung bezieht man sich vorwiegend noch auf **trainingspraktische Erfahrungsgrundsätze**. Hierzu folgendes:
Zur **komplexen Entwicklung der Kraft** wurde auf die Zahl der Trainingseinheiten (2–4/Woche) mit ausgewogener Verteilung und auf die effiziente Trainingsdauer (6–9 Monate bzw. 6 Monate) bei den zutreffenden Trainingsmethoden (Anfängermethode, Fitneßmethode, s. S. 110f.) bereits hingewiesen.
Bei der **differenzierten Entwicklung einzelner Kraftarten** sind für die kurzfristige Steuerung (Plazierung der Trainingseinheiten im Mikrozyklus) vor allem die *Regenerationszeiten* nach Krafttrainingseinheiten zu berücksichtigen. Die Zeitangaben in Tab. 24 sind nur als generelle Orientierungswerte zu verstehen, da die Erholungsdauer auch vom Gesamtbelastungsumfang (sonstiges Training, Zahl der Trainingseinheiten/Woche insgesamt), von der Ermüdungsaufstockung im Laufe eines Mikrozyklus, vom Trainingszustand (v. a. Grundlagenausdauerni-

Regenerationszeiten

Tabelle 24 Regenerationsdauer in Abhängigkeit von der Belastungsart (nach Trainingseinheiten)

Belastungsart		**Leistungsfähigkeit** Eingeschränkte 90–95% Regeneration	Volle 100% Regeneration
– Hypertrophietraining – Maximalkraftausdauertr. – Kraftausdauertraining	Umfang hoch Umfang mittel	18–24 Stunden 12–18 Stunden	(48)–72 Stunden 48 Stunden
– IK-Training – Schnellkrafttraining – Reaktivkrafttraining	Intensität hoch	18–24 Stunden	72–84 Stunden
– Ausdauerkrafttraining	Stark aerob	12 Stunden	24–36 Stunden

veau) bzw. Leistungszustand und regenerationsfördernden Maßnahmen (z. B. Warmwasserbad, Ernährung) abhängig ist.
Abweichungen von den Zahlenangaben können auch vorliegen, wenn über 2–4 Trainingseinheiten hintereinander die vollen Regenerationszeiten bewußt nicht abgewartet werden, um in Verbindung mit einer folgenden Entlastungsphase (Entlastungsmikrozyklus) eine erhöhte Trainingswirkung zu erreichen. Trotz wesentlicher Bedeutung der Regenerationsphasen ist für eine optimale Trainingswirkung eine gewisse Zahl von *Trainingseinheiten / Woche* erforderlich. In Abhängigkeit von der Bedeutung der Kraft innerhalb der sportartspezifischen Leistungsstruktur ist dabei von 2 (z. B. Ausdauersportarten) bis maximal 4–8 Trainingseinheiten/Woche (z. B. Kraft-, Schnellkraftsportarten) in der entscheidenden Krafttrainingsperiode auszugehen.

Zur mittelfristigen Steuerung
Für die **mittelfristige Steuerung** ist die effiziente Trainingsdauer bezüglich einzelner Kraftarten bzw. Trainingsmethoden interessant. Durch Beobachtungen aus der Trainingspraxis ist bekannt, daß nach einer gewissen Zeitdauer prinzipiell

Deckeneffekte

gleichbleibender Belastungsgestaltung eine Art **Deckeneffekt** erreicht wird. Das bedeutet, daß trotz hohen Trainingsaufwandes keine nennenswerte Leistungssteigerung zu erzielen ist. Aus Tab. 25 gehen die Zeiten hervor, die dafür bekannt sind. Auch hier ist zu beachten, daß individuelle Abweichungen vorliegen. Die Fasertypenzusammensetzung der Muskulatur spielt z. B. eine wesentliche Rolle. Es ist bekannt, daß im Rahmen des Hypertrophietrainings für eine gleich große Dickenzunahme der ST-Fasern – gegenüber den FT-Fasern – mit der etwa doppelten Trainingsdauer zu rechnen ist. Eine weitere Erfahrung ist, daß bei hohem Trainingsalter eine **Variation der Trainingsbelastung** in kürzeren Zeitspannen vorteilhafter ist. Die Wirksamkeit der jeweiligen Belastungsart ist

Tabelle 25 Zeitspannen für Trainingswirkungen im Krafttraining (Erfahrungswerte) und daraus abzuleitende Periodisierungsmöglichkeiten

Belastungsart	Erste deutliche Verbesserung nach	Deckeneffekt nach
Hypertrophietraining	15–18 TE 4–5 Wochen	40–48 TE 10–12 Wochen
IK-Training	9–12 TE 3–4 Wochen	24–32 TE 6–8 Wochen
Spezifische Schnellkraft (Intermuskul. Koordination)		6–9 TE 3–4 Wochen
1. Periodisierungsschema: 8–9 Wochen Hypertrophie → 5–6 Wochen IK → 3–4 Wochen spezielle SK (insges. 16–18 Wochen)		
2. Periodisierungsschema: 4–5 Wochen Hypertrophie → 2–3 Wochen IK → 4 Wochen Hypertrophie → 3 Wochen IK → 3–4 Wochen spezifische SK (insges. 16–18 Wochen)		

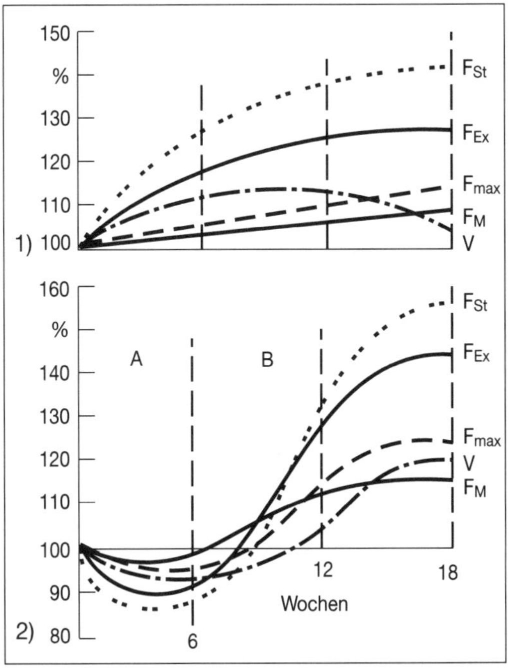

Abbildung 40 Zwei Formen der Kompensationsadaption in der großen Trainingsetappe. F_M – absolute Muskelkraft; F_{Ex} – Explosivkraft; F_{St} – Startkraft der Muskeln; F_{max} – Maximum der Explosivkraft; v – Bewegungsgeschwindigkeit (aus: WERCHOSCHANSKI 1988, S. 44). Siehe Text.

letztlich nur durch *laufende Kontrolle* mittels geeigneter Tests (3–4wöchiger Abstand) feststellbar.

Spezifische theoriegeleitete Steuerungsaspekte

Zum Problem der **Adaptation** an Trainingsbelastungen wurden verschiedene Theoriebeiträge anhand von Beobachtungen des Trainings in Schnellkraftsportarten entwickelt. Deshalb soll hier auf das Wesentliche daraus, was für die Periodisierung des Krafttrainings von Bedeutung sein kann, aufmerksam gemacht werden:

Zwei Typen der Kompensationsadaptation

WERCHOSCHANSKI (1988) hat auf der Grundlage seines allgemeinen Adaptationsmodells im Schnellkrafttraining, das sich auf eine 3–5monatige Haupteinheit des Trainingsaufbaus stützt, zwei Typen der sog. **Kompensationsadaptation** (= Typen des Verlaufs der Trainingswirkung) ermittelt (vgl. Abb. 40).

Typ 1 zeigt eine allmähliche Vergrößerung aller Kennwerte für Schnellkraft über einen Zeitraum von 18 Wochen, wobei (im Beispiel) die Explosivkraft am Ende eine Steigerung von + 30% erfahren hat. Dieser Anpassungsverlauf ergab sich durch mäßige Umfangssteigerung (der Belastung und des Einsatzes spezieller Inhalte) und durch nicht optimale Nutzung der aktuellen Adaptationsreserve. Der laufende Energieverbrauch konnte stets kompensiert werden. In einem solchen Falle ist fortlaufendes Training über ca. 5–6 Wochen möglich, bevor eine

Regenerationsphase von ca. 7–10 Tagen erforderlich wird. Insgesamt ist die Aneinanderreihung von 2–3 solcher Belastungsblöcke möglich. Das läuft auf eine Krafttrainingsperiode von ca. 18–22 Wochen hinaus, in der es natürlich zunehmend zu einer Verlagerung auf Inhalte und Mittel des speziellen Krafttrainings kommt. Dann ist zur Stabilisierung des erworbenen Niveaus eine längerfristige Entlastung notwendig. Ein derartiger Verlauf der Belastungsgestaltung und damit der Trainingswirkung ist **für Anfänger- und Nachwuchstraining** empfehlenswert. Auch in Ausdauersportarten ist auf hohem Leistungsniveau ein systematisches Kraftausdauertraining in der Vorbereitungsperiode nach diesem Modell sinnvoll. Dabei ändert sich im Laufe der gesamten Periode das Krafttraining vom allgemeinen Kraftausdauer- über spezielles Kraftausdauer- zum Schnellkraftausdauer-Training hin. – Anfänger- und Fitneßtraining können auf der Grundlage dieses Verlaufstyps konzipiert werden. Die aus der Erfahrung gewonnenen Richtzeiten decken sich in etwa (s. S. 111) mit den Zeitspannen dieses Modells.

Der langzeitig verzögerte Trainingseffekt

Typ 2 stellt die Verlaufsform des **langzeitig verzögerten Trainingseffekts (LVTE)** dar. Durch eine tiefgreifende und lange Homöostasestörung kommt es zu einer stabilen Verringerung der Kennwerte der Schnellkraft. Nach 6–8 Wochen ist das Ausgangsniveau wieder erreicht. Im Zuge einer Entlastung kommt es in weiteren 6–8 Wochen zu einem beschleunigten Anstieg der Kennwerte. Nach 18 Wochen zeigte (im Beispiel) die Explosivkraft eine Steigerung um + 45%. Dieser Anpassungsverlauf ist verbunden mit einer anfangs konzentrierten Kraftbelastung hohen Umfangs (Kraftblock) von insgesamt 9–12 Wochen und einer folgenden Umfangsreduzierung mit Intensitätssteigerung über weitere 6–9 Wochen. Fortlaufendes Training ist hier bestenfalls 3–4 Wochen möglich. Dann ist eine 7–10tägige Regenerationsphase einzuschieben. Insgesamt können (von Trainierten) drei solche Belastungsblöcke hintereinander verkraftet werden. Damit wird eine Krafttrainingsperiode von 12–18 Wochen erreicht. Dieser Belastungs- und Wirkungsverlauf ist typisch für hohes Leistungsniveau, also **für Training im Spitzenbereich** empfehlenswert.

Auf der Basis dieses langzeitig verzögerten Trainingseffektes sind z. B. das Periodisierungsmodell für Sprinter (nach GROSSER 1991, S. 170; vgl. Abb. 41) und das Modell für technomotorische Sportarten (nach WERCHOSCHANSKI 1988, 132; vgl. Abb. 42) entwickelt worden. In letzterem ist neben der konzentrierten Kraftbelastung (Kraftblock) auch die Differenzierung von Kraft- und Techniktraining (Technikblock nach dem Krafttraining) berücksichtigt worden.

Makro- und Mikrozyklen

Durch Gestaltung dieser kleineren Zeiträume sind optimale Leistungssteigerungen möglich. Notwendig sind hierbei ständig Kontrollen.

Ein *Makrozyklus* ist der zeitliche Wechsel zwischen Abschnitten mit gleichmäßiger oder gesteigerter oder reduzierter oder höherer Belastung (vgl. Abb. 43, S. 140). In Vorbereitungsperiode 4–8, in Wettkampfperiode 2–4 Wochen.

Ein *Mikrozyklus* umfaßt die Dauer von 7–10 Tagen. Charakteristika:

- Verhältnis von Umfang und Intensität ändert sich hier ständig (vgl. gesetzmäßige Wechselbeziehungen Belastung – Erholung);

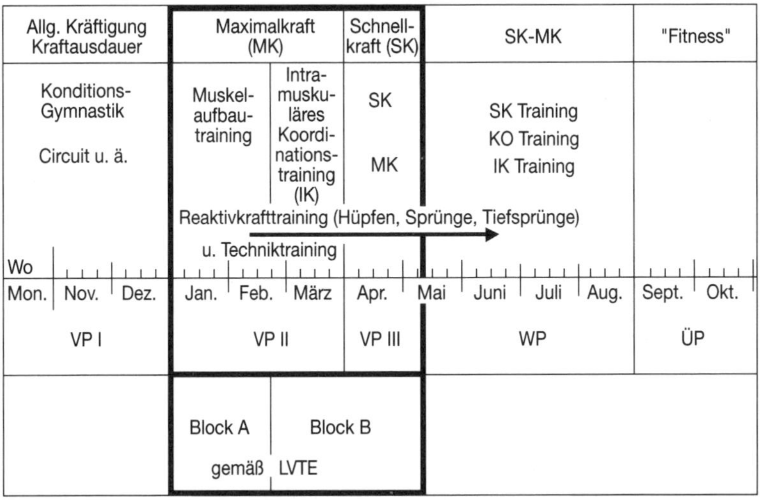

Abbildung 41 Vorschlag der Periodisierung des Krafttrainings für Sprinter (in Anlehnung an GROSSER 1991, S. 170); im Vergleich die Blöcke des langfristig verzögerten Trainingseffekts (LVTE) nach WERCHOSCHANSKI.

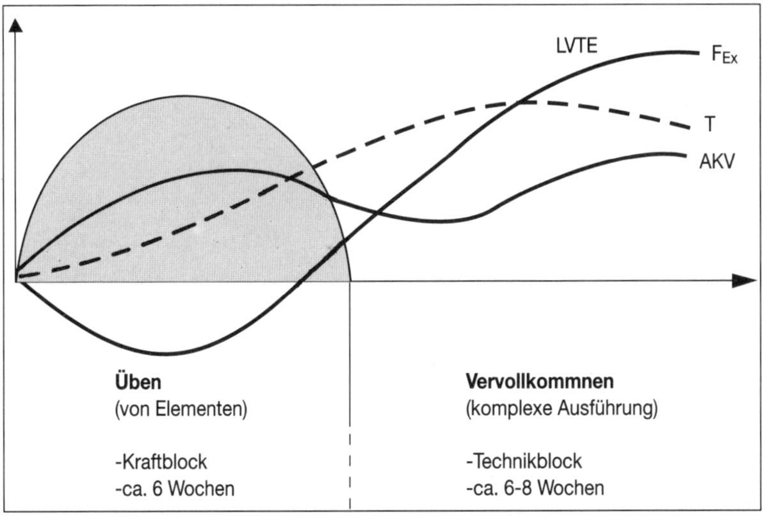

Abbildung 42 Periodisierungsmodell für Krafttraining in technomotorischen Sportarten (hier wird berücksichtigt, daß umfangreiches Krafttraining negative Auswirkungen auf die Bewegungstechnik haben kann) (aus: WERCHOSCHANSKI 1988, 132). AKV = allgemein körperliche Vorbereitung; F_{Ex} = Explosivkraft; T = Technik.

- Wechsel von geringer und sehr hoher Beanspruchung;
- Trainingseinheiten mit unterschiedlichen Hauptaufgaben möglich;
- Trainingsmonotonie kann angenehm unterbrochen werden. Ziel: Erreichung der Grenze der Leistungsfähigkeit;
- vor Wettkampftag: 2–3 Tage vorher hohe Belastung (→ Überkompensationseffekt).

Beispiele der Mikrozyklusgestaltung

Beispiele der Mikrozyklusgestaltung im Krafttraining

1. Bei *zweimaligem Training* pro Woche können jeweils gleiche Intensitäten und Umfänge durchgeführt werden, da 2–3 Tage Pause zwischen den Trainingseinheiten liegen.
2. Bei *dreimaligem Training* pro Woche empfiehlt sich die Belastungsverteilung auf Montag, Mittwoch und Freitag, wobei montags und freitags mit gleichen Belastungen und mittwochs um 10–15% reduziert trainiert werden sollte.

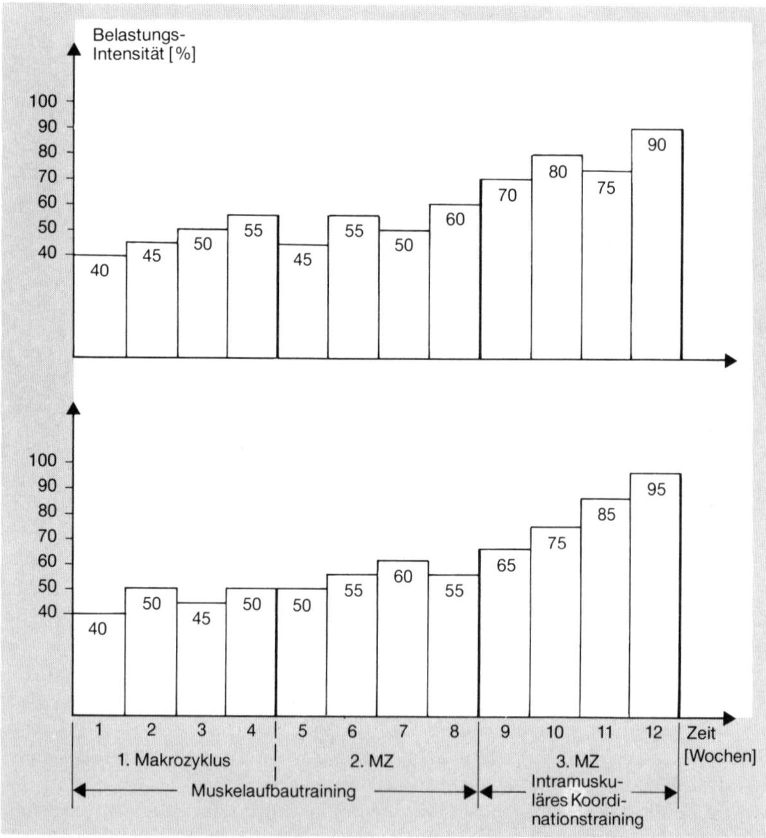

Abbildung 43 Möglichkeiten der Makrozyklusgestaltung im Krafttraining.

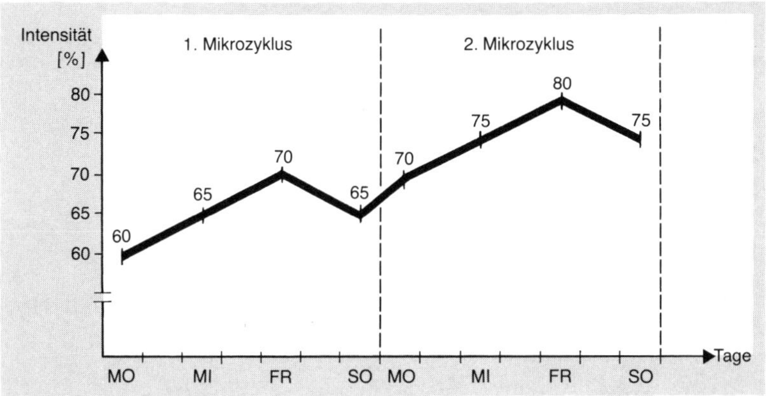

Abbildung 44 Belastungsverteilung in zwei Mikrozyklen bei jeweils viermaligem Training.

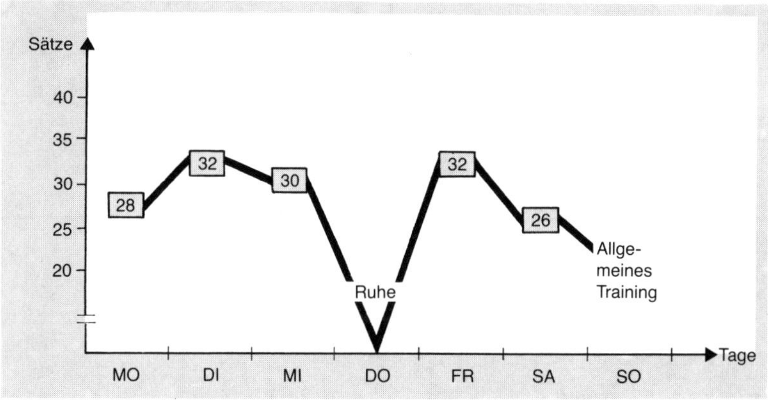

Abbildung 45 Belastungsverteilung in einem Mikrozyklus bei 5–6maligem Training durch die Variation der Satz- bzw. Serienzahlen.

3. Bei *viermaligem Training* pro Woche ist eine Variation in der Belastungsanforderung durch Intensitätserhöhung und -reduzierung bei gleicher Satzzahl ratsam.
   Die Abb. 44 verdeutlicht dieses Vorgehen: Zunächst wird nach dem Prinzip der allmählichen Belastungssteigerung drei Tage hintereinander die Intensität erhöht, dann am vierten Tag reduziert, um in den darauffolgenden Trainingstagen wieder gesteigert werden zu können (die Kilogrammangaben bedeuten Mittelintensitäten aller Übungen bei jeweils 30 Sätzen).
4. Bei *fünf- bis sechsmaligem Training* pro Woche kann die Variation der Belastungsanforderungen durch die Anzahl der Sätze/Serien (bei jeweils 5 Übungen) gestaltet werden (vgl. Abb. 45).

Trainingseinheit

Die Trainingseinheit ist der kleinste Bestandteil im Trainingsaufbau. Je nach Leistungsstufe finden ca. 2 bis 12 Trainingseinheiten pro Woche statt.

Abhängigkeit der Anzahl der Trainingseinheiten

Die Anzahl der Trainingseinheiten ist abhängig von:

1. Spezifik der Sportart;
2. Trainingszustand;
3. Alter und Trainingsalter (Trainingsjahre);
4. Trainingsperiode;
5. Struktur von Makro- und Mikrozyklen.

Die Trainingseinheit entspricht im Aufbau einer Stunde im Sportunterricht: einleitender Teil (Aufwärmung, vgl. S. 153ff.), Hauptteil, Ausklang.

Ordnungskriterien im Hauptteil hinsichtlich Technik- und Konditionstraining sollten sein:

Beim Konditionstraining:

- spezielle Kondition zeitlich vor allgemeiner,
- Schnelligkeit zeitlich vor Kraft,
- Kraft zeitlich vor Ausdauer.

Beim Techniktraining:

- Techniktraining zeitlich vor Konditionstraining (bei Spitzenathleten auch umgekehrt!).

Prinzipien zur spezifischen Steuerung der Anpassung

Prinzip der Individualität und Altersgemäßheit (Entwicklungsgemäßheit)

Da die sportliche Leistung immer von mehreren Einflußfaktoren bestimmt wird, können identische Leistungsresultate aus unterschiedlich gewichtigen Einzelfähigkeiten erwachsen. Deshalb ist es wesentlich für eine optimale Leistungsentwicklung, die persönlichen Gegebenheiten des Sportlers zu berücksichtigen. Es handelt sich in erster Linie um die stark anlagebedingten körperlichen Fähigkeiten (sportmotorische Begabung, Konstitutionstyp, Trainierbarkeit) und die mehr umweltbeeinflußten geistig-seelischen Eigenschaften (u. a. Emotion, Motivation, Intellekt). Letztlich unterliegen diese Persönlichkeitsmerkmale der biologischen Entwicklung, d. h. dem biologischen Alter.

Sensitive Phasen

Die sogenannten *sensitiven Phasen* für konditionelle und koordinative Fähigkeiten als Zeitabschnitte erhöhter Anpassungsfähigkeit (= Trainierbarkeit) sind dafür ein gutes Beispiel (vgl. auch Tab. 8, S. 76). Somit ist es naheliegend, Individualität und Altersgemäßheit in einem Trainingsgrundsatz zusammenzufassen. Biologisch ist das Prinzip zu begründen mit der individuellen Anpassungsfähigkeit (= **Adaptabilität**), derzufolge bei quantitativ und qualitativ gleichwertigen Belastungsreizen die Individuen eine unterschiedliche Reizverarbeitung zeigen. In der Wechselwirkung von Organismus und Umwelt zeigen die entsprechenden Erbanlagen eben eine eigene Entfaltung (= Genexpression).

Die individuelle Anpassungsfähigkeit kommt auch im Adaptationsmodell von Werchoschanski (1988), das im Zusammenhang mit diesem Prinzip und dem folgenden (Prinzip der zunehmenden Spezialisierung) zu erwähnen ist, zum Ausdruck. Demnach sind die sog. **maximale Funktionskapazität** eines Athleten und seine **Anpassungsreserve** genetisch begrenzt (vgl. auch S. 137f.).

Hinweis auf Anpassungsreserve

Prinzip der zunehmenden Spezialisierung

In Abhängigkeit von der Spezifität der Belastungsreize unterscheidet man *unspezifische* und *spezifische* Anpassungen des Organismus. Die spezifische Adaptation erstreckt sich in starkem Maße auf die unmittelbar beanspruchten Organsysteme und äußert sich mehr eingeschränkt (lokal) wie z. B. in der Skelettmuskulatur und im zugehörigen Versorgungs- und Steuersystem. Z. B. liegt die unterschiedliche spezielle Kraft (= spezifische Adaptation) von krafttrainierenden Hochleistungssportlern wie Gewichthebern und andere primär in der vom Bewegungsablauf geprägten Funktionsmuskulatur begründet, in zweiter Linie erst in »Nebenmuskeln«, lokaler Muskelausdauer, Herzfunktion und weiteren physiologischen und morphologischen Parametern *(= unspezifische Adaptation)*. Die Entwicklung zu einem hohen Leistungsniveau in bestimmten Fähigkeitsbereichen erfordert nun – auf der Basis unspezifischer Anpassungen – spezifische Adaptationen und damit tätigkeitsspezifische Belastungen.

Mit der Spezialisierung ist rechtzeitig zu beginnen, da nach dem vorher erwähnten Adaptationsmodell die *Anpassungsreserve* beschränkt ist. Eine zu umfangreiche Ausschöpfung dieser Reserve mit unspezifischen Anpassungen wäre demnach für die hohe spezifische Leistungsfähigkeit nicht von Nutzen.

Rechtzeitiger Beginn der Spezialisierung

Im Trainingsgeschehen bedeutet dies insgesamt

- innerhalb der *Trainingsstufen* (Grundlagen → Aufbau → Hochleistungs- und Höchstleistungstraining) einen zunehmenden Anteil des speziellen Trainings gegenüber dem allgemeinen Training,
- im Verhältnis *Konditions-, Technik-, Taktik-* und *intellektuellem Training* eine zunehmende sportartbezogene Ausrichtung,
- eine *Vorrangigkeit* des Trainings der *leistungsbestimmenden konditionellen Fähigkeiten* und *technomotorischen Fertigkeit* im Rahmen der übrigen optimierenden Trainingsmaßnahmen.

Prinzip der regulierenden Wechselwirkung der einzelnen Trainingselemente

Angesprochen ist hier die dosierte Abstimmung des Trainings der verschiedenen konditionellen Fähigkeiten und des Verhältnisses von Konditions- und Techniktraining. Für die Entwicklung zur individuellen sportartspezifischen Höchstleistung ist dies ein wesentlicher Grundsatz, da die verschiedenen Elemente des Trainings sich positiv und negativ beeinflussen können.

Hintergrund ist wiederum die *unspezifische* und *spezifische* Reaktion des Organismus auf unterschiedliche Belastungsreize und ihre Wechselwirkungen. Die unspezifischen Anpassungen erstrecken sich nicht wie die spezifischen Anpassungen primär auf den durch die Bewegungstätigkeit unmittelbar geforderten Nerv-Muskel-Bereich, sondern in erster Linie auf die »Zuträgersysteme«. Damit finden sie vorwiegend in den *vegetativ-nerval* und *hormonell gesteuerten Organen* und deren Regulationszentren (Herzkreislauf, Atmung, Stoffwechsel) ihren Niederschlag.

Diese unspezifische, mehr übergreifende Anpassung gewährleistet – nach vorheriger spezifischer Anpassung – erst den richtigen Funktionsablauf der zusammenarbeitenden Systeme auf höherem Leistungsniveau. Man darf nicht übersehen, daß bei spezifischer Anpassung die hochgradige Ausbildung eines Systems in der Regel auf Kosten anderer Bereiche abläuft.

Prinzipien des Techniktrainings

Training im Bereich des Leistungs- und Spitzensports ist überwiegend im Zusammenhang mit dem jeweiligen spezifischen Techniktraining zu sehen. Es erscheint somit zweckmäßig, auch **Prinzipien des Techniktrainings** bei der Belastungsplanung und der Durchführung des Krafttrainings zu berücksichtigen.

Erfahrene Trainer nennen zehn grundlegende und bewährte »Praxisregeln« (vgl. HOSSNER 1996, 84 ff.), von denen zwei kurz erläutert werden sollen:

Prinzip der Komplexität: Im Bereich des Spitzensports dominiert ein kombiniertes, komplexes Training, häufig mit gleichzeitigen technischen, taktischen und konditionellen Zielstellungen. Die jeweiligen konditionellen Leistungsvoraussetzungen müssen in sehr techniknaher Weise geschaffen und die so erworbenen Bewegungsmuster auch noch unter hoher bzw. höchster Beanspruchung der konditionellen Fähigkeiten zuverlässig, wettkampfnah abgerufen werden können. Dies erfordert seitens der Trainer und Athleten viel Erfahrung und ›Fingerspitzengefühl‹.

Prinzip der Qualität: Können Spitzenleistungen nur mit sehr hoher Ausführungsqualität, wie z. B. in den Mehrkämpfen des Kunstturnens und der Leichtathletik, realisiert werden, müssen die Athleten auch während des Trainings an diesen »Qualitätsdruck« gewöhnt werden. Dies kann, z. B. in Trainingswettkämpfen, durch Anweisungen wie

- »nur noch drei technisch saubere, aber bestleistungsnahe Versuche im Kugelstoßen« oder
- »voller Rumpfeinsatz, phasenverschoben zur Beinarbeit, beim Mittelzug des Ruderschlages auf den letzten 300 Metern«

angesteuert werden.

Notwendigkeit von speziellen und allgemeinen Trainingsbelastungen

Aus der dargelegten Wechselwirkung von spezifischer und allgemeiner Adaptation wird deutlich, daß zum Erreichen und zum Erhalt eines hohen sportlichen Leistungsniveaus *spezielle und allgemeine Trainingsbelastungen im Wechsel* notwendig sind.

Die genannten **Trainingsprinzipien** stehen nicht so isoliert nebeneinander, wie sie der Übersicht wegen dargestellt worden sind. Sie überschneiden sich inhaltlich, ergänzen sich und schließen sich teilweise auch gegenseitig aus. Sie sind deshalb nicht alle gleichzeitig anwendbar. Es muß vielmehr immer geprüft werden, welche Prinzipien wann in Abstimmung mit der zutreffenden Trainingsstufe, Trainingsklasse und dem jeweiligen Periodisierungsabschnitt praktisch umzusetzen sind.

5 Trainingsmittel und Trainingsbedingungen

Für eine optimale Kraftsteigerung und somit auch für eine effektive Trainingsgestaltung sind verschiedene Trainingsmittel und besondere Trainingsbedingungen notwendig.

Trainingsmittel

Unter Trainingsmitteln versteht man alle beim Krafttraining benutzten Hilfen, insbesondere Trainingsgeräte. Sie werden den unterschiedlichen Zielstellungen des Krafttrainings entsprechend eingesetzt. Folgende Trainingsmittel werden im einzelnen besprochen:

Übersicht der Trainingsmittel

1. Eigener Körper
2. Kasten
3. Medizinball
4. Sprossenwand
5. Gummizüge
6. Gewichtsschuhe
7. Gewichtsweste
8. Sandsack
9. Kurzhantel
10. Langhantel (Übungshantel, Wettkampfhantel)
11. Krafttrainingsmaschine
12. Geräte der Elektrotherapie

Eigener Körper

Der eigene Körper wird als Trainingsmittel oft unterschätzt, indem man ihn leichtfertig zum idealen Mittel für den Einstieg in das Krafttraining erklärt. Am Beispiel einiger Übungen sei erwähnt, wie Übungen mit dem eigenen Körper im Sinne von Krafttraining schon ein hohes Maß von Kraftfähigkeit voraussetzen. Zum Erwerb des Deutschen Sportabzeichens, das ja Anspruch darauf erhebt, einige Anforderungen an die motorischen Fähigkeiten der Bewerber zu stellen, müssen z. B. für den Bereich Kraft in der Disziplin Gewichtheben 75% des eigenen Körpergewichts beidarmig zur Hochstrecke gebracht werden. Im Gegensatz dazu sind bei einem Liegestütz schon ca. 60%, bei einem Klimmzug oder Dip (Barrenstütz) fast 100% des eigenen Körpergewichts zu bewältigen. Hierzu muß noch gesagt werden, daß die Realisierung der Übung Gewichtheben mit der Belastungshöhe von 75% des eigenen Körpergewichts koordinativ höhere Anforderungen stellt als ein Liegestütz oder ein Klimmzug.

Vor allem in den Spielsportarten sind Übungen mit dem eigenen Körper bzw. Partnerübungen meist ausreichend, um vorhandene allgemeine aber auch spezielle Kraftfähigkeiten zu erhalten. Bei ihrem Nichtvorhandensein müssen zum Erwerb allerdings effektivere Trainingsmittel eingesetzt werden.

Einsatz des eigenen Körpers als Trainingsmittel

Der Körper als Trainingsmittel eignet sich sowohl für Maximalkraft- als auch für Schnellkraft- und Kraftausdauertraining. Er ist einsetzbar im

- allgemeinen Krafttraining des Schul-, Breiten-, Leistungs- und Hochleistungssports;
- im Fitneßtraining, z. B. durch Übungen wie Liegestütz, Sit-ups, Klimmzüge usw.;
- Bodybuilding, z. B. durch Übungen wie Liegestütz, Sitz-ups, Klimmzüge, Dips usw. und im
- Rehabilitationstraining; Übungsbeispiele wie vorher, auch statischer Art.

Für spezielle Krafttrainingsmaßnahmen im Leistungssport sind die Trainingsreize, die der eigene Körper als Trainingsmittel bietet, oft auch zu gering. In der Regel reichen sie nur kurzfristig zur Krafterhaltung, aber nicht zur Kraftsteigerung aus. Als Ausnahme gelten hier die verschiedenen Sprungformen, da sie selbst bei speziellen Krafttrainingsmaßnahmen im Leistungssport noch Gewähr für eine Steigerung der Kraftfähigkeiten bieten. Dies beruht auf der kombinierten Beanspruchungsform und einer optimalen Vordehnung der Muskulatur durch die Sprünge. Wie bereits ausgeführt, ergeben kombinierte Beanspruchungsformen – durch unterschiedliche Reizformen – einen schnellen und hohen Kraftanstieg. Diese sind bei den Sprungformen beim Absprung durch eine überwindende (dynamisch-positive oder konzentrische) bzw. bei der Landung durch eine bremsende (dynamisch-negative oder exzentrische) Beanspruchung der Muskulatur gegeben (vgl. S. 71).

Kasten

Der Kasten dient in erster Linie als Trainingsmittel für Beinstreck- und Gesäßmuskulatur. Er ist geeignet für

Maximalkrafttraining, z. B. durch Niedersprünge, Aufsteigeübungen mit Gewichten;

Schnellkrafttraining, z. B. durch Aufsprünge ein- und beidbeinig wie Schlußhochsprung, Schlußhochweitsprung;

Kraftausdauertraining, z. B. durch Dauer-Auf- und Niedersprünge oder Wedelsprünge mit hohen Wiederholungszahlen.

Somit kann er eingesetzt werden im

- speziellen Krafttraining;
- allgemeinen Krafttraining;
- im Fitneßtraining und
- Rehabilitationstraining (mit Einschränkung).
  Da nach Verletzungen eine explosive bzw. ruckartige Beanspruchung der Muskulatur vermieden werden soll, die für Sprünge aber charakteristisch ist, sollte in der Rehabilitationsphase auf Sprünge verzichtet werden. Als Alternative bieten sich Aufsteigeübungen mit angepaßter Zusatzbelastung an.

Medizinball

Der Medizinball ist als Trainingsmittel für Arme, Schultergürtel, Bauch/Rücken, Beine/Hüfte sowie auch Ganzkörperübungen verwendbar. Wegen seines geringen Gewichts (1–3 kg) ist er für Maximalkrafttraining nicht geeignet, jedoch für

Schnellkrafttraining, z. B. durch Sprung-, Stoß- und Wurfübungen (ein- und beidarmig);

Kraftausdauertraining, z. B. durch Dauerübungen der Sprung-, Stoß- und Wurfübungen mit hohen Wiederholungszahlen.

Einsetzbar ist er im

- Schul-, Breiten-, Fitneß-Sport;
- Rehabilitationstraining
- und z. T. im Leistungssport.

Gummizüge

Gummizüge können z. B. in der Sportart Schwimmen, im Fitneßsport und in der Rehabilitation als Trainingsmittel verwendet werden.

Im Schwimmen werden mit den Gummizügen in der Regel Armzüge simuliert, die durch den Widerstand der Gummizüge unter erschwerten Bedingungen erfolgen. Da praktizierte Wiederholungszahlen um 100 bis 150 nur geringe Belastungsintensität zulassen, liegt hier der Trainingseffekt auf Verbesserung der Ausdauerkomponente (lokale Muskelausdauer) und weniger auf der Kraftkomponente.

Beim Skifliegen z. B. kann man mit Gummizügen hervorragend die Muskelgruppen statisch trainieren, die auch während der Flugphase statisch beansprucht werden, wie Lendendarmbein- und gerade Bauchmuskulatur. Der Skiflieger simuliert hierbei seine Körperhaltung während des Fluges gegen den Widerstand des Gummizuges.

Wie bereits ausgeführt, ist ein Muskel als Folge von laufend veränderten Belastungsreizen, bedingt durch laufend veränderte Drehmomente, nicht in der Lage, über seinen ganzen Aktionsbereich hin eine gleich große Kraft zu entwickeln. Wir wissen weiterhin, daß es in manchen Sportarten jedoch von großem Vorteil ist, wenn Muskeln auch in ihrem oberen und unteren Bereich eine entsprechende Kraftfähigkeit aufweisen, da hierdurch eine günstigere Erhöhung der Geschwindigkeit von Körper, Körperteilen oder Geräten erzielt werden kann. Durch ihre Eigenschaft, mit zunehmender Ausdehnung immer mehr Widerstand zu entwikkeln, eignen sich Gummizüge vorzüglich zum Trainieren des oberen Muskelbereichs; vernachlässigt wird dabei aber der untere Muskelbereich fast völlig.

Hinweis auf Hooke'sches Gesetz

Nach dem Hookeschen Gesetz nimmt der Widerstand bzw. die Belastung proportional der Verlängerung zu. Das heißt, je größer die Verlängerung eines Gummizuges wird, desto größer ist sein Widerstand. Doppelte Verlängerung entspricht doppeltem Widerstand, dreifache Verlängerung dreifachem Widerstand usw. Wenn wir z. B. einen Gummizug 5 cm auseinanderziehen und dabei 4 kp Muskel-

kraft aufbringen müssen, sind es bei 25 cm schon 20 kp. Das Hooke'sche Gesetz gilt allerdings nur im elastischen Bereich, bei der Entlastung eines Gummizuges dürfen also keine bleibenden Vorformungen zurückbleiben.
Gut geeignet sind Gummizüge für das Kraftausdauertraining sowie für statische Muskelarbeit, weniger für Maximalkraft- und nicht für Schnellkrafttraining.
Einsetzbar sind sie somit im
- speziellen Krafttraining;
- im Fitneßbereich (z. B. durch Expander) und
- im Rehabilitationstraining für dynamisches und statisches Training. Entgegen kommt ihnen hier, daß sie keinen Platz beanspruchen und man selbst im Krankenbett trainieren kann. Besonders ist hier durch ihre Eigenschaft, mit zunehmender Ausdehnung den Widerstand zu erhöhen, eine individuelle Dosierung der Übungsintensität gegeben.

Gewichtsschuhe

Medizinball, Gewichtsweste, Sandsack, Gewichtschuhe sind nur bedingt geeignet

Gewichtsschuhe dienen als Trainingsmittel für den Rumpf-, Hüft- und Beinbereich. Ihr Eigengewicht von 2,5 kg kann durch zusätzliches Anbringen von Kurzhanteln noch gesteigert werden. Wie auch Medizinball, Gewichtsweste und Sandsack sind Gewichtsschuhe wegen ihres geringen Eigengewichts für Maximalkrafttraining nur bedingt geeignet. Empfehlenswert für:
Schnellkraftausdauertraining, z. B. durch Strecksprünge mit Anhocken oder Anfersen, Grätschwinkelsprünge usw.;
Kraftausdauer- bzw. lokales Muskelausdauertraining, z. B. durch Beinheben, Beinseitheben und Beinanziehen, Beinschwingen vor- und rückwärts, Kniegelenkbeugen und -strecken.
Einsetzbar sind sie
- in allen Anwendungsbereichen;
- auch im Rehabilitationsbereich. Hier ergibt sich z. B. nach Knieverletzungen beim Beinstrecken im Sitzen mit Gewichtsschuhen der Vorteil, daß neben der Muskulatur auch der Bandapparat des Kniegelenkes entsprechend beansprucht bzw. die Knorpelsubstanz des Kniegelenkes geschont werden. Begründung: Das Gewicht der Eisenschuhe bedingt eine Entfernung des Unterschenkels vom Oberschenkel. Im Gegensatz dazu wird z. B. an Beinpreßgeräten der Unterschenkel von Übungsbeginn an auf den Oberschenkel gepreßt.

Gewichtsweste

Gewichtswesten werden vorwiegend als Trainingsmittel für den Sprung- und Laufbereich zur Verbesserung der Schnellkraft eingesetzt, bringen jedoch nach unseren Darstellungen (vgl. S. 117ff.) unter diesem Gesichtspunkt nicht den erwünschten Effekt. Entsprechend ihrem von 1 bis 10 kg abstufbaren Eigengewicht dienen sie zur Erhöhung der Muskelreizwirkung, ohne den Bewegungsablauf stark zu verfälschen, was z. B. beim Training mit dem Sandsack der Fall sein könnte, wenn dieser z. B. bei Sprüngen festgehalten werden muß.

Weiterhin eignet sich die Gewichtsweste als Trainingsmittel zur Verbesserung der lokalen Muskelausdauer bzw. der Kraftausdauer im Arm-, Schulter-, Rumpf- und Hüft/Beinbereich. Z. B. durch Übungen wie Liegestütz vor- und rücklings, Schubkarrenlauf, Rumpfschwünge, Rumpfkreisen usw. Durch die Gewichtsweste kann auch der Effekt von gymnastischen Dehnübungen im Rumpfbereich verstärkt werden. Solange die 1–10 kg Eigengewicht einen entsprechenden Trainingsreiz bieten, kann die Weste bei bestimmten Übungen, wie z. B. Dips oder Klimmzügen, auch im Muskelaufbautraining eingesetzt werden.
Einsetzbar sind Gewichtswesten im
– allgemeinen und speziellen Krafttraining.

Sandsack

Der Sandsack findet als Trainingsmittel am häufigsten in der Konditionsgymnastik als Zusatzbelastung zur Stärkung der Rumpf- und Hüftmuskulatur Verwendung. Da er sich seines flexiblen Inhalts wegen besonders gut Körperformen anpaßt, ist er auch für Krafttrainingsmaßnahmen zu verwenden. Jedoch eignet er sich hier, seines geringen Gewichtes von 1 bis 5 kg wegen, nur für das Schnellkraft- (nur bedingt) bzw. Schnellkraftausdauertraining, z. B. als Zusatzbelastung bei Sprung- und Stoßübungen; weiterhin für das
Kraftausdauer- bzw. lokale Muskelausdauertraining, z. B. als Zusatzbelastung bei Übungen wie: Rumpfschwung, Rumpfdrehen, Rumpfbeugen, Rumpfdrehbeugen, Liegestütz usw.
Einsetzbar ist er in allen Anwendungsbereichen.

Kurzhantel

Kurzhanteln wurden unter der Bezeichnung ›Halteres‹ bereits von den Griechen der Antike als zusätzliche Belastung bei der Gymnastik und in verschiedenen Sprungarten verwendet. Heute werden zwei Arten von Kurzhanteln benutzt:
– die gewichtskonstante Fausthantel und
– das variable Gerät.

Kurzhantel als sehr effektives Trainingsmittel

Da Muskelwachstum eine ständige Erhöhung der Trainingsreize erforderlich macht, ist die gewichtsvariable Kurzhantel das zum Muskelaufbau effektivere Trainingsmittel. Im Anfangsstadium des Aufbau-, Fitneß- oder Kraftausdauertrainings kann allerdings auch die Fausthandel ein ausreichendes Trainingsmittel sein. Beim Einsatz von Gewichten über 5 kg empfiehlt sich zur Vorbeugung gegen Handgelenksschäden in jedem Falle die Verwendung der gewichtsvariablen (drehbaren) Kurzhantel.
Da sich die Kurzhanteln wegen ihrer Handlichkeit als vorzügliches Trainingsmittel zum sportartspezifischen lokalen Muskelaufbau erwiesen haben, finden sie hauptsächlich im Grundlagen- und Aufbautraining sowie im Bodybuilding Verwendung. Weiterhin eignen sie sich für das
– Schnellkrafttraining, z. B. als Zusatzbelastung bei Stoßübungen, beim Boxen, Kugelstoßen und beim

– Kraftausdauertraining, z. B. als Zusatzbelastung bei Dauerstoßübungen.
Einsetzbar sind sie in allen Anwendungsbereichen.

Langhantel

Es existieren drei Arten von Langhanteln:
1. Die drehbar gelagerte Wettkampfhantel der Gewichtheber;
2. die drehbare, aber nicht gelagerte Übungshantel und
3. die starre Lang- oder Kugelhantel.

Möglichst drehbare Langhanteln verwenden

Im Gegensatz zu den drehbaren Langhanteln findet im heutigen Krafttraining die starre Langhantel, wegen ihrer schlechten Handhabung und als möglicher Verursacher von Handgelenksschäden, keine Verwendung mehr. Was für den Gebrauch der Kurzhantel zutrifft, gilt auch für die Langhantel: Bei höherer Gewichtsbelastung ist die sich aufgrund ihrer Lagerung besser drehende Wettkampfhantel der Übungshantel vorzuziehen. Im Gegensatz zur Kurzhantel sind mit der Langhantel (Wettkampfhantel) Belastungsvariationen von 20 bis 400 kg möglich. Deshalb eignet sie sich besonders als Trainingsmittel für komplexes Muskelkrafttraining bzw. Ganzkörperübungen, speziell für
- den Muskelaufbau;
- die intramuskuläre Koordinationsverbesserung;
- das Schnellkraft- (allerdings nur bedingt) und
- Kraftausdauertraining.

Einsetzbar sind Langhanteln in allen Anwendungsbereichen.

Krafttrainingsmaschine

Neben den Hanteln sind die Krafttrainingsmaschinen die effektivsten Trainingsmittel; sie werden in der Regel allen Anforderungen bezüglich gewünschter Belastungsgrößen gerecht. Da aber durch die Mechanik der Geräte alle Bewegungen in vorgegebenen Richtungen durchgeführt werden müssen, können mit ihnen, im Vergleich zu den Hanteln, keine koordinativen Fähigkeiten wie Gleichgewicht, Bewegungsrhythmus u. a. mitgeschult werden.
In der Trainingspraxis werden vorwiegend drei Typen von Kraftmaschinen verwendet:

Stationstrainingsgeräte

1. Stationstrainer
An diesen Geräten können bis zu 24 Personen gleichzeitig trainieren.
Bedingt durch ihre Mechanik, bieten die Stationstrainer aber kaum Variationsmöglichkeiten; sie sprechen meist nur einen bestimmten Sektor eines Muskels bzw. einer -gruppe an – dies kann auch als Vorteil gesehen werden.
Für den Leistungssport ist ihr Einsatz begrenzt.
Hinsichtlich der Möglichkeiten der Belastungsänderungen gibt es Geräte mit Federzügen und solche mit Gewichten. Abhängig von der Zielstellung kann das eine oder andere Gerät effektiver sein. Will man vorwiegend die mittleren Bereiche der Muskeln trainieren, leisten Stationstrainer mit Gewichten bessere Dienste; soll der hintere Bereich forciert werden, sind Geräte mit Federzügen

besser geeignet, da hier das Hookesche Gesetz zutrifft. Das heißt, je größer die Verlängerung der Feder wird, desto größer ist der Widerstand. Der größte Reiz des Muskels erfolgt also erst am Ende der Bewegung.
Stationstrainer eignen sich
- zum Muskelaufbau,
- zur intramuskulären Koordinationsverbesserung und
- zum Kraftausdauertraining.

Einsetzbar sind sie für alle Anwendungsbereiche, besonders für den Schul- und Fitneßsport; für den Leistungssport nur bedingt.

2. Synchrontrainingsgeräte

Diese Geräte sind so konstruiert, daß der Lasthebel des Gerätes verstellbar ist und aufgrund einer Getriebeuntersetzung nur den halben Weg des Arbeitshebels zurücklegt. Somit können Trainingsreize über nahezu den gesamten Bereich eines Muskels (alle Teile) optimal gesetzt werden.

Optimale Setzung von Trainingsreizen

Bei Stationstrainern geschieht dies bei Normalstellungen nur punktuell bzw. ist erst bei Gelenkstellungen mit großen Drehmomenten möglich.
So ist z. B. beim Training der Unterarmbeugemuskulatur mit dem Synchrongerät schon zu Beginn der Bewegung durch ein großes Drehmoment aufgrund der Verstellung des Lasthebels eine maximale Belastung (Reiz) der Muskulatur zu erreichen. Diese Belastung kann fast bis zum Ende der Armbewegung aufrechterhalten werden, da sich der Lasthebel, bedingt durch die 1:2 Untersetzung, während der ganzen Armbewegung im Bereich großer Drehmomente befindet.
Im Gegensatz zu den Stationstrainern kann am Synchrontrainer jeweils nur eine Person trainieren.
Sie eignen sich für
- den Muskelaufbau
- die intramuskuläre Koordinationsverbesserung und
- das Kraftausdauertraining.

Einsetzbar sind sie in allen Anwendungsbereichen, vorwiegend im
- allgemeinen und differenzierten Krafttraining,
- im Fitneßbereich und
- in der Rehabilitation.

3. Isokinetische Geräte

Isokinetische Trainingsgeräte

Die Funktionsweise der isokinetischen Geräte ermöglicht ebenfalls, unabhängig von der Größe des jeweiligen Drehmoments bzw. der Hebelverhältnisse des Kraftarms, in jeder Phase der Bewegung einen gleichmäßigen Widerstand und somit auch einen Reiz aller Bereiche des zu trainierenden Muskels bzw. der Muskelgruppe. Voraussetzung hierfür ist aber die Durchführung der Bewegung mit konstanter Geschwindigkeit. Erfolgt z. B. ein Stillstand der Bewegung, so ist der Widerstand gleich Null. Dadurch entfällt bei diesen Geräten im Gegensatz zu allen anderen Krafttrainingsmitteln der Trainingseffekt, der sich aufgrund der Abbremsung (exzentrisch oder dynamisch-negativer Trainingseffekt) von Hanteln oder Geräten bei der Rückführung in die Ausgangsposition ergibt. Wie beim

Synchrontrainer kann auch an diesen Geräten immer nur eine Person trainieren. Die isokinetischen Geräte eignen sich besonders für Sportarten mit geschwindigkeitskonstanten Bewegungen, wie z. B. Schwimmen.
Sie sind geeignet
- zum Muskelaufbau (mit Einschränkung auch IK-Training) und
- zum Kraftausdauertraining.
Einsetzbar sind sie
- im allgemeinen und differenzierten Krafttraining
- im Fitneß- und besonders Rehabilitationsbereich.

Geräte der Elektrotherapie

Geräte der Elektrotherapie werden nur vollständigkeitshalber erwähnt. Als Krafttrainingsmittel sind sie von geringer Bedeutung, da sie schon wegen der hohen Anschaffungskosten nur einem kleinen Kreis von Sportlern zugängig sind und zudem ihre Effektivität noch umstritten ist. In der Rehabilitation werden die Geräte mit Erfolg eingesetzt, wenn z. B. mangels Bewegungsfähigkeit des Verletzten die zur Aufrechterhaltung von Muskelfunktionen notwendigen Bewegungen nicht möglich sind. Die Stimulation des Muskels erfolgt hierbei durch abstufbare elektrische Reize (Elektrostimulation) der Geräte.

Elektrostimulation

Die umstrittene Effektivität dieser Geräte als Krafttrainingsmittel ist darauf zurückzuführen, daß sich mangels dynamischer Bewegung ähnliche Nachteile wie beim isometrischen Training ergeben. So findet z. B. ein Training des neuromuskulären Systems, also ein Zusammenwirken von Zentralnervensystem und Muskulatur, weder als intramuskuläre noch als intermuskuläre Koordination statt. Demnach führt die Elektrostimulation erst in Verbindung mit anderen Krafttrainingsmaßnahmen zu einem höheren Kraftniveau.

Trainingsbedingungen

Im folgenden besprechen wir einige sog. Trainingsbedingungen, die neben den Trainingsinhalten, -methoden, der Periodisierung und anderen wichtigen Elementen ebenfalls eine bedeutende Rolle für das Krafttraining spielen. Aufgrund ihrer ›Eigenständigkeit‹ werden sie in diesem Kapitel gesondert dargelegt. Im einzelnen handelt es sich um

Übersicht der Trainingsbedingungen

1. Bekleidung
2. Aufwärmen
3. Hygiene
4. Regenerationsmaßnahmen
5. Ernährung.

Bekleidung

Eine geeignete Kleidung trägt mit dazu bei, die Leistungsfähigkeit zu erhalten, indem sie den Körper vor unerwünschten Wärmeverlusten schützt. Abhängig von der Höhe der Wärmeverluste können sich diese mehr oder weniger negativ auf die Elastizität und Dehnbarkeit der Muskulatur auswirken. Eine verminderte Elastizität und Dehnbarkeit der Muskulatur wiederum führt zu Leistungsabfall und Muskelverletzungen. Hohe Wärmeverluste entstehen z. B. bei niedrigen Lufttemperaturen und unzweckmäßiger Kleidung. So muß der Organismus z. B. bei einer Lufttemperatur von 0° Celsius zum Erhalt der notwendigen Körpertemperatur ein Temperaturgefälle von 37° ausgleichen; dies ist ohne entsprechende Kleidung nicht möglich.

Qualitativ gute Trainings-bekleidung tragen

Andererseits soll die Kleidung bei hoher Lufttemperatur auch eine entsprechende Wärmeabgabe erlauben, da bekanntlich nicht nur Wärmeverlust, sondern auch Wärmestau zu einem Leistungsabfall führen können. Die unerwünschten Wärmeverluste bzw. die erforderliche Wärmeabgabe erfolgen von der Körperoberfläche durch Leitung, Strahlung und Verdunstung an die Umgebung. Ab 30° Lufttemperatur geschieht die Wärmeabgabe fast nur noch durch Schweißbildung und dessen Verdunstung. Diese Wärmeabgabe ist beim Krafttraining wegen der dabei an der Körperoberfläche entstehenden Verdunstungskälte unerwünscht, da diese die Leistungsfähigkeit der Oberflächenmuskulatur beeinträchtigen und zu Muskelverletzungen führen kann. Eine saugfähige Kleidung trägt in diesem Falle durch Schweißaufnahme mit dazu bei, das Entstehen von allzu großer Verdunstungskälte zu verhindern.

Die zum Krafttraining notwendige Kleidung besteht aus Trainingsanzug und Trikot bzw. Sporthose und T-Shirt. Bezüglich ihrer Eignung für das Krafttraining ist darauf zu achten, daß sie oben angeführten Forderungen entspricht, d. h., daß Trikot bzw. Sporthose und T-Shirt zum größten Teil aus Baumwolle bestehen, aber auch Kunstfasern enthalten. Hierbei schützt die Kunstfaser vor Wärmeverlust, wogegen die Baumwolle aufgrund ihrer Luftdurchlässigkeit und Saugfähigkeit eine Wärmeabgabe und Schweißaufnahme erlaubt.

Abhängig von der Zielstellung können Kraftübungen liegend, sitzend und in aufrechter Körperhaltung durchgeführt werden. Ist eine aufrechte Körperhaltung erforderlich, erfolgt die Kraftübertragung zum Boden über die Füße. Um eine optimale Kraftübertragung zu erzielen bzw. um Fußschäden vorzubeugen, empfiehlt sich beim Krafttraining mit freien Hanteln das Tragen von Gewichtheberschuhen. Die momentan im Handel erhältlichen Gewichtheberschuhe werden in der Regel durch hohe Standfestigkeit, Fersen- und Zungenpolsterung, Fußbett, Ristriemen usw. den Anforderungen bezüglich optimaler Kraftübertragung und Verhütung von Fußschäden gerecht.

Aufwärmen

Die von einem Krafttraining erwartete Leistungssteigerung (Anpassung) setzt eine entsprechende Belastung (Reiz) des Organismus voraus. Um aber von

Beginn an entsprechende Belastungen tolerieren zu können, muß der Organismus in eine höhere Leistungsbereitschaft versetzt werden.

Wirkungen des Aufwärmens (warm up)

Die höhere Leistungsbereitschaft soll eine höhere Reaktionsbereitschaft des Zentralnervensystems, eine höhere Muskeltemperatur und einen intensiveren Stoffwechsel bewirken.

Letzteres gewährleistet eine bessere Ver- und Entsorgung der Muskulatur mit Sauerstoff und Nährstoffen (energiereiche Substrate) bzw. von Kohlendioxyd und Stoffwechselabfallprodukten. Eine höhere Reaktionsbereitschaft des Zentralnervensystems, beispielsweise durch eine erhöhte Leitfähigkeit der Nervenbahnen, beeinflußt positiv das Koordinationsvermögen. Ein gutes Koordinationsvermögen kann wiederum die Gefährdung vor Verletzungen, vor allen Dingen beim Trainieren mehrgelenkiger Kraftübungen wie Kniebeugen, Bankdrücken, Zugübungen usw., einschränken.

Die höhere Körper- bzw. Muskeltemperatur bewirkt eine abnehmende Viskosität (innerer Reibungswiderstand) der Muskulatur. Die Höhe der Abnahme ist vom Grad der Erwärmung, diese wiederum von Art, Intensität, Umfang und Dauer des Aufwärmens abhängig. Eine abnehmende Muskelviskosität erhöht die Dehnfähigkeit und Kontraktionsgeschwindigkeit der Muskulatur. Die erhöhte Dehnfähigkeit der Muskulatur schränkt ebenfalls die Gefährdung vor Verletzungen ein und trägt zu einem effektiveren Krafttraining bei.

Hinweis: Da bekanntlich bei optimaler Muskeldehnfähigkeit (Muskelvordehnung) eine größere Kraftentwicklung möglich ist, kann sofort nach dem Aufwärmen mit optimalen Gewichtsbelastungen trainiert werden.

Das Versetzen des Organismus in eine höhere Leistungsbereitschaft ist durch passive und aktive Aufwärmemaßnahmen möglich. Passive Maßnahmen sind z. B. Dusch- oder Wannenbäder, Bestrahlungen, Einreibungen mit durchblutungsfördernden Mitteln, Massagen oder mentales Aufwärmen.

Selbst wenn die Anwendung passiver Aufwärmemaßnahmen in der Trainingspraxis möglich ist (was man z. B. bei Massage, Bestrahlung oder Wannenbad nicht voraussetzen kann), sind sie weniger effektiv als aktive Maßnahmen. Aus diesem Grunde sind sie nur als Ergänzung zum aktiven Aufwärmen zu sehen.

Beim aktiven Aufwärmen unterscheiden wir zwischen allgemeinem und speziellem Aufwärmen. Durch das allgemeine Aufwärmen werden, unabhängig von den spezifischen Anforderungen der Sportart, die Funktionen von Herz, Lunge, Kreislauf und Muskulatur erhöht, was den bereits erwähnten intensiveren Stoffwechsel und die höhere Muskeltemperatur bewirkt.

Zum Erzielen optimaler Funktionen sind Übungen notwendig, die den Einsatz großer Muskelgruppen wie Bein- und Armmuskulatur bedingen, z. B. Übungen wie Laufen, Hüpfen und Springen mit Armbewegungen, Seilspringen usw. Das dem allgemeinen Aufwärmen sich anschließende spezielle Aufwärmen erfolgt sportartspezifisch. Es werden hier nur Übungen durchgeführt, die solche Muskeln, Muskelgruppen und Gelenke ansprechen, die zur Realisierung der sportartspezifischen Zielstellung notwendig sind.

Da beim Krafttraining die Gelenke einer hohen Beanspruchung unterliegen, sind beim speziellen Aufwärmen als erstes Übungen mit Kreisbewegungen um jedes Gelenk, beginnend mit den Fuß- bis zu den Handgelenken, durchzuführen. Erst

danach erfolgen die notwendigen Dehnübungen (besonders geeignet sind Stretching-Übungen), da wir nun voraussetzen können, daß sich durch die vorangegangenen Anteile des Aufwärmens die Körpertemperatur so weit erhöht hat, daß die dadurch bewirkte Senkung der Viskosität von Muskulatur und Bindegewebe Verletzungen durch die Dehnübungen selbst ausschließt.
Neben der Zielstellung ›Vorbeugung von Verletzungen und größere Kraftentwicklung durch Muskelvordehnung‹ sind Dehnübungen auch unbedingt erforderlich, um Einschränkungen der Beweglichkeit durch Muskelverkürzungen zu vermeiden. Muskelverkürzungen sind Folgen höherer Muskelspannung (Muskeltonus) durch Muskelquerschnittsvergrößerungen aufgrund des durchgeführten Krafttrainings.

Hygiene

Inhalte der Gesundheitserziehung

Die Hygiene versteht sich als Lehre von der Gesundheitserziehung. Da die Gesundheit ein wesentlicher Faktor für körperliche Leistungsfähigkeit ist, sind auch für den Sport Inhalte der Gesundheitserziehung wie Körperpflege, Bekleidungshygiene, Abhärtung, Genußmittel und Lebensgewohnheiten von entsprechender Bedeutung.

Körperpflege

Nach dem Krafttraining ist eine Reinigung des ganzen Körpers erforderlich. Hierzu eignet sich am besten das Duschbad. Die Reinigung durch Duschen entfernt Schweißrückstände von der Haut, normalisiert die Körpertemperatur, fördert die Hautfunktion und dient zur Vermeidung von Hautinfektionen und Körpergeruch. Der Entfernung von Schweißrückständen kommt besondere Bedeutung zu, da der saure Anteil des Schweißes zu Schädigungen der Haut führen kann.

Bekleidungshygiene

Wie bereits erwähnt, erfüllt die Bekleidung beim Krafttraining wichtige Funktionen, wie z. B. Schweißaufnahme, Luftdurchlässigkeit usw. Dies ist aber nur bei frischer bzw. sauberer Kleidung möglich (ein durchgeschwitztes Trikot ist weder saugfähig noch luftdurchlässig).

Abhärtung

Unter Abhärtung versteht man die Fähigkeit des Organismus, auf veränderte klimatische Bedingungen schnell und zweckentsprechend zu reagieren. Im Gegensatz zu Freiluftsportlern, deren Organismus durch ständiges Training im Freien systematisch an veränderte klimatische Bedingungen angepaßt ist, fehlt vielen Hallensportlern, die ständig unter gleichen Temperaturbedingungen trainieren, diese Fähigkeit. So ist bei niedrigen Außentemperaturen der Organismus von Hallensportlern in vielen Fällen nicht in der Lage, ein durch Verlassen der Halle bedingtes Temperaturgefälle auszugleichen. Da ein effektives Krafttraining hohe Anforderungen an die Energievorräte des Körpers stellt, fehlt es nach Trainingsende Kraftsportlern in vielen Fällen an nötigen Energiereserven, um

hohe Temperaturgefälle ausgleichen zu können. Dies erklärt auch ihre Anfälligkeit gegen Erkältungskrankheiten.
Um die Anfälligkeit gegen Erkältungskrankheiten zu verringern bzw. die Abhärtung zu steigern, empfehlen sich für den Krafttrainierenden Maßnahmen wie Sauna, Wechselbäder, kalte Güsse oder Schwimmen.

Solarium

Wirkungen von Solarien und Sauna

Die Anwendung von UV-Strahlen bewirkt einen besseren Trainingseffekt und eine verkürzte Wiederherstellungszeit und somit eine höhere Leistungsfähigkeit. Die Erklärung hierfür ist eine nachweisbare Verbesserung des Eiweiß- und Fettstoffwechsels sowie eine höhere Hormondrüsentätigkeit von Hypothalamus, Hypophyse und Nebennierenrinde aufgrund von verstärkter Lichteinwirkung auf den Sehnerv. Durch gleichzeitige Infrarotbestrahlung kann diese Wirkung infolge Durchblutungssteigerung der Gewebe noch verbessert werden. (Grund hierfür ist die große Wärmewirkung der Infrarotstrahlung.) Als Folge der großen Wärmewirkung wiederum werden auch leichte Muskelverspannungen behoben.

Sauna

Die Saunaanwendung gewährleistet eine Durchblutungssteigerung des ganzen Körpers und das damit verbundene schnellere Ausscheiden von Schlacken- und Ermüdungsstoffen. Da die Anhäufung von Schlacken- bzw. Ermüdungsstoffen eine mögliche Ursache des Muskelkaters ist, wird durch die Saunaanwendung das Auftreten von Muskelkater eingeschränkt. Des weiteren erhöht ein regelmäßiges Saunabaden auch die Widerstandsfähigkeit des Organismus gegen Erkältungskrankheiten. Bei akuten Erkältungs- und entzündlichen Krankheiten darf jedoch nicht sauniert werden. Ebenso sollte 24 Stunden vor einem Wettkampf auf eine Saunaanwendung verzichtet werden. Die Allgemeinmedizin empfiehlt ein Saunabad mit drei Durchgängen von je 8 bis 12 Minuten Dauer und einmal pro Woche. Bei Spitzenathleten hingegen hat sich selbst ein tägliches Saunabad zwischen zwei Trainingseinheiten über Jahre hinweg nicht nachteilig bemerkbar gemacht. Allerdings wurde in diesem Falle nur ein Durchgang von 5–6 Minuten Dauer absolviert.
Beim Saunabaden kommt es zu einem Verlust von wasserlöslichen Vitaminen, Elektrolyten und Mineralien, die mit dem Schweiß ausgeschieden werden. Da sich dieser Verlust in der Regel leistungsmindernd auswirkt, sind nach einem Saunabad Getränke mit Vitaminen, Elektrolyten und Mineralien empfehlenswert. Entsprechende Getränke werden von den meisten Sportnahrungsmittelherstellern angeboten.
Um die Effektivität des Trainings zu steigern und Verletzungsgefahren einzuschränken, ist es bei mehrmaligem Training am Tage in jedem Falle angeraten, eine der vorstehenden Regenerationsmaßnahmen zwischen zwei Trainingseinheiten zu ergreifen.

Lebensgewohnheiten

Von den Lebensgewohnheiten ist für den Kraftsportler insbesondere der Schlaf von Bedeutung, da beim Krafttraining nicht nur Skelettmuskulatur, sondern auch

Nerven- und Zentralnervensystem ermüden. Der Grad der Ermüdung von Skelettmuskulatur, Zentralnervensystem und anderen Systemen ist von der Beanspruchung (in Intensität und Dauer) abhängig.
Wesentliches Mittel zur Beseitigung der Ermüdung des Zentralnervensystems ist der Nachtschlaf. Hohe Beanspruchungen bedingen einen längeren Schlaf als geringere. Beim Krafttraining kann man davon ausgehen, daß, abhängig von Umfang, Intensität und Dauer des Trainings, ein Nachtschlaf von 8 bis 10 Stunden Dauer zur vollständigen Erholung erforderlich ist. Bekannte Symptome ungenügenden Schlafes sind vermindertes Konzentrations-, Reaktions- und Koordinationsvermögen, Aggressivität und ›Kraftlosigkeit‹.
Störungen des Schlafes können durch zu spät eingenommene Abendmahlzeiten, Genußmittel wie Alkohol, Nikotin, Kaffee und Tee oder zu große Flüssigkeitszufuhr bewirkt werden.
Um Störungen des Schlafs zu vermeiden, sollten 2 Stunden vor der Nachtruhe keine ›schweren‹ Mahlzeiten bzw. stimulierenden Genußmittel wie Kaffee oder Alkohol mehr zu sich genommen werden.

Genußmittel

Zusammenhang von Spitzensport und Genußmitteln

Leider kann man immer wieder selbst Spitzensportler, die ansonsten jede Möglichkeit zur Leistungssteigerung wahrnehmen, beim Konsumieren von leistungsmindernden Genußmitteln beobachten. Zu den Genußmitteln, die sich besonders negativ auf das sportliche Leistungsvermögen auswirken, gehören Nikotin und Alkohol.

Nikotin

Folgen des Nikotingenusses sind z. B. Verengungen von Blut- und Hautgefäßen, Blutdrucksteigerungen, geringeres Sauerstoffaufnahmevermögen usw. Langfristig kann der Nikotingenuß zu Lungen-, Magen- und Kreislauferkrankungen sowie zu Durchblutungsstörungen in den Beinen führen.

Alkohol

Folgen des Alkoholgenusses sind mangelndes oder übersteigertes Selbstbewußtsein, vermindertes Konzentrations-, Reaktions- und Koordinationsvermögen.
Langfristig kann Alkoholgenuß zu Stoffwechselerkrankungen (z. B. Leberschaden) und zur Beeinträchtigung des Zentralnervensystems führen. Da es beim Krafttraining, bedingt durch einen hohen Eiweißstoffwechsel, schon zu einer starken Leberbelastung kommt, ist insbesondere in diesem Zusammenhang der Alkoholgenuß zu vermeiden. Das heißt jedoch nicht, daß auf Alkohol völlig verzichtet werden muß. Da Bier z. B. eine beruhigende Wirkung ausübt, schlaffördernd wirkt und aufgrund seines Kohlenhydratanteils dazu beiträgt, erschöpfte Kohlenhydratspeicher kurzfristig aufzufüllen, ist nach einem anstrengenden Training oft sogar der Genuß eines oder zweier Biere zu empfehlen.
Im Interessse der Leistungserhaltung bzw. Leistungsentwicklung ist jedoch von einem regelmäßigen Nikotin- und Alkoholgenuß abzuraten.

Regenerationsmaßnahmen

Um nach Belastungen entsprechende Anpassungen zu erzielen, sind Erholungsphasen erforderlich. Sinn der Erholungsphase ist die Wiederherstellung der beanspruchten Körpersysteme bis über das Ausgangsniveau hinaus. Beim Krafttraining handelt es sich hierbei insbesondere um das Zentralnervensystem, die Energiebereitstellung und die Muskulatur. Nach sportpraktischen Erkenntnissen ist beim Krafttraining zur vollständigen Wiederherstellung eine Erholungspause von ca. 24 Stunden erforderlich; beispielsweise um die Energiespeicher (ATP, Kreatinphosphat, Glykogen) wieder aufzufüllen und Eiweißstrukturen zu resynthetisieren oder Elektrolytverluste auszugleichen (vgl. auch Tab. 24, S. 135).
Eine ungenügende Berücksichtigung von entsprechenden Erholungsphasen gestattet keine vollständige Wiederherstellung und führt zu einem Abfall der Leistungsfähigkeit und zu möglichen Verletzungen.

Beschleunigung von Wiederherstellungsvorgängen

Die Wiederherstellungsvorgänge können durch einen Komplex von verschiedenen Maßnahmen (vgl. auch S. 156) unterstützt bzw. beschleunigt werden. Dies ist vor allen Dingen für den Spitzensport von Bedeutung, in dem in vielen Fällen aufgrund des Absolvierens von zwei oder mehreren Trainingseinheiten pro Tag die notwendige Erholungsphase nicht möglich ist.
Bei diesen Maßnahmen handelt es sich in erster Linie um sportpraktische, ernährungsphysiologische und physiotherapeutische.

Sportpraktische Maßnahmen

Auslaufen, Dehnübungen
Dehnübungen und die nach einem Belastungsende durch Auslaufen bewirkte höhere Kreislauftätigkeit sorgen für einen schnelleren Abtransport von Stoffwechselschlacken, einen intensiveren Gasaustausch (Aufnahme von Sauerstoff und Abgabe von Kohlendioxyd) und eine schnellere Ergänzung verbrauchter Nährstoffe in den Muskelzellen. Da Muskelkater auch durch eine Anhäufung von Stoffwechselschlacken bedingt sein kann, unterstützen Auslaufen und Dehnübungen (z. B. in Form von Stretching) nicht nur eine schnellere Wiederherstellung, sondern verhindern auch allzu starken Muskelkater.

Schwimmen
Schwimmen hat zum einen eine entspannende Wirkung auf den Bewegungsapparat, zum anderen fördert es den Lymphstrom und den venösen Rückstrom des Blutes. Jedoch sollte ein ermüdendes Schwimmen (Schwimmen auf Leistung) und ein Schwimmen bei Wassertemperaturen unter 26° Celsius vermieden werden.

Physiotherapeutische Maßnahmen

Massage
Bedingt durch unterschiedliche Zielstellungen, werden verschiedene Massageformen praktiziert. Im Zusammenhang mit der Regeneration interessieren uns

hier die Wiederherstellungsmassage und ihre Einwirkung auf Blut- und Lymphstrom sowie die Muskulatur. Die Wiederherstellungsmassage soll, ebenso wie schon das Auslaufen, einen beschleunigten Blut- und Flüssigkeitsumlauf und den damit verbundenen schnelleren Abtransport von Stoffwechselschlacken bzw. den intensiveren Gasaustausch bewirken sowie die Behebung von Verspannungen, Schmerzzuständen, Steifheit, Müdigkeit und Leistungsunfähigkeit unterstützen.
Die Wiederherstellungsmassage ist manuell und mittels Vibrationsmassagegeräten möglich. Bei letzterer Methode ist der Effekt bezüglich Durchblutungserhöhung gegenüber der klassischen Handmassage bedeutend geringer. Da eine Durchblutungserhöhung und die damit verbundenen Effekte auch beim Aufwärmen angestrebt werden, kann eine Massage auch vor dem Kafttraining als Ergänzungsmaßnahme zur Aufwärmarbeit erfolgen.

Ernährungsphysiologische Maßnahmen
Hierbei handelt es sich in erster Linie um die entsprechende Zufuhr von Vitaminen, Elektrolyten, Kohlenhydraten und Eiweiß, um kurzfristig Mangelzustände abzustellen bzw. Energiedepots wieder aufzufüllen (siehe folgendes).

Ernährung

Unter Ernährung versteht man die optimale Zufuhr der Nahrungsstoffe wie Eiweiß, Kohlenhydrat, Fett, Wasser, Vitamine und Mineralstoffe, um die Bedürfnisse des Körpers zu erfüllen. Die Vorgänge des Abbaues und der Umwandlung von Substraten aus Nahrungsmittel und Sauerstoff in Energie, neue Körperzellen, Hormone und Enzyme nennt man Stoffwechsel. Grundsätzlich unterscheidet man zwischen einem Energie- und einem Baustoffwechsel. Aufgabe des Energiestoffwechsels ist es, die Energien bereitzustellen, die zur Erhaltung der Lebensfunktionen bzw. für alltägliche, berufliche und sportliche Aktivitäten erforderlich sind; Aufgabe des Baustoffwechsels ist dagegen der Aufbau neuer Körperzellen (u. a. im Kindes- und Jugendalter).

Energie- und Baustoffwechsel

Substrate des Energiestoffwechsels sind primär Kohlenhydrate und Fette; Eiweiß ist für die Energiegewinnung von zweitrangiger Bedeutung. Nur wenn dem Organismus nicht ausreichend Kohlenhydrat und Fett zur Verfügung stehen, greift er zur Ergänzung auch auf Eiweißstoffe zurück.
Substrate des Baustoffwechsels sind die Eiweiße (Proteine). Da sie nicht umgewandelt werden können, wie z. B. Kohlenhydrate in Fette oder Fette in Kohlenhydrate, sind sie nicht ersetzbare Stoffe. Wie verschiedene Untersuchungen nachgewiesen haben, ermöglicht die dem Organismus durch Mischkost zugeführte Eiweißmenge von 1 g pro kg Körpergewicht und Tag keinen zusätzlichen Eiweißaufbau.

Muskelaufbau und Eiweiß

Eiweiß
Für ein effektives Krafttraining bezüglich **Muskelaufbau** ist es unbedingt erforderlich, dem Organismus neben einem erhöhten Eiweißangebot auch ein ausreichendes Angebot von Kohlenhydraten und Fetten zur Verfügung zu stellen, um

die Energiebilanz ohne Verbrennung von Eiweiß auszugleichen, da das Eiweiß ja für den Zell- bzw. Muskelaufbau benötigt wird.
Unter einem erhöhten Eiweißangebot versteht sich sportartabhängig eine Zufuhr von 1,5–2 g pro kg Körpergewicht und Tag. Wobei Sportler, deren Sportarten hohe Kraftanforderungen stellen (bedingt durch höhere Trainingsintensität und Trainingshäufigkeit), auch der höheren Eiweißzufuhr bedürfen. Der Mehrbedarf von 0,5 bis 1 g muß entweder durch zusätzliche eiweißreiche Nahrung wie Quark, Eier, Steak usw. oder Eiweißkonzentrate gedeckt werden. Um den Verdauungsapparat zu entlasten, empfiehlt es sich jedoch, auf die von den Sportnahrungsmittelherstellern angebotenen Eiweißkonzentrate zurückzugreifen, da diese in der Regel alle zum Zell- bzw. Muskelaufbau erforderlichen Aminosäuren (Bausteine des Eiweißes) in optimalem Verhältnis aufweisen.

Biologische Qualität des Eiweißes

Die biologische Qualität des Eiweißes hängt von der Anzahl essentieller Aminosäuren ab, wie z. B. Glutamin, Isoleucin, Leucin, Lysin, Methionin, Phenylalanin, Threonin, Tryptophan und Valin.
Man unterscheidet zwischen tierischem und pflanzlichem Eiweiß. Für den Menschen ist tierisches Eiweiß hochwertiger als pflanzliches. Setzt man die Wertigkeit des tierischen Eiweißes gleich 100%, dann liegt grob gerechnet die Wertigkeit von Pflanzeneiweiß bei 50%.
Bei der zusätzlichen Aufnahme von Eiweiß soll das Verhältnis von tierischem zu pflanzlichem Eiweiß 3:2, am besten jedoch 2:1 betragen, d. h., Konzentrate mit nur pflanzlichem oder tierischem Eiweiß sollten gemischt werden. Des weiteren sollte die zusätzliche Aufnahme von Eiweiß nicht erst nach, sondern auch schon vor dem Training erfolgen. Begründung: Die durch Training zerstörten Eiweißstrukturen werden nicht erst nach Beendigung des Trainings, sondern schon während des Trainings erneuert. Dies setzt aber ein entsprechendes Eiweißangebot bereits vor dem Training voraus.

Katalysatoren von Stoffwechselvorgängen

Die **Stoffwechselvorgänge**, die Umwandlung von Substraten in Energie, der Abbau von Schlackenstoffen usw., werden durch Katalysatoren wie Vitamine und Enzyme beschleunigt. Die Katalysatoren, die dem Normalverbraucher durch Mischkost zugeführt werden, reichen in der Regel aus. Beim Sportler besteht jedoch aufgrund des höheren Stoffwechsels und der Wasserlöslichkeit einiger Vitamine (die mit dem Körperschweiß vermehrt ausgeschieden werden) ein Mehrbedarf an Katalysatoren.

Vitamine und Enzyme

Die in den Stoffwechsel eingreifenden Vitamine sind Vitamin A, E, B1, B2, B6, B12 und C. Für Krafttrainierende sind insbesondere die Vitamine B (B-Komplex) von Bedeutung; nicht zuletzt auch wegen ihres Einflusses auf das Nervensystem. Für eine bessere Eiweißverdauung und -verwertung sind die Enzyme Bromelaine und Pepsin wichtig.
Im Kraftsport werden zur Deckung des Mehrbedarfes an Vitaminen und Enzymen täglich eingenommen: 1 Kapsel Multivitamin, 1 Kapsel Vitamin-B-Komplex (forte) vor und nach dem Krafttraining, sowie 1 Tablette Verdauungsenzyme mit dem ersten Eiweißkonzentrat.

Mineralstoffe
Als Aktivatoren für den Stoffwechsel, für die Funktion der Nervenzellen, für die Erregbarkeit von Muskeln, für den Knochenaufbau und das Verhindern von Muskelkrämpfen und -verletzungen sind die sog. Mineralstoffe besonders wichtig. Beim Krafttraining handelt es sich hierbei vor allem um die Mineralstoffe Calcium, Kalium, Natrium und Magnesium. Zur Deckung des Mehrbedarfes (allein schon durch Schweißverluste) empfiehlt es sich, auf die von den Sportnahrungsmittelherstellern angebotenen Mineralstoffpräparate zurückzugreifen.

Empfehlung

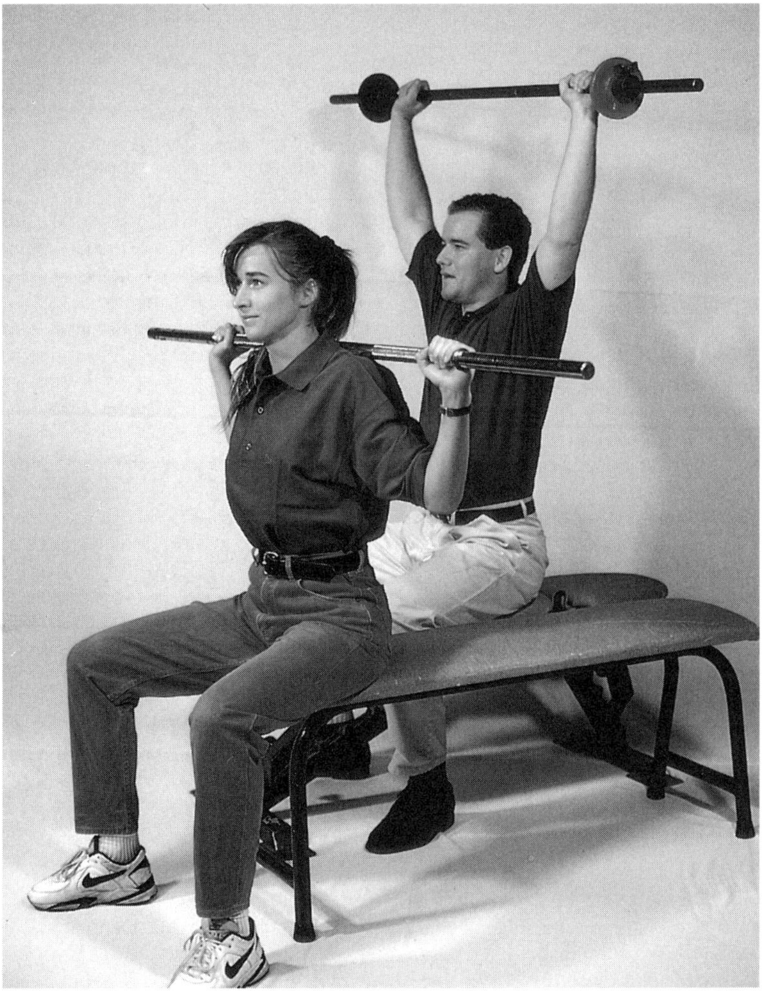

6 Krafttrainingsprogramme

Allgemeine Erklärung und Anwendung der Programme

Krafttraining wird programmgemäß durchgeführt

Ein Krafttraining wird stets ›programmgemäß‹ durchgeführt, d. h. je nach Zielstellung werden

- die Übungen hinsichtlich der **anatomischen Bereiche** und/oder der kinematischen und dynamischen Übereinstimmung der Sportdisziplin ausgewählt; z. B. für eine komplexe Kraftentwicklung als Grundlage: alle wichtigen Muskelgruppen des Bewegungsapparates (vgl. Tab. 26, S. 164f.).
- Es werden ca. **6–15 Übungen** für die unterschiedlichen Muskelgruppen entweder nach dem Satz- oder Serienprinzip trainiert.
- Außerdem werden die **Belastungskomponenten** (vgl. S. 130ff.) innerhalb der einzelnen Trainingsmethoden nach den Prinzipien der allmählichen Belastungssteigerung und Variation (vgl. S. 127f.) angewendet, um keine Stagnationen, Rückschritte, Deckeneffekte (vgl. S. 136) u. a. aufkommen zu lassen.
- Die Programme werden im ersten oder letzten Teil einer **Trainingseinheit** absolviert (dies ist abhängig vom Periodisierungszeitpunkt und Leistungszustand) oder als gesonderte Trainingseinheit.
- **Aufwärm- und Abwärmphasen** sind selbstverständlich; außerdem sollte zwischen den Sätzen/Serien ein leichtes Dehnen stattfinden.
- Vielfältige *Beispiele von Trainingsprogrammen*, v. a. für eine komplexe Kraftentwicklung (Gesundheits-Fitneß, Anfängertraining, Altersjahrgänge von 8–80) nach muskelphysiologischen und funktionell-anatomischen Gegebenheiten finden sich in dem Buch von GROSSER/MÜLLER: Power Stretch. BLV Verlag München 1993.

Literaturhinweis

- Im folgenden stellen wir exemplarisch ein Fitneß-Programm, Maximal- und Schnellkraft-Programme vor. Meistens müssen Programme jedoch individuell, je nach Anwendungsziel, Leistungszustand und Sportdisziplin zusammengestellt werden.

Zur komplexen Kraftentwicklung – Beispiel eines Fitneßprogramms

Dieses Programm kann direkt in der dargebotenen Form angewendet werden, wobei folgendes zu beachten ist:

- In der 1. Spalte des Programms ist jeweils der *Muskelbereich* angegeben.
- In der 2. Spalte sind die *Übungen* in einer Kurzbeschreibung genannt; K1 bedeutet Kraftübung 1, D1 Dehnungsübung 1 (zu K1 passend) usw.

Trainieren Sie die Übungen in der angegebenen Reihenfolge (ist jedoch nicht zwingend), wobei die Dehnungsübung jeweils unmittelbar nach der entsprechenden Kraftübung durchgeführt werden soll.

- In der 3. Spalte sind die entsprechenden *Bild-Nummern* der Übungen angegeben (Bilder siehe S. 166–173).
- In der 4. Spalte finden Sie die Angaben hinsichtlich *Intensität* (I), *Wiederholungszahlen* (W) und *Sätzen* (S) für die einzelnen Kraftübungen. Die Dehnungsübungen sollten jeweils 2mal 10–15 s in Stretchingform mit 10–20 s Pause dazwischen durchgeführt werden.
- In der Spalte *Trainingswochen* ersehen Sie eine 10wöchige Programmgestaltung, wobei folgende Hinweise wichtig sind:

Anwendung von Intensität, Wiederholungszahl und Sätzen/Serien

Intensität (obere Zahl): Beginnen Sie als »Einsteiger« bzw. Anfänger mit der geringsten Intensität (Gewicht). Sind Sie bereits Fortgeschrittener, können Sie auch eine höhere Intensität wählen. Die Intensitätsangaben beziehen sich auf die jeweils momentan höchste Leistungsfähigkeit (bedenken Sie, daß Ihre Leistungsfähigkeit von Tag zu Tag schwanken kann und daß man mit fortschreitendem Training immer besser wird).

Wiederholungszahlen (mittlere Zahl): Die Zahlen 10–40 z. B. bedeuten, daß Sie die betreffende Übung ohne Pausen langsam 10–40mal hintereinander absolvieren sollen. Diese Wiederholungsanzahl stellt gleichsam einen Satz dar.

Wichtig: Dehnungsübungen

Sätze (untere Zahl): Die angegebene Ziffer meint die Anzahl der zu trainierenden Sätze. Machen Sie zwischen den Sätzen jeweils 2–5 min Pause und absolvieren Sie in dieser Zeit die **Dehnungsübungen**. Im Anschluß an die Pause folgt der zweite Satz derselben Übung. Also immer erst eine Übung mit allen angegebenen Sätzen trainieren, dann zur nächsten Übung übergehen.

Übungsanzahl: Ein normales Programm besteht aus 6–10 Übungen. Die in den Programmen aufgeführten Übungen sind Beispiele; Sie können sich auch andere ähnliche Übungen zusammenstellen – eine entsprechende Auswahl finden Sie auf den Seiten 177f.

Training pro Woche: Es empfiehlt sich, anfangs 2–3mal pro Woche zu trainieren (später mehr).

Belastungssteigerungen: Nach den Gesetzmäßigkeiten der biologischen Anpassung sind Belastungssteigerungen notwendig (vgl. S. 125ff.). Wie aus den Programmen ersichtlich ist, werden diese Steigerungen wie folgt gehandhabt:

- zunächst durch die Erhöhung der Wiederholungszahlen und/oder der Satzzahlen;
- ab 3–4 Wochen ist eine Erhöhung der Trainingshäufigkeit pro Woche möglich.

Zur Wahl der Gewichte

Höhe der Gewichte: Die Gewichte sind so zu wählen, daß die angegebenen Wiederholungen im zuletzt zu trainierenden Satz noch möglich sind. Werden die angegebenen Mindestzahlen nicht erreicht, sind die Gewichte zu hoch. Die Gewichte müssen folglich stets dem erreichten Leistungszustand angepaßt werden, in der Regel etwa alle 2–3 Wochen.

1.–4. Woche
Zielstellung: Verbesserung der **Kraftausdauer**.

5.–10. Woche
Zielstellung: **Muskelaufbau**.

Tabelle 26 Fitneß-Programm

Muskel-bereich	Kraft- und Dehnungs-übungen		Bild-Nr.	Trainings-parameter	Trainingswochen				
					1. 2.	3. 4.	5. 6.	7. 8.	9. 10.
Beine – Hüfte	K_1	Schenkelanziehen im Stand	K_1	I (in %) W S	30 10–40 1–2	30 20–50 2–3	40–50 15–30 3	50–60 10–15 3–4	60–70 8–15 4–6
	D_1	Dehnen der Schenkel-anzieher	D_1	2× 10–15 s 20 s Pause					
	K_2	Beinabspreizen im Stand	K_2	I W S	wie K_1				
	D_2	Dehnen der Schenkel-abspreizer	D_2	2× 10–15 s 20 s Pause					
Hüfte – Rücken – Schulter					so oft wie möglich, jedoch maximal nur				
	K_3	Oberkörperaufrichten	K_3		5–8 1–2	6–12 2–3	8–15 3	10–20 3–4	10–20 4–6
	D_3	Dehnen der langen Rückenstrecker	D_3	2× 10–15 s 20 s Pause					
	K_4	Strecken im Hüft-gelenk und Lenden-wirbelsäule	K_4		wie K_3				
	D_4	Dehnen der Becken- und Rückenmuskulatur	D_4	2× 10–15 s 20 s Pause					
	K_5	Rumpfaufrichten seit-wärts	K_5	W S	wie K_3				

	D_5	Dehnen der seitlichen Rumpfmuskulatur	D_5	2× 10–15 s 20 s Pause					
	K_6	Latziehen	K_6	I W S	wie K_1				
	D_6	Dehnen des Latissimus	D_6	2× 10–15 s 20 s Pause					
					jeweils so oft wie möglich				
Bauch – Brust	K_7	Sit-ups	K_7	W S	2	2–3	3	3–4	4
	D_7	Dehnen der Bauch-muskeln	D_7	2× 10–15 s 20 s Pause					
	K_8	Butterfly Rückenlage	K_8	I W S	wie K_1				
	D_8	Dehnen der Brust-muskeln	D_8	2× 10–15 s 20 s Pause					
Arme – Schultern	K_9	Ellenbogenstrecken	K_9	I W S	wie K_1				
	D_9	Dehnen des m. trizeps brachii	D_9	2× 10–15 s 20 s Pause					
	K_{10}	Ellenbogenbeugen	K_{10}	I W S	wie K_1				
	D_{10}	Dehnen der Oberarm-innenseite	D_{10}	2× 10–15 s 20 s Pause					

K_1
Schenkelanziehen im Stand (ohne festzuhalten)

D_1
Dehnen der Schenkelanzieher
rechts: Ausgangsstellung
links: Dehnstellung

K_2
Beinabspreizen
im aufrechten
Stand

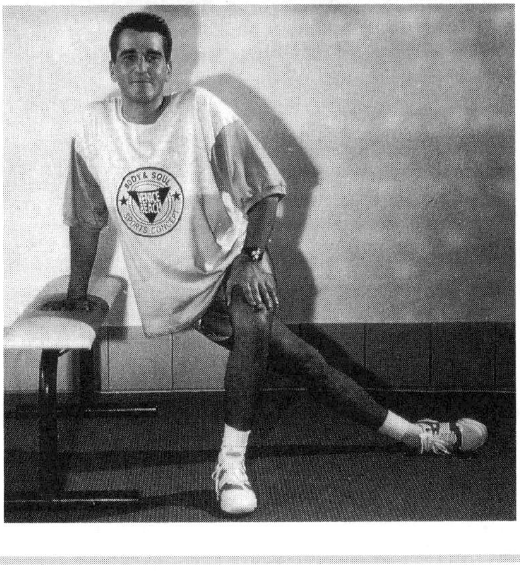

D_2
Dehnen der
Schenkelabspreizer

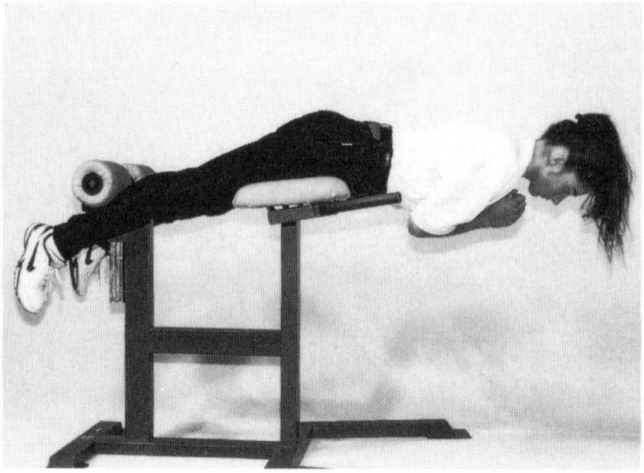

K_3
Oberkörperaufrichten
(Endstellung)

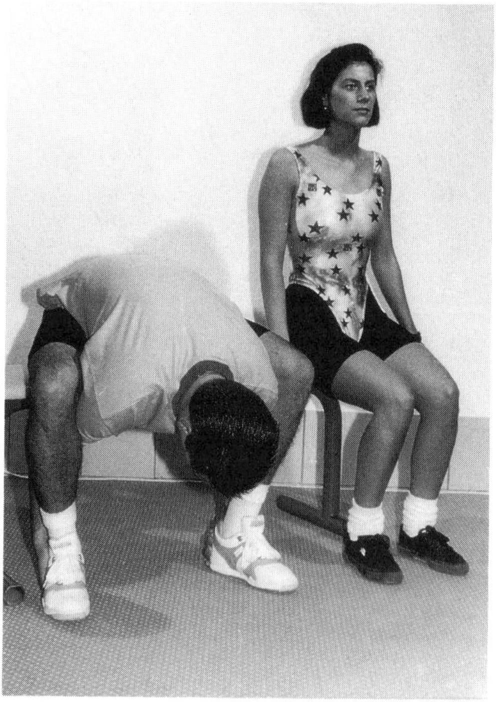

D_3
Dehnen der langen
Rückenstrecker
rechts: Ausgangsstellung
links: Dehnstellung

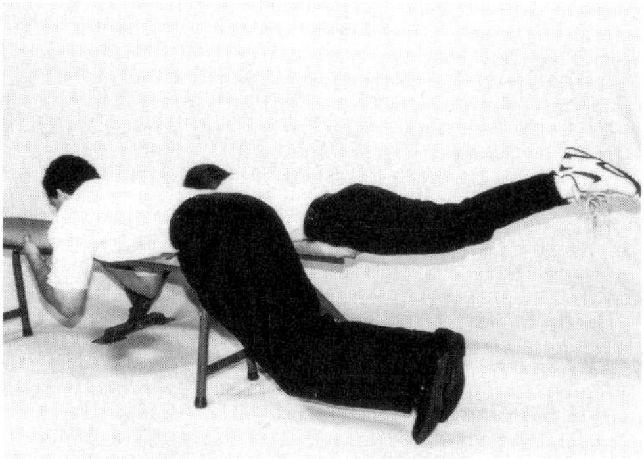

K_4
Strecken im Hüftgelenk und in Lendenwirbelsäule
links: Ausgangsstellung

D_4
Dehnen der Becken- und Rückenmuskulatur

K_5
Rumpfaufrichten seitwärts (Ausgangsstellung)

D_5
Dehnen der seitlichen Rumpfmuskulatur rechts: Ausgangsstellung

K_6
Latziehen (mit aufrechtem Oberkörper – Endstellung)

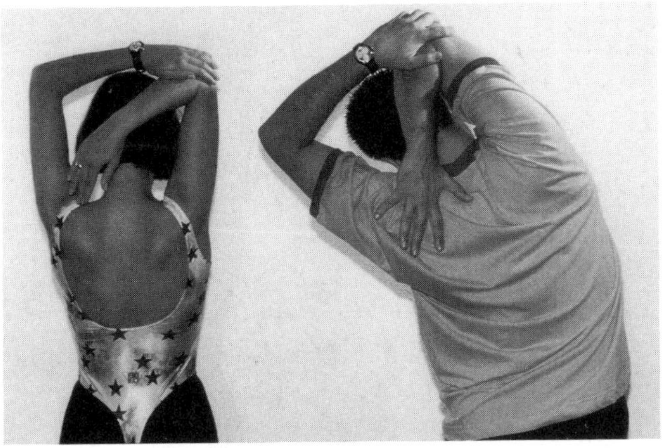

D_6
Dehnen des
Latissimus
links: Ausgangsstellung

K_7
Sit-ups
vorne: Ausgangsstellung

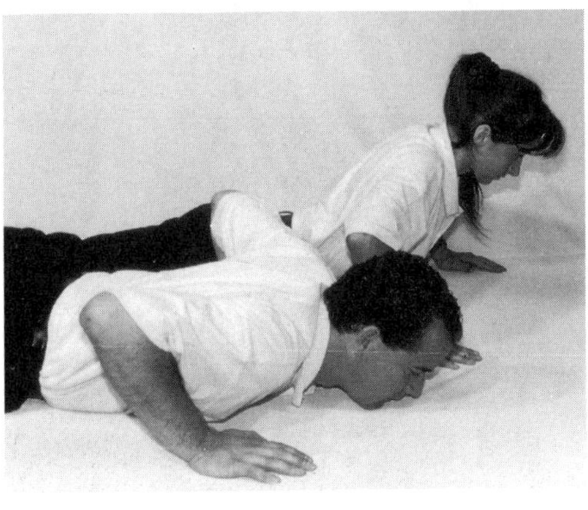

D_7
Dehnen der Bauchmuskeln
vorne: Ausgangsstellung

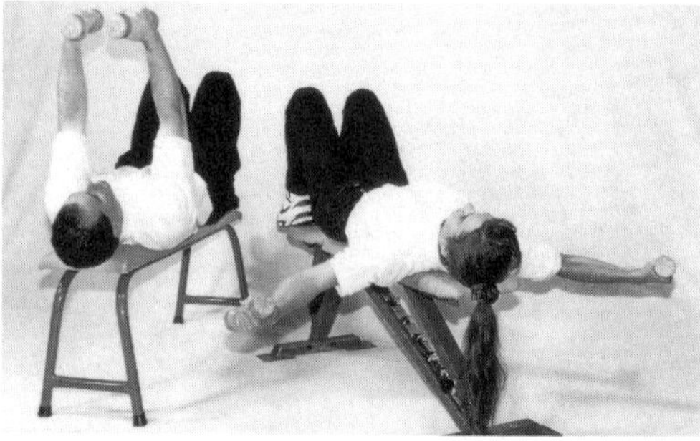

K_8
Butterfly
rechts: Ausgangsstellung

D_8
Dehnen der Brustmuskeln
(mit rechtem und
linkem Arm)

K_9
Ellenbogenstrecken
links: Ausgangsstellung

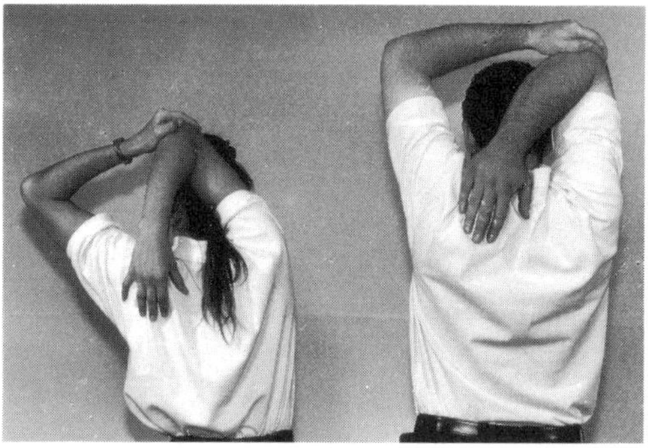

D_9
Dehnen des Ellenbogenstreckers
rechts: Ausgangsstellung

K_{10}
Ellenbogenbeugen

D_{10}
Dehnen der Oberarminnenseite
rechts: Ausgangsstellung

Maximal- und Schnellkraftprogramme zur differenzierten Kraftverbesserung für Leistungssportler

Programmerklärung

Die Maximalkraftprogramme gliedern sich in
- ein Programm für Muskelaufbau für die 1.–8. Trainingswoche,
- ein Programm zur intramuskulären Koordinationsverbesserung für die 9.–13. Woche.

Tabelle 27 Maximalkraftprogramm für Leistungssportler für 1.–8. Woche – Muskelaufbau (allgemeines Beispiel)

Muskelbereich	Übung	Bild Nr.[1]	Trainingswoche 1. / 2.	3. / 4.	5. / 6.	7. / 8.
Quadrizeps	Kniegelenk-strecken	3a	70% 8–10 W. 3 S.	75–80 8–10 3–4	80–85 6–10 4–6	80–90 4–10 4–8
Bizeps femoris	Kniegelenk-beugen	5a				
Wade	Fußstrecken	6a				
Schienbein	Fußbeugen	8a				
Bauch/Hüfte	Situps o. G.	10a	20–30 3	20–40 3–4	30–50 4–6	40–60 4–8
Rücken	Rumpf-aufrichten	9b				
Bauch/Hüfte	Situps mit Rumpfdrehen o. G.	11a	20–30 3	20–40 3–4	30–50 4–6	40–60 4–8
Brust	Butterfly	12a				
Delta	Armseitheben	13a				
Trapez	Schulter-hochziehen	14a	Wiederholungs- und Satzzahlen gelten für alle Übungen mit Gewichten			
Latissimus	Bankziehen	15a				
Bizeps	Armbeugen	17b				
Trizeps	Armstrecken	18a				
Handbeuger	Handgelenk-beugen	19c				
Handstrecker	Handgelenk-strecken	20b				

[1] Die Abbildungen der entsprechenden Übungen finden sich auf den Seiten 92–103.

Tabelle 28 Maximalkraftprogramm für Leistungssportler für 9.–12./13. Woche – Intramuskuläre Koordinationsverbesserung (allgemeines Beispiel)

Muskelbereich	Übung	Bild Nr.	Trainingswoche				
			9.	10.	11.	12.	13.
Komplex	Standumsetzen gestreckt		85–90% 3–6 W. 5–8 S.			95–100% 1–3 W. 5–12 S.	
Schultergürtel/Arme	Bankdrücken	12c					
Schultergürtel/Arme	Bankziehen (Lat)	15e					
Hüfte/Beine	Kniebeugen	1d					
Rücken	Rumpfaufrichten	9c	60–65% 8–7 4	65% 7 4–5	65–70% 7–6 5	70% 6 5–6	70–75% 6–5 6
Bauch/Hüfte	Situps	10d	50–55% 12–10 4	55% 10 4–5	55–60% 10–8 5	60% 8 5–6	60–65% 8–6 6

Anmerkung: Bei weiter Fortgeschrittenen können jeweils 1–2 Wiederholungen mehr gemacht werden (Abbildungen siehe Seiten 92–100).

1.–8. Woche: Muskelaufbau
Trainingshäufigkeit: 2–3 × pro Woche.
Intensitäten, Übungswiederholungen und Sätze: wie angegeben.
Pausen zwischen den Sätzen: 1–3 Minuten.
Ausführung: jeweils in Muskelbereichkomplexen trainieren, z. B. Übung 1 und 2 hintereinander alle Sätze, dann Übung 3 und 4 zusammen usf.
Ausführungstempo: langsam.

5.–13. Woche: Intramuskuläre Koordinationsverbesserung
Trainingshäufigkeit: 2–3 × pro Woche.
Intensitäten, Übungswiederholungen und Sätze: wie angegeben.
Pausen zwischen den Sätzen: 3–5 Minuten.
Berücksichtigt müssen jedoch auch die Entlastungsphasen werden (s. Periodisierung, S. 133 ff.), die hier in den Programmen nicht erscheinen, da hier nur die Wiederholungszahlen und die Sätze angegeben sind.

Hinweise für Sportarten

Hinweis für einzelne Sportarten
Aus dem in Tab. 27 stehenden Muskelaufbau-Gesamtprogramm bzw. aus dem in Tab. 28 erscheinenden intramuskulären Koordinationsprogramm können für die einzelnen Sportarten jeweils gezielt die Bereiche herausgegriffen werden, die muskelfunktionell erforderlich sind (vgl. auch Tab. 9, S. 86 f.). Es sollten höchstens 4 Bereiche (= 6–9 Übungen) in einer Trainingseinheit trainiert werden.

Tabelle 29 Schnellkraftprogramm für Leistungssportler. Muskelbereiche: Hüfte – Beine. Sportarten/-disziplinen: Springer, Sprinter, Spieler, Gewichtheber, Fechter, Alpinfahrer u. a.

Trainingsperiode	TE pro Woche	Hocksprünge/Hoppsprünge beid- und einbeinig vorwärts	Tiefsprünge beid- und einbeinig von 30–80 cm Höhe
Vorbereitungs-periode (VP) II 1. Woche	1–2×	80 Sprünge: 6× 5er-Hopp beidbeinig 5× 5er-Hopp einbeinig links 5× 5er-Hopp einbeinig rechts	
VP II 2. Woche	1–2×	110 Sprünge: 6× 5er-Hopp beidbeinig 5× 5er-Hopp einbeinig links 5× 5er-Hopp einbeinig rechts 6× 5er-Hopp beidbeinig	
VP II 3. Woche	1–2×	120 Sprünge: 6× 5er-Hopp beidbeinig 6× 5er-Hopp einbeinig links 6× 5er-Hopp einbeinig rechts 6× 5er-Hopp beidbeinig	
VP II 4. Woche	1–2×	150 Sprünge: 6× 5er-Hopp beidbeinig 6× 5er-Hopp einbeinig links 6× 5er-Hopp beidbeinig 5× 5er-Hopp einbeinig rechts 6× 5er-Hopp beidbeinig	
Wettkampf-periode I (WP) 1.–4. Woche	je 1×	150 Sprünge: wie 4. Woche VP II	60 Sprünge: 6 × 10
WP II 1.–2. Woche	2×		60 Sprünge: 6 × 10
WP II 3. Woche	2×		100 Sprünge: 10 × 10
WP II 4. Woche	2×		36 Sprünge: 6 × 6

Tabelle 30 Übersicht von Trainingsübungen mit Geräten für einzelne Muskelgruppen.

Muskeln	Trainingsübungen						
Wadenmuskeln	Fußgelenk-strecken stehend	Fußgelenk-strecken sitzend	Umsetzen				
Schienbein-muskeln	Fußgelenk-beugen						
Quadrizeps	Kniegelenk-strecken	Kniebeugen	Leg-press	Hacken-schmidtübung			
Hamstrings	Kniegelenk-beugen						
Glutaeus	Kniebeugen	Hüftstrecken	Umsetzen				
Lange Rücken-muskeln	Rumpfaufrich-ten mit Lang-hantel stehend	Hyper-extension	Hüftstrecken	Rücken-strecker-maschine	Rumpfseit-heben		
Gerade Bauch-muskeln	Situps in allen Variationen	Beinheben im Liegen (unt. Teil)	Crunchbank (oberer Teil)	Bauch-maschine (mittl. Teil)			
Schräge Bauch-muskulatur	Dreh-Situps						
Brustmuskel	Bankdrücken normal (mittl. Teil)	Bankdrücken weit (mittl./äuß. Teil)	Bankdrücken eng (innerer Teil, Mitte)	Schrägdrücken normal (oberer Teil)	Schrägbank-drücken eng (ob. Teil, innen)	Fliegende mit Kurzhanteln liegend (äuß. Teil)	Fliegende schräg (äuß. Teil, oben)
	Schrägbank negativ (unt. Teil)	Kabelziehen in allen Variationen	Butterfly-maschinen (äuß. Teil, Mitte)				

Tabelle 30 (Fortsetzung)

Muskeln	Trainingsübungen						
Latissimus	Klimmzüge breit und eng	Lang- und Kurzhantel-rudern vorge-beugt	Latziehen an Zugmaschinen vertikal	Latziehen an Zugmaschinen horizontal	Pullover an Latmaschinen u. Kurzhanteln		
Deltamuskel	Seitheben m. Kurzhantel u. an Maschine	Frontheben m. Kurzhantel u. an Maschine	Seitziehen an Kabelmaschine	Frontziehen an Kabelmaschine	Nacken-drücken mit Langhantel u. an Maschine	Kurzhantel-drücken im Stehen	Kurzhantel-heben vorge-beugt
Trapezius	Langhantel-ziehen (-heben) im Stehen	Frontheben					
Bizeps	Kurzhantelcurl im Stehen	Curls an Schrägbank	Langhantelcurl im Sitzen	Bizeps-maschine (Scottbank)	Z-Stangencurl	Schrägbank-kabelcurl	Langhantelcurl im Stehen
Trizeps	Ellenbogen-strecken mit Kurzhantel über Kopf	Kurzhantel-kickbank	Ellenbogen-strecken mit Langhantel im Liegen	Trizeps-maschine	Trizeps-drücken an Zugmaschine vertikal	Trizeps-drücken an Zugmaschine horizontal	Dips an Holmen
Handbeuger	Handgelenk-beugen mit Lang- o. Kurz-hantel	»Hand-knochen«-pressen					
Handstrecker	Handgelenk-strecken mit Lang- o. Kurz-hantel	Aufrollen					

7 Krafttrainingsmethoden und Programme für Kinder und Jugendliche

Die biologischen Grundlagen zu folgendem Kapitel sind bereits auf den Seiten 72–78 dargelegt.

Methodische Grundsätze

Methodische Grundsätze

- Anpassungsziele beim Muskeltraining mit Kindern und Jugendlichen sind vorwiegend folgende:
  Ausgleich muskulärer Dysbalancen, Muskelaufbau (Hypertrophie), Kapillarisierung, Verbesserung des aerob-anaeroben Stoffwechsels (lokale Muskelausdauer), z. T. auch intramuskuläre Koordination und Fettabbau sowie allgemeine Koordinationsverbesserung.
- Oberster Grundsatz bei der Muskelausbildung im Kindes- und Jugendalter ist eine frühzeitige – ab ca. 7 Jahren – und vielseitige Schulung, d. h.
- alle Muskelgruppen betreffend, mit Schwerpunkt auf der schwächeren Haltemuskulatur (Rücken/Bauch/Schultern; Dysbalancen!).
- Die Kraftübungen sollten darüber hinaus abwechslungsreich, z. T. in spielerischer Form und vor allem risikolos (Wirbelsäule!) sein.
- Außerdem sollten sie stets korrekt und kontrolliert ausgeführt werden. Es sollte der gesamte Bereich der (Gelenk-)Beweglichkeit ausgenutzt werden. Eventuell müßte die eine oder andere Übung »technisch« erst gelernt werden (eine Art Techniktraining von Konditionsübungen).
- Weiterhin sollten sie, wo immer es sich anbietet, parallel geschaltet sein mit koordinativer Schulung (v. a. Gleichgewicht, vgl. S. 193ff.).
- Eine Kraftschulung im Kindesalter muß stets wohldosiert sein, d. h. sowohl kurze schnelle Reize als auch gemäßigt längere Belastungen (Umfang vor Intensität). Vorsicht mit Partnerübungen; sie entsprechen selten einer adäquaten Belastung und sind mitunter verletzungsfördernd.
- Das »Prinzip der allmählichen Belastungssteigerung« sollte im Kindesalter auf Grund möglicher Überlastung des passiven Bewegungsapparates nur bedingt oder gar nicht angewendet werden (→ erst im Jugendalter). Jedoch: Anwendung des »Prinzips der Variation«.
- Muskeltraining mit Kindern und Jugendlichen erfordert ausreichende Pausenlängen zwischen den Übungen und Sätzen/Serien, da bei Kindern ein erhöhter Energieverbrauch gegeben ist (Baustoffwechsel, vgl. S. 159).
- Im (Hoch-)Leistungssport mit Jugendlichen gilt: Erhöhe das Kraftniveau bei Übungen mit Bezug zur Wettkampfübung bis zu dem Niveau, auf dem sich keine sporttechnischen Fehler einstellen. Außerdem ist allgemein die »Drei-Jahres-Regel« zu beachten, nach der ein Sportler spezielle Kraftübungen mit der Scheibenhantel erst nach einer dreijährigen allgemeinen Vorbereitung durchführen sollte (vgl. ZATSIORSKJ 1996, 166).
- Fazit: Die biologischen Gegebenheiten (Skelettlabilität, Muskelschwächen usw.) im Kindes- und Jugendalter sprechen absolut für ein gezieltes Muskeltraining

und niemals dagegen, wobei hinsichtlich kindgemäßer Belastbarkeit (nochmals) betont werden soll:
- Fehlbelastungen vermeiden und
- die Belastbarkeit des Stütz- und Bewegungssystems durch ein gezieltes Präventivtraining auf hohem Stabilitätsniveau halten (vgl. auch MARTIN/NICOLAUS 1997, 57).

Trainingsübungen, Trainingsmethoden und Trainingsprogramme für 7–11/13jährige

7–13jährige

Trainingsübungen (Trainingsinhalte)

- Für eine allgemeine, vielseitige und unspezifische Muskelschulung: Hindernisturnen, Rauf- und Kampfspiele, Schiebe- und Ziehkämpfe, Krebsfußball, Sackhüpfen, Seilspringen, Hockkämpfe, Hüpf- und Sprungformen, Rundtau-Übungen, Langbank-Übungen, Sprossenwand-Übungen, Treppenlaufen, Medizinball-Übungen usw.
- Neben dieser allgemeinen Schulung ist bereits frühzeitig die Anwendung von Übungen zur spezifischen und kontrollierten Verbesserung einzelner Muskelgruppen erforderlich, und zwar möglichst durchgeführt mit richtig dosierten Programmen (Beispiel vgl. Tabelle 31), da mit allgemeinen und spielerischen Übungen oft nicht muskuläre Schwachstellen »erwischt« werden. Erfahrungsgemäß machen jedoch solche Programme Kindern weniger Spaß, da der spielerische Charakter weitgehend fehlt.

Trainingsmethoden und Trainingsprogramme

Die allgemeinen Übungen können methodisch entweder in Form eines Zirkeltrainings (10 Sek. Belastung, 30–40 Sek. Pause) oder einzeln mit ca. 10 Wiederholungen durchgeführt werden.

Wir empfehlen bei Kindern *2mal wöchentlich ein Training* mit jeweils 6–10 Übungen, wobei auf den Rumpfbereich stets die doppelte Anzahl der Übungen zutrifft.

Abhängig vom Kraftniveau und den sportartspezifischen Anforderungen kann der Periodisierungsabschnitt von 4 Wochen, wie wir ihn in unserem Programm ohne Geräte vorschlagen (Tab. 31), in der Jahresperiodisierung beliebig wiederholt werden.

Das Programm mit Geräten und Zusatzlasten (vgl. Tab. 32, S. 184) wird mit einem 10-Wochen-Zyklus angegeben, der ebenfalls gut dosiert (eventuell gesteigert) beliebig wiederholt bzw. fortgesetzt werden kann.

Für ein Programmtraining schlagen wir folgende methodische Anwendung vor:

Programmtraining für 7–13jährige

Übungszahl: 6–10
Übungsausführung: dynamisch-konzentrisch
Bewegungsgeschwindigkeit: langsam bis zügig, Sprungformen schnell
Belastungsintensität: 20–40% der momentanen Maximalkraft
Übungswiederholungen in einem Satz: 5–20 (je nach Schwierigkeit und Trainingszustand)
Sätze: 1–3,
Pausen zwischen den Sätzen: 1–3 Min.

Tabelle 31 Grundprogramm für 7–11/13jährige (ohne Geräte und Zusatzlasten)

Muskelbereich	Übung	Bild-Nr.	Trainingswoche			
			1.	2.	3.	4.
Beine Hüfte	Ausfallkniebeugen links und rechts	1	je 5 1	je 5–7 2	je 6–10 2	je 10–12 3
	Kniebeugen	2	10 1	10–12 2	12–15 2	12–20 3
	Strecksprünge	3	6–8 1	6–10 2	8–12 2	10–20 3
	Heben in Ballenstand links und rechts	4	je 5 1	je 6–7 2	je 6–9 2	je 8–15 3
Bauch	Sit-ups (90°)	5	5 1	5–10 2	8–12 2	10–20 3
Rücken Hüfte Gesäß	Dreh-Sit-ups nach rechts und links	6	je 3 1	je 3–5 2	je 4–8 2	je 6–10 3
	In Rückenlage Beine nach rechts und links ablegen	7	je 3 1	je 3–5 2	je 4–6 2	je 4–10 3
	In Rückenlage Beine hochstrecken (Gesäß abheben)	8	2–3 1	3–4 2	4–6 2	4–8 3
	In Bauchlage Oberkörper gestreckt leicht abheben	9	4 1	4–6 2	5–7 2	6–10 3
	Im Kniestand Arm-Bein-Heben Heben über Kreuz	10	je 3 1	je 3–5 2	je 4–6 2	je 5–10 3
	Im Kniestand »Staubsauger«	11	4 1	6 2	8 2	8–12 3
	Im Stützsitz Hüftheben (auch aus Rückenlage)	12	4 1	4–6 2	5–8 2	6–10 3
Rumpf Schulter Arme	Knieliegestütz	13	6–10 1	6–10 2	8–12 2	8–15 3
	Liegestütz normal	14	2–3 1	3–4 2	4–6 2	5–12 3
	Im Seitliegestütz Beinabspreizen	15	2 1	2–3 2	2–5 2	3–6 3

Trainingshäufigkeit pro Woche: 2–3 × ganzjährig (Pausen evtl. in Ferienzeit)

obere Zahl: Wiederholungen
untere Zahl: Sätze

Steigerung ab 5. und weiteren Wochen: zuerst Wiederholungszahlen um 1–2, später Satzsteigerung

1

2

3a

3b

4

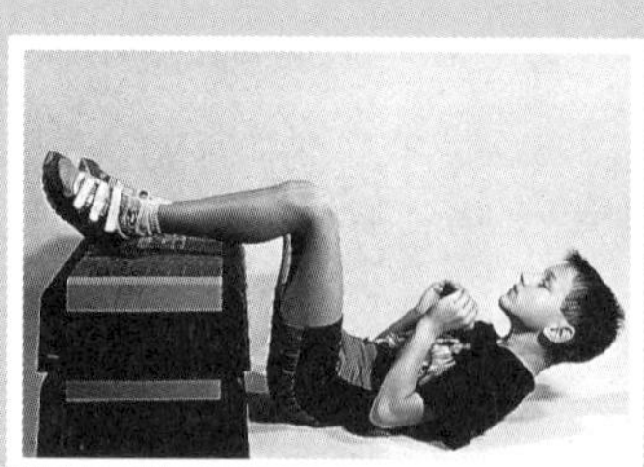
5

6

7a

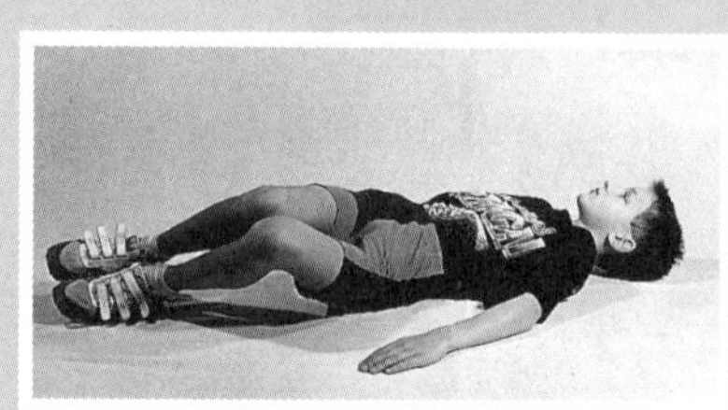
7b

8a

8b

10a

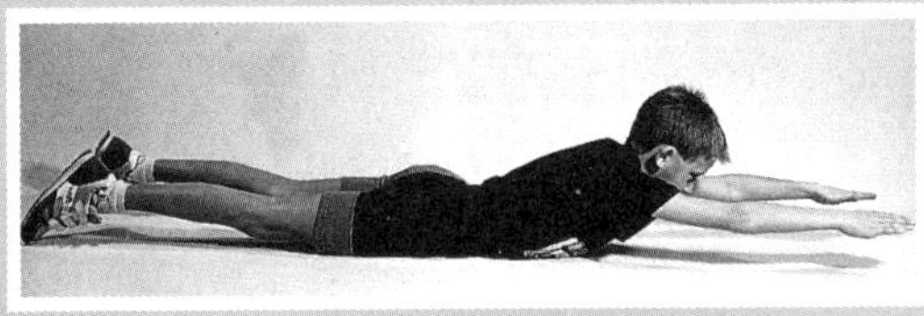

9

10b

11a

11b

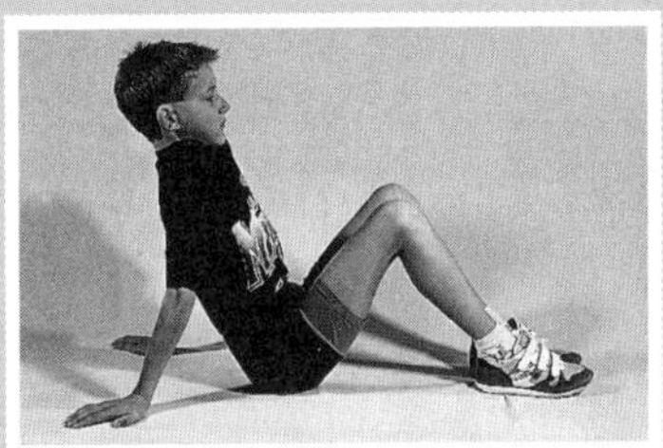

12a

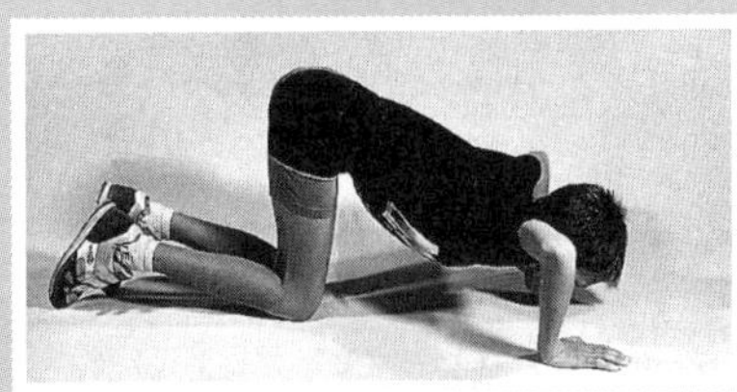

13

12b

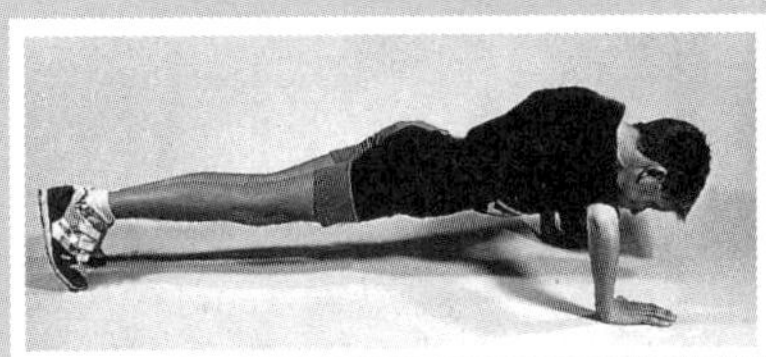

14

15a

15b

Tabelle 32 Grundprogramm für 10–12/13jährige (mit und ohne Geräte und Zusatzlasten)

Muskel bereich	Nr. Bild	Kraft-übungen	Wichtig	Trainings-parameter	Trainingswochen 1.	2.	3.	4.	5.	6.	7.	8.	9.	10.
Beine – Hüfte	1	Kniegelenk-beugen	Fest anlehnen und Spannung im ganzen Körper	I (in %) W S	20–30 5 1–2	20–30 5 1–2	20–30 5–8 2	20–30 5–8 2	20–30 5–8 2–3	20–30 5–8 2–3	30 5–10 3	30 5–10 3	30–40 5–10 3	30–40 5–10 3
	2	Schenkelanziehen im freien Stand	Standbein fest stabilisieren, Rücken- und Bauchmuskeln anspannen	I W je Bein S	20–30 5–10 1–2	20–30 5–10 1–2	20–30 5–10 2	20–30 5–10 2	20–30 5–10 2–3	20–30 5–10 2–3	30 10–15 3	30 10–15 3	30–40 10–15 3	30–40 10–15 3
	3	Kniebeugen halb-hoch mit leichter Hantel auf Schultern	Ganz gerader Rücken, Stand auf ganzen Sohlen	I W S	20–30 5–8 1–2	20–30 5–8 1–2	20–30 5–8 2	20–30 5–8 2	30 5–10 2–3	30 5–10 2–3	30 5–10 3	30 5–10 3	30–40 10 3	30–40 10 3
Hüfte Rücken Schulter	4	Oberkörperaufrichten aus Bauchlage (ohne Gewicht)	Rücken-, Bauch-, Hüft- und Beinmuskeln fest anspannen	W S	5–10 1–2	5–10 1–2	5–10 2	5–10 2	5–10 2–3	5–10 2–3	10–15 3	10–15 3	10–15 3	10–15 3
	5	Hüftgelenkstrecken beidbeinig (ohne Gewicht)	Rücken-, Bauch-, Hüft- und Bauchmuskeln fest anspannen	W S	4–6 1–2	4–6 1–2	4–6 2	4–6 2	6–8 2–3	6–8 2–3	6–8 3	6–8 3	8–12 3	8–12 3
	6	Latziehen vertikal im Sitzen vor der Brust	Gerade sitzen, Brust raus beim Ziehen	I W S	20–30 5 1–2	20–30 5 1–2	20–30 5–8 2	20–30 5–8 2	20–30 5–8 2–3	20–30 5–8 2–3	30 5–10 3	30 5–10 3	30–40 5–10 3	30–40 5–10 3
	7	Latziehen horizontal im Sitzen	Gerade sitzen, Rücken ganz fest und strecken	I W S	20–30 5–8 1–2	20–30 5–8 1–2	20–30 5–8 2	20–30 5–8 2	30 5–10 2–3	30 5–10 2–3	30 5–10 3	30 5–10 3	30–40 10 3	30–40 10 3
Bauch Brust	8	Aus Rückenlage beide Knie anziehen und Oberkörper aufrichten (o. G.)	Lendenbereich fest auf Unterlage drücken und nicht mit aufheben	W S	3–6 1–2	3–6 1–2	4–8 2	4–8 2	4–8 2–3	4–8 2–3	6–12 3	6–12 3	6–12 3–4	6–12 3–4
	9	Drehsitups links und rechts (ohne Gewichte)	Lendenbereich fest auf Unterlage drücken	W je Seite S	3–5 1–2	3–5 1–2	5–8 1–2	5–8 2	7–10 2–3	7–10 2–3	10 3	10 3	10–15 3–4	10–15 3–4
	10	Butterfly in Rückenlage mit Kurzhanteln	Rücken fest auf Unterlage drücken, Beine frei hochhalten	I W S	20–30 5 1–2	20–30 5 1–2	20–30 5–8 2	20–30 5–8 2	20–30 5–8 2–3	20–30 5–8 2–3	30 5–10 3	30 5–10 3	30–40 5–10 3	30–40 5–10 3
Arme	11	Nackendrücken	Bein-, Hüft-, Bauch- und Rückenmuskeln fest anspannen	I W S	20–30 2–4 1–2	20–30 2–4 1–2	30 3–5 1–2	30 3–5 2	30–40 4–6 2	30–40 4–6 2	30–40 5–8 2–3	40 5–8 2–3	40 8–10 2–3	40 8–10 2–3
	12	Klimmziehen (ohne Gewicht)		W S	1–2 1–2	1–2 1–2	2–4 2	2–4 2	3–5 2–3	3–5 2–3	3–5 3	3–5 3	5–6 3	5–6 3

Anmerkung: Die aufgeführten Übungen sind Beispiele; sie können – je nach Gerätebestand – auch durch andere ähnliche Übungen ersetzt werden.

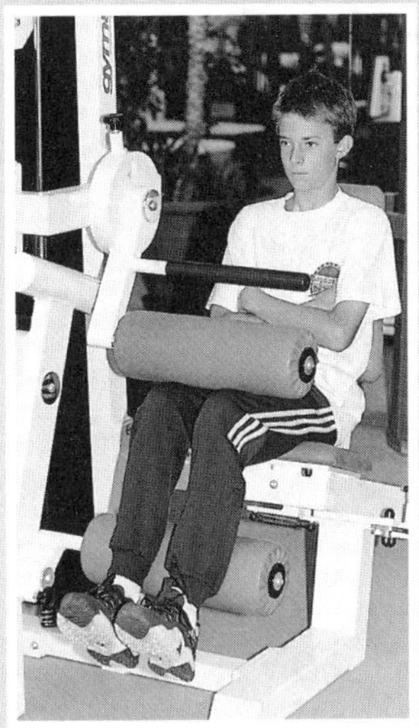

1

2

3

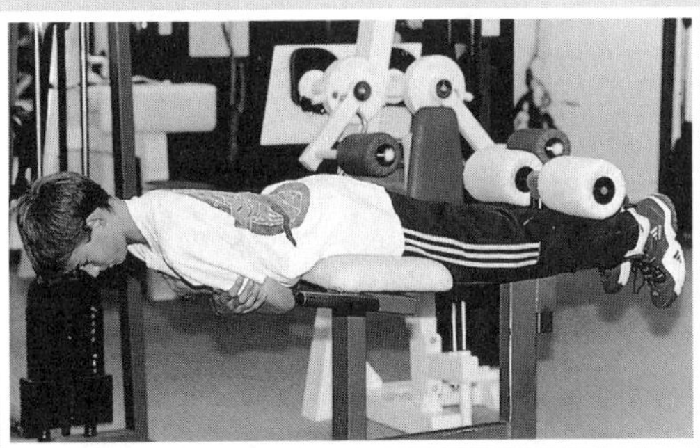

4

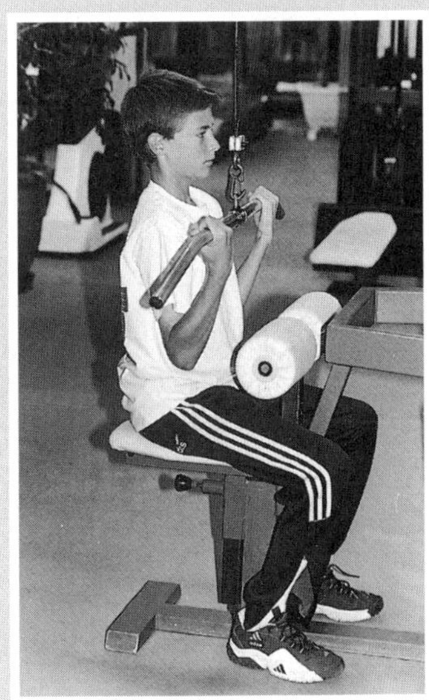

6

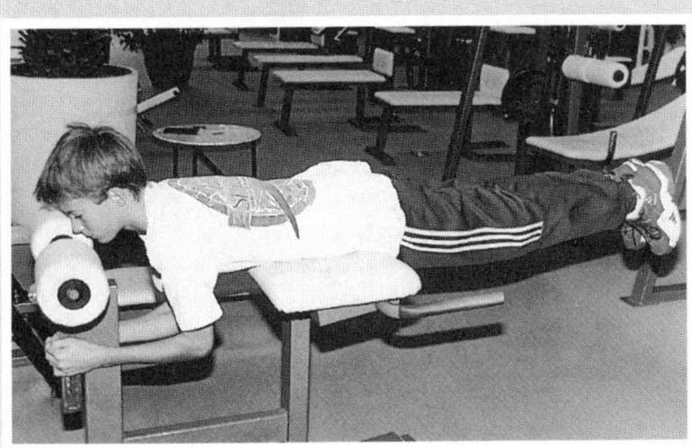

5

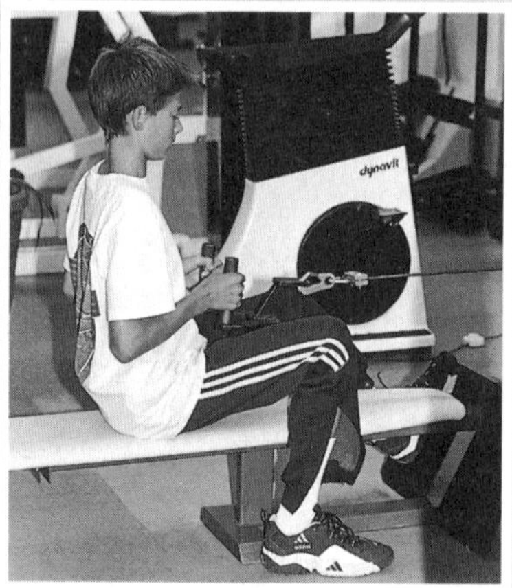

7

8

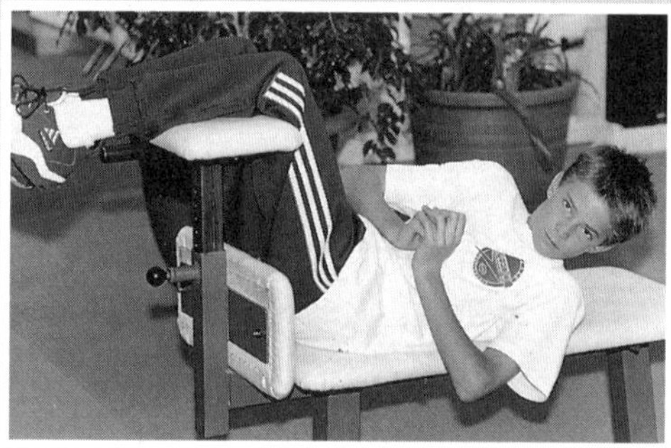

9

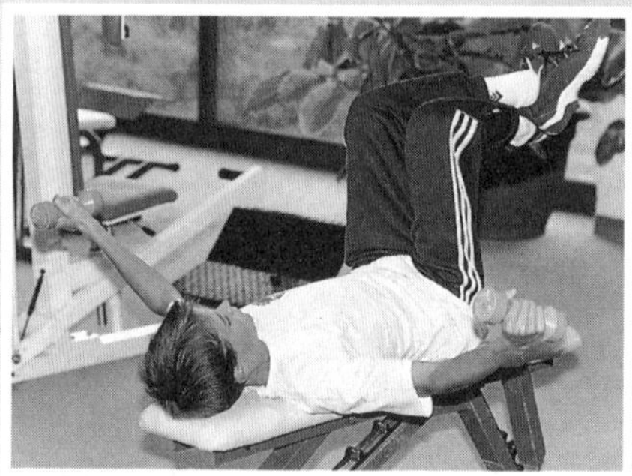

10

11

12

Trainingsübungen, Trainingsmethoden und Trainingsprogramme für 13/14–17/18jährige

Trainingsübungen (Trainingsinhalte)

13–18jährige

Neben der allgemeinen Muskel- und Kraftschulung als Basis, wie sie für die 7/8–12/13jährigen dargestellt wurde, muß jetzt auf die Entwicklung einer speziellen Muskelausbildung »umgeschaltet« werden. Das bedeutet, daß wir es jetzt im Fortgeschrittenen-Stadium weiterhin
- sowohl mit einer komplexen Kraftentwicklung
- als auch mit einer Entwicklung zu tun haben, die sportartspezifisch-technische Kraftübungen zur Anwendung kommen läßt.

Nun reagiert die Muskulatur auf Grund »hormoneller« Ausschüttung insbesondere auf einen Muskelaufbau und somit auch auf intramuskuläre und Kraftausdauer-Verbesserungen. Trainingsübungen sind einerseits alle bekannten Sprung-, Wurf-, Schuß- und zweikampffördernden Übungen zur Schnellkraft-Verbesserung und andererseits spezifisch zusammengestellte Kraftübungsprogramme für die Maximalkraft-Komponenten (vgl. S. 174 ff.).

Trainingsmethoden und Trainingsprogramme

Die momentan im Krafttraining der Erwachsenen angewendeten Trainingsarten, -methoden, -mittel usw. (vgl. unsere Vorschläge auf den S. 105 ff.) können im Jugendbereich nur bedingt eingesetzt werden. So ist einerseits ein isoliertes Muskelaufbautraining in Form von eingelenkigen Übungen mit Intensitäten über 60% und ohne ergänzende Dehnung genausowenig angebracht wie andererseits ein isoliertes intramuskuläres Koordinationstraining. Ersteres fördert zuwenig eine sinnvolle Adaptation jugendlicher Muskulatur und letzteres bedeutet zu hohe physische und psychische Belastungen (betroffen sind dabei ZNS, Gelenksystem, Bindegewebe, Sehnen usw.) für den jugendlichen Organismus.

Für die 13/14–15/16jährigen bietet sich ein Programm an, wie wir es mit der Tabelle 33 vorschlagen, ebenso auch für die Altersstufe ab ca. 16/17, wobei letztere zusätzlich auch ein kombiniertes Training in Form der Pyramidenmethode durchführen können (vgl. Tabelle 34). Nach sportpraktischen Erkenntnissen bewirkt das Pyramidentraining durch das Überwinden geringer Widerstände in hohen Wiederholungszahlen einmal eine entsprechende Körpergewichtsentwicklung der Jugendlichen, zum anderen durch das Überwinden hoher Widerstände in geringen Wiederholungszahlen aber auch eine entsprechende Ausnutzung ihres vorhandenen Muskelpotentials. Des weiteren wird durch die nur geringe Anzahl von Wiederholungen mit submaximalen Widerständen eine hohe Belastung des passiven Bewegungsapparates vermieden, zumal das Pyramidentraining bei Dreier-Wiederholungen endet. Wenn wir voraussetzen, daß 95% der aktuellen Bestleistung einmal, 90% zweimal realisiert werden können, erlauben Dreier-Wiederholungen allenfalls eine Belastungsgröße um 85%.

Jugendliche müssen selbstverständlich zunächst die im Programm der Kinder von 8–13 Jahren angesprochenen Muskelgruppen kräftigen, wenn dies bisher vernachlässigt worden ist.

Tabelle 33 Grundprogramm zum Muskelaufbau für 13/14–18jährige (mit und ohne Geräte und Zusatzlasten)

Muskel bereich	Nr. Bild	Kraft- und Dehn-übungen	Wichtig	Trainings-parameter	Trainingswochen									
					1.	2.	3.	4.	5.	6.	7.	8.	9.	10.
Beine Hüfte	K_1	Kniegelenk-beugen	Fest anlehnen und Spannung im ganzen Körper	I (in %) W S	40 8–12 2	40 8–12 2	40–50 8–12 2–3	40–50 8–12 2–3	50 8–12 3	50 8–12 3	50–60 8–12 3–4	50–60 8–12 3–4	60 8–12 4	60 8–12 4
	D_1	Dehnen der »Hamstrings«	Rücken gerade	2× 10–15 s 20 s Pause										
	K_2	Kniebeugen halbhoch mit Hantel vor Brust	Rücken gerade, Bauchmuskeln fest	I W S	40 8–12 2	40 8–12 2	40–50 8–12 2–3	40–50 8–12 2–3	50 8–12 3	50 8–12 3	50–60 8–12 3–4	50–60 8–12 3–4	60 8–12 4	60 8–12 4
	D_2	Dehnen von Hüfte und Quadrizeps	Überkreuz greifen, gerade stehen	2× 10–15 s 20 s Pause										
Hüfte Rücken Schultern	K_3	Rumpfaufrichten (ohne Gewicht)	Rücken-, Bauch-, Hüft- und Bauchmuskeln fest anspannen	W S	5–8 2	5–8 2	8 2–3	8 2–3	8–10 3	8–10 3	10 3–4	10 3–4	12 4	12 4
	D_3	Dehnen der langen Rückenmuskeln	Ganz klein zusammen-beugen	2× 10–15 s 20 s Pause										
	K_4	Latziehen horizontal im Sitzen	Gerade sitzen, Rücken- und Bauchmuskeln ganz fest, einbeinig abstützen	I W S	40 8–12 2	40 8–12 2	40–50 8–12 2–3	40–50 8–12 2–3	50 8–12 3	50 8–12 3	50–60 8–12 3–4	50–60 8–12 3–4	60 8–12 4	60 8–12 4
	D_4	Dehnen der oberen Rückenmuskeln	Senkrechter Arm drückt waagrechten zur Seite, gerade stehen	2× 10–15 s 20 s Pause										
	K_5	Nackendrücken	Bein-, Hüft-, Bauch- und Rückenmuskeln fest anspannen	I W S	40 8–12 2	40 8–12 2	40–50 8–12 2–3	40–50 8–12 2–3	50 8–12 3	50 8–12 3	50–60 8–12 3–4	50–60 8–12 3–4	60 8–12 4	60 8–12 4
	D_5	Dehnen der Hals- u. Schultermuskeln	Langsam ziehen, Blick unter die Achsel	2× 10–15 s 20 s Pause										
	K_6	Rumpfaufrichten seitwärts (o. Gew.)	Bein-, Hüft- u. Rumpf-muskeln fest anspannen	W S	5–8 2	5–8 2	8 2–3	8 2–3	8–10 3	8–10 3	10 3–4	10 3–4	12 4	12 4
	D_6	Flankendehnen	Nicht nach vorne abbeugen	2× 10–15 s										

Tabelle 33 Fortsetzung

Muskel bereich	Nr. Bild	Kraft-übungen	Wichtig	Trainings-parameter	Trainingswochen									
					1.	2.	3.	4.	5.	6.	7.	8.	9.	10.
Bauch Brust	K_7	Drehübungen (ohne Gewicht)	Lendenbereich fest auf Boden drücken	W S	6 2	6 2	6–8 3–3	6–8 2–3	8–10 3	8–10 3	10 3–4	10 3–4	12 4	12 4
	D_7	Dehnen der Bauchmuskeln	Hüfte vorschieben	2 × 10–15 s 20 s Pause										
	K_8	Butterfly mit Kurzhanteln	Rücken fest auf Unterlage drücken, Beine frei hochhalten	I W S	40 8–12 2	40 8–12 2	40–50 8–12 2–3	40–50 8–12 2–3	50 8–12 3	50 8–12 3	50–60 8–12 3–4	50–60 8–12 3–4	60 8–12 4	60 8–12 4
	D_8	Dehnen der Brustmuskeln	Handkanten an Wand, langsam Brust vorziehen	2 × 10–15 s 20 s Pause										
Arme	K_9	Ellbogenbeugen (Bizeps-Curl)	Aufrecht sitzen, Rumpfmuskeln fest	I W S	40 8–12 2	40 8–12 2	40–50 8–12 2–3	40–50 8–12 2–3	50 8–12 3	50 8–12 3	50–60 8–12 3–4	50–60 8–12 3–4	60 8–12 4	60 8–12 4
	D_9	Dehnen des Bizeps	Hüfte vorziehen	2 × 10–15 s 20 s Pause										
	K_{10}	Ellbogenstrecken (Trizeps)	Aufrecht sitzen, Rumpfmuskeln fest	I W S	40 8–12 2	40 8–12 2	40–50 8–12 2–3	40–50 8–12 2–3	50 8–12 3	50 8–12 3	50–60 8–12 3–4	50–60 8–12 3–4	60 8–12 4	60 8–12 4
	D_{10}	Dehnen des Trizeps	Greifende Hand zieht Ellbogen seitwärts	2 × 10–15 s 20 s Pause										

Anmerkung: Die aufgeführten Übungen sind Beispiele; sie können – je nach Gerätebestand – auch durch andere ähnliche Übungen ersetzt werden.

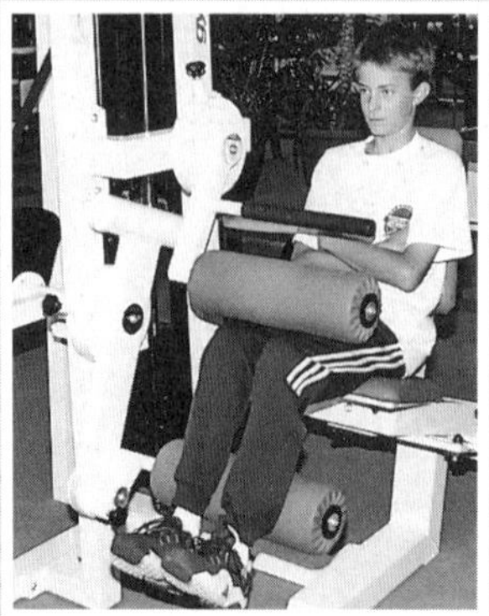

K1

K2

K3

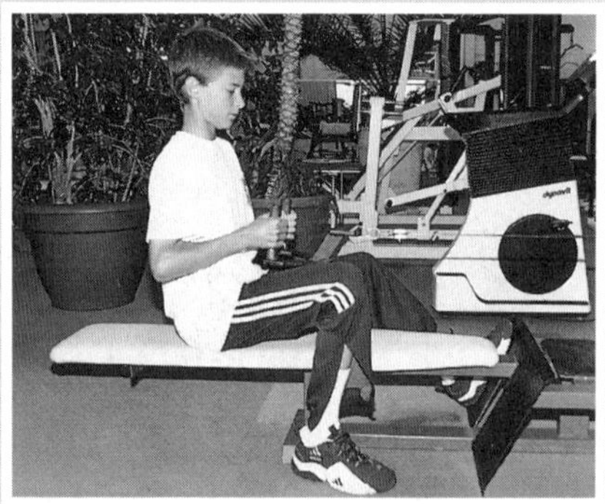

K4

K5

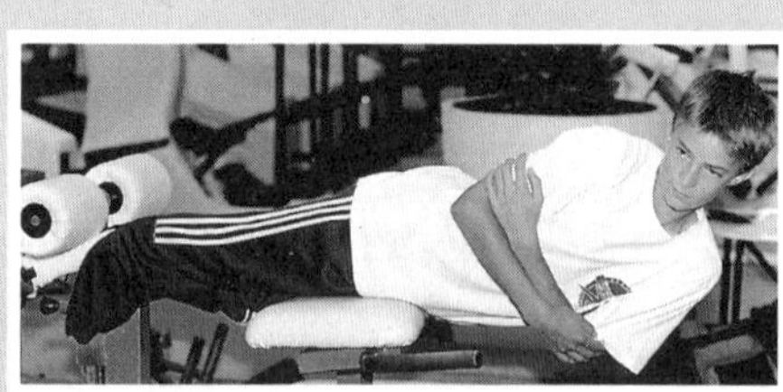

K6

K7

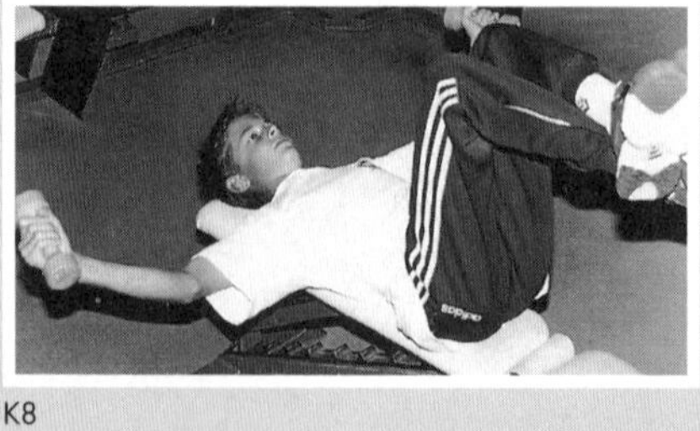

K8

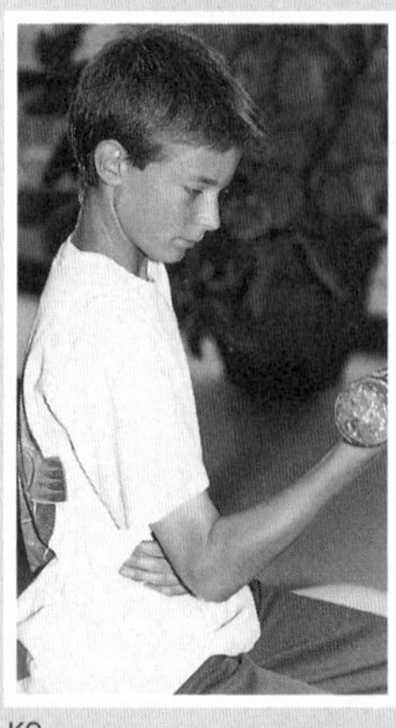

K9

K10

D1

D2

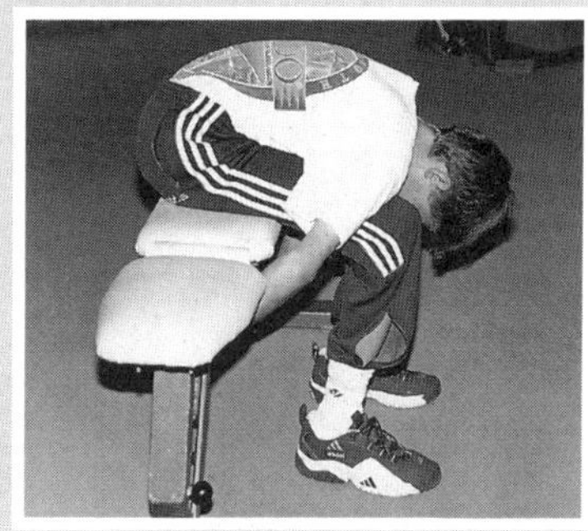

D3

D4

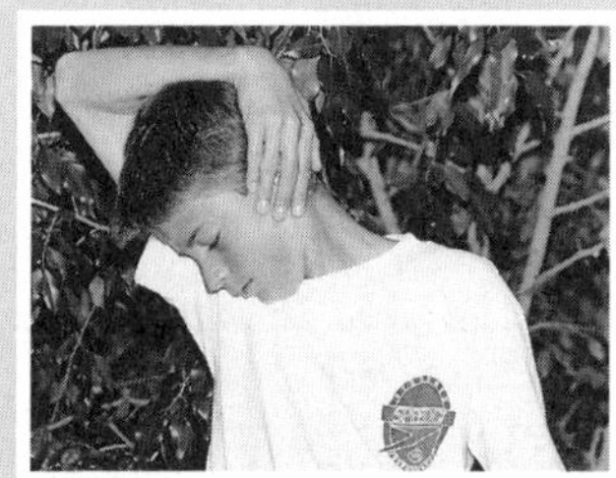

D5

D6

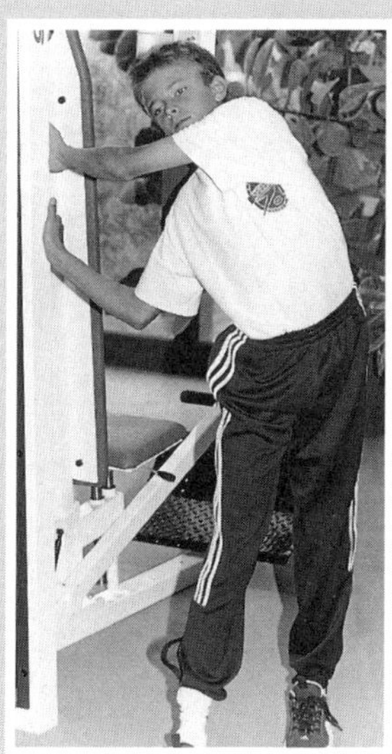

D7

D8

D9

D10

Programm für 16–18jährige

Tabelle 34 Programm zum Muskelaufbau und zur intramuskulären Koordinationsverbesserung (Pyramiden-Methode) für 16–18jährige im Anschluß an ein Muskelaufbauprogramm (vgl. Tabelle 33)

Muskelbereich	Übung	Trainingswoche 7. / 8.	Trainingswoche 9. / 10.
Hüfte	Kniebeugen hinten	8–7–6–5–4 60–80% (5)	5–4–3–3–4 75–85% (5)
Beine	Kniebeugen vorne		
	Sit-ups	12–12–10–10 ca. 50% (4)	10–10–8–8 ca. 60% (4)
Rumpf	Rumpfdreh-Sit-ups		
Hüfte	Rumpfaufrichten		
	Hyperextension		
Schultergürtel	Bankdrücken	8–7–6–5–4 60–80% (5)	5–4–3–3–4 75–85% (5)
	Schrägbankdrücken		
Brust	Latziehen (vertikal)		
Arme	Latziehen (horizontal)		

Pro Muskelbeispiel sind 2 Übungen angeführt, die abwechselnd trainiert werden sollen.
Beispiel:

1. Trainingseinheit:		2. Trainingseinheit:	
	Kniebeugen vorne		Kniebeugen hinten
Bankdrücken	Rumpfaufrichten	Schrägbankdrücken	Hyperextension
Latziehen (vertikal)	Sit-ups	Latziehen (horizontal)	Rumpfdreh-Sit-ups

Wochentraining Wir schlagen für Jugendliche ein *2- bis 4maliges Krafttraining pro Woche* mit jeweils 5–10 Übungen vor. Im Nachwuchsbereich der 14–18jährigen ist das Prinzip der allmählichen Belastungssteigerung jetzt anzuwenden, da es dem Organismus Zeit zur kontinuierlichen Anpassung an Belastungssteigerungen läßt. Also zum einen eine ungehinderte Körpergewichtsentwicklung erlaubt, zum anderen Schädigungen von Gelenksystem, Bindegewebe, Sehnen usw. vermeiden hilft. Bezüglich einer allmählichen Steigerung von Umfang und Intensität kann nach unseren Programmvorschlägen verfahren werden.

Jahrestraining Hinsichtlich einer *Jahresperiodisierung* können die Programmbeispiele mehrfach wiederholt werden, etwa wie folgt:

- Für 13/14–15/16jährige: 4mal pro Jahr den 10-Wochen-Zyklus (wobei jeweils der nächste Zyklus mit 5–10% mehr Belastung trainiert werden kann) des Muskelaufbaus mit jeweils 2–3 Wochen Unterbrechung dazwischen.

- Ab 16/17 Jahren: 4mal pro Jahr einen 10-Wochen-Zyklus, bestehend aus: 6–8 Wochen Muskelaufbau (z. B. die Wochen 3–10 aus unserem Programmvorschlag Tab. 33) mit sofort anschließendem 4wöchigem Kombinationstraining (vgl. Tab. 34 oder andere (eigene) Übungszusammenstellungen) zur intramuskulären Koordinationsverbesserung.

Es ist außerdem darauf zu achten, daß das Muskelaufbautraining nicht für Zeiträume geplant wird, in denen Wettkampfhöhepunkte liegen, da die langsame Bewegungsausführung beim Muskelaufbautraining in der Regel im Widerspruch zur Zielstellung des Wettkampfes steht, nämlich Bewegungen mit maximaler Geschwindigkeit durchzuführen. Beim Pyramidentraining wird hingegen durch den Anteil intramuskulären Krafttrainings der Schnelligkeits- bzw. Schnellkraftaspekt des Wettkampfes berücksichtigt.
Zusammenfassend schlagen wir für ein Programmtraining folgende methodische Anwendung vor:

Programmtraining für 13–18jährige

Übungszahl: 5–10
Übungsausführung: konzentrisch-exzentrisch
Bewegungsgeschwindigkeit: zügig; Sprung-/Wurfformen explosiv
Belastungsintensität: 40–60% für Muskelaufbau (14–18jährige)
60–85% für Pyramidentraining (16–18jährige)
Übungswiederholungen pro Satz: 4–12 (je nach Methode)
Sätze: 2–4 für Muskelaufbau; 4–5 für Pyramidentraining
Pausen zwischen den Sätzen: 1–5 Minuten

Literaturhinweise

Weitere Literaturhinweise: Grosser/Müller: Power Stretch. BLV München 1993; Grosser et al.: Richtig Muskeltraining. BLV München 1996; Zatsiorskj: Krafttraining. Aachen 1996; Lippmann 1996.

Koordinativ-regulative Kraftübungen

Koordinativ-regulative Kraftübungen

Mit **koordinativ-regulativen Kraftübungen** bezeichnen wir solche, bei denen in Kombination statische und dynamische Muskeleinsätze mit einer ständigen Steuerung und Regelung seitens des ZNS speziell über die statisch-dynamischen (Gleichgewicht) und kinästhetischen (Muskelempfinden) Analysatoren zur Aufrechterhaltung der Übung zum Tragen kommen. Diese Übungen sind folglich eine hervorragende Schulung zur gleichzeitigen Verbesserung von Kraft, Gleichgewicht, Bewegungsempfinden und Bewegungskoordination.
Eingesetzt werden können solche Übungen in allen Altersstufen – insbesondere v. a. im Kindesalter – als Ergänzung zum normalen Krafttraining. Alternativ kann man auch 1–2mal/Woche ein ganzes Programm mit solchen Übungen trainieren.
Im folgenden stellen wir in Text und Bild eine Auswahl koordinativ-regulativer Kraftübungen vor, für die wir kleine Hanteln, Wackelbretter, Physiobälle und -bänder verwenden.

Übung 1: Einbeinstand auf Wackelbrett, in den Händen zwei Kurzhanteln (je nach Alter 1–5 kg pro Hantel); wenn das Gleichgewicht erreicht ist, langsames Seitheben der Arme bis über die Waagerechte (Bild 1). Bei Gleichgewichtsverlust kann mit dem freien Bein kurz abgestützt werden.

Übung 2: Wie Übung 1, jedoch Arme gestreckt in Vorhalte und wechselweise auf- und abführen (Bild 2).

Übung 3: Einbeinstand auf Wackelbrett, mit den Händen ein Physioband (Theraband) fassen; wenn das Gleichgewicht erreicht ist, langsames Hochführen der gestreckten Arme möglichst über die Senkrechte nach hinten (Bild 3).

Übung 4: Wie Übung 3, jedoch Arme gestreckt nach unten-hinten ziehen (Bild 4).

Übung 5: Einbeinstand links, Hände stützen auf Hüfte; Physioband um den Unterschenkel des freien äußeren rechten Beines: langsames Seitabspreizen (Bild 5), und umgekehrt.

Übung 6: Einbeinstand rechts, Hände stützen auf Hüfte; Physioband um Unterschenkel von linkem Bein: langsames Beinanziehen (nach rechts) (Bild 6), und umgekehrt.

Übung 7: Bauchlage mit völlig gestrecktem Körper und Beinen auf Physioball, Arme in Hochhalte: Partner zieht »Liegenden« vor-, rück-, seitwärts links und rechts, »Liegender« muß immer ganz fest (steif) und waagerecht bleiben (Bild 7).

Übung 8: Rückenlage auf Physioball, Oberkörper und ein gestrecktes Bein sind waagerecht, ein Bein stützt auf Boden; in den Händen jeweils eine Kurzhantel; wenn die Gleichgewichtslage erreicht ist, Butterfly-Bewegungen ausführen (Bild 8).

Übung 9: Bauchlage auf Physioball, Oberkörper, Hüfte und ein auf dem Boden abgestütztes Bein sind völlig gestreckt; ein Bein ist frei nach hinten gestreckt; in den Händen jeweils Kurzhanteln; wenn die Gleichgewichtslage erreicht ist, rückwärtige Butterfly-Bewegungen ausführen (Bild 9).

Übung 10: Rückenlage auf Boden; Unterschenkel eines gestreckten Beines liegt auf Physioball; Oberkörper und Hüfte sind ebenfalls gestreckt; ein Bein ist nach oben gestreckt gehoben; Hände sichern die Balance: mehrere Sekunden in dieser Position verweilen (Bild 10,1). Beinwechsel. Variation: stützendes Bein im Knie abgewinkelt (Bild 10,2).

Übung 11: Sitz mit gestrecktem Rücken auf Physioball; ein Bein vorgestreckt; ein Arm in Hoch-Rückhalte mit Kurzhantel; wenn die Gleichgewichtslage erreicht ist, Strecken und Beugen im Ellenbogen (Bild 11), Armwechsel.

Übung 12: Einbeinstand auf einem schmalen Podest (z. B. Leiste oder Halbrundholz); ein Bein frei nach hinten und die Arme hinter dem Rücken verschränkt; Oberkörper leicht nach vorne geneigt; wenn die Gleichgewichtslage erreicht ist, langsam halbhohe Kniebeugen ausführen (Bild 12), Beinwechsel.

1

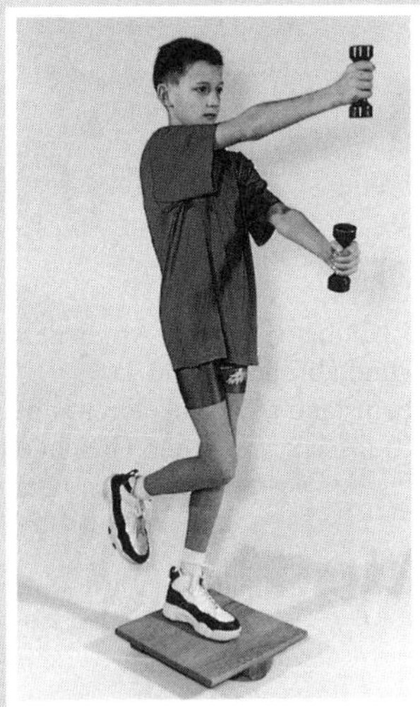
2

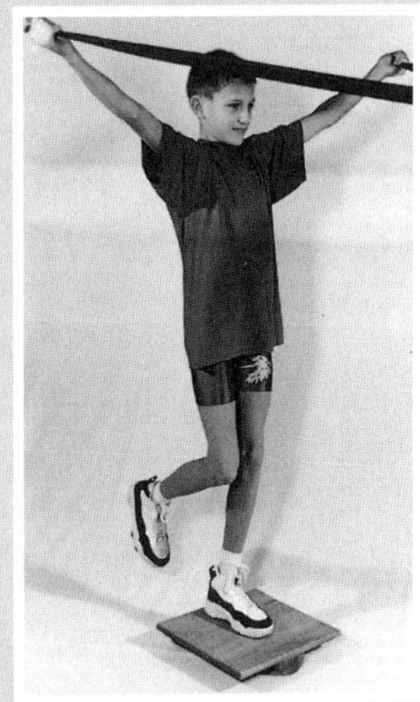
3

4

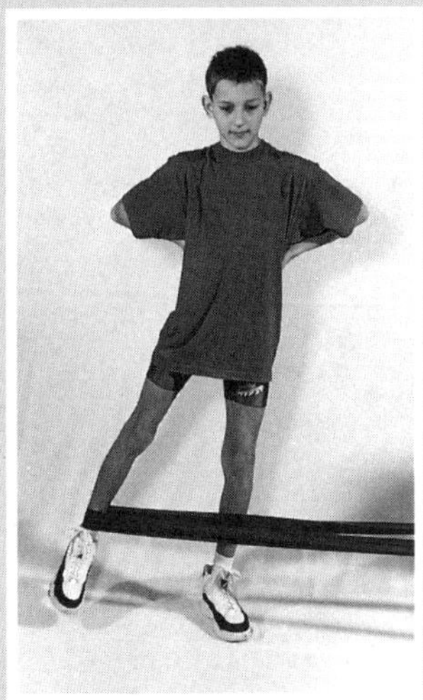
5

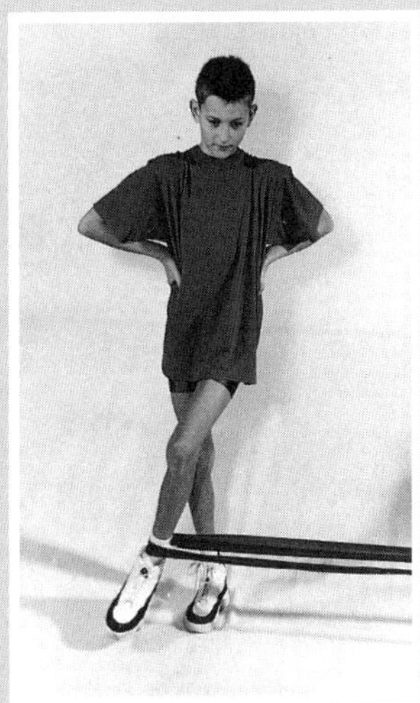
6

7

8

9

10.1

10.2

11

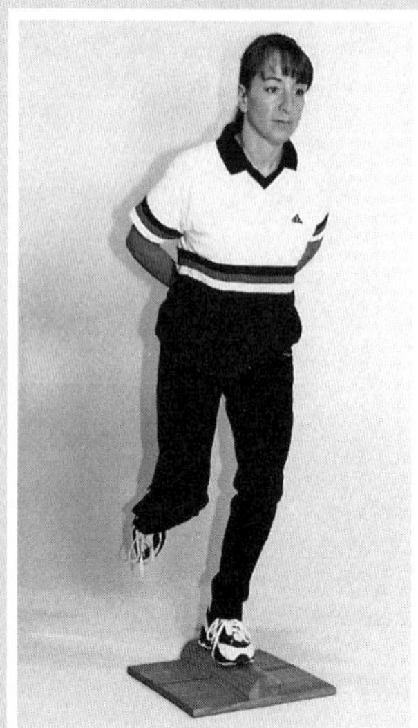
12

Literatur

ADAMS, G. R., et al.: Skeletal muscle myosin heavy chain composition and resistance training. In: J. Appl. Physiol. 74 (1993) 2, 911–915.

BÄUMLER, G.; SCHNEIDER, K.: Sportmechanik. BLV Sportwissen. München 1981.

BAUMANN, W.: Grundlagen der Biomechanik, Schorndorf 1989.

BOSCO, C.: Physiologische Betrachtungen zum Explosivkrafttraining unter Hyperschwerkraftbedingungen. In: Leistungssport 15 (1985), 19–24.

BÜHRLE, M.: Zum Grundkonzept des Kraft- und Sprungkrafttrainings. In: CARL/SCHIFFLER (Red.): Zur Praxis des Sprungkrafttrainings. Köln 1986, 16–25.

BÜHRLE, M.: Maximalkraft, Schnellkraft, Reaktivkraft. In: Sportwissenschaft 19 (1989), 311–325.

BÜHRLE, M.; SCHMIDTBLEICHER, D.: Der Einfluß von Maximalkrafttraining auf die Bewegungsschnelligkeit. In: Leistungssport 7 (1977), 3–10.

BÜHRLE, M.; SCHMIDTBLEICHER, D.; RESSEL, H.: Die spezielle Diagnose der einzelnen Kraftkomponenten im Hochleistungssport. In: Leistungssport 13 (1983) 3, 11–16.

DEISS, D.; PFEIFFER, U. (Hrsg.): Leistungsreserven im Schnellkrafttraining. Berlin 1991.

de MARÉES, H.: Sportphysiologie. Köln Mülheim 1979.

FRICK, U.: Kraftausdauerverhalten im Dehnungs-Verkürzungs-Zyklus. Köln 1993.

GANONG, W. F.: Lehrbuch der Physiologie. Berlin 1979.

GROSSER, M.: Schnelligkeitstraining. BLV Sportwissen. München 1991.

GROSSER, M.; BRÜGGEMANN, P.; ZINTL, F.: Leistungssteuerung in Training und Wettkampf. BLV Sportwissen. München 1986.

GROSSER, M.; EHLENZ, H.; GRIEBL, R.; ZIMMERMANN, E.: Richtig Muskeltraining. BLV Sportpraxis. München 1996.

GROSSER, M.; HERMANN, H.; TUSKER, F.; ZINTL, F.: Die sportliche Bewegung. BLV Sportwissen. München 1987.

GROSSER, M.; MÜLLER, H.: Power Stretch. München 1993.

GROSSER, M.; NEUMAIER, A.: Techniktraining. BLV-Sportwissen. München 1982.

GROSSER, M.; STARISCHKA, St.: Konditionstests. BLV Sportwissen. München 1981 (2. Aufl. 1986).

GROSSER, M.; STARISCHKA, St.: Das neue Konditionstraining. BLV Sportwissen. München 1998, 7. Aufl.

HOLLMANN, W.; HETTINGER, Th.: Sportmedizin – Arbeits- und Trainingsgrundlagen. Stuttgart, New York 1980, 2. Aufl.

HOPPE, W. et al. (Hrsg.): Biophysik. Berlin 1977.

HOPPELER, H.: Strukturelle und funktionelle Grundlagen der Schnelligkeit. Vortrag ›Trainerseminar Schnelligkeit‹, 3.–5. 4. 1992 Stuttgart.

HOSSNER, E.-J.: Prinzipien des Techniktrainings im Spitzensport. In: ROTH, K. (Hrsg.): Techniktraining im Spitzensport. Köln 1996, 84–99.

ISRAEL, S.; WEIDNER, A.; STENGEL, K.: Die Alternscharakteristik der Muskelkraft sportlich aktiver und inaktiver Frauen und Männer zwischen dem 30. und 60. Lebensjahr. In: Theorie u. Praxis d. Körperkultur 35 (1986), 127–135.

JAKOWLEW, N. N.: Sportbiochemie. Leipzig 1977.

KÖTTERITZSCH, R.: Krafttraining. Leipzig 1993.

KOLLATH, E.: Zur Kinetik des Weitsprungs unter besonderer Berücksichtigung der Gelenkbelastung. Diss. Köln 1980.

KOMI, P. V.: Faktoren der Muskelkraft und

Prinzipien des Krafttrainings. In: Leistungssport 5 (1975) 1, 3.

KOMI, P. V.: Kraft und Schnellkraft im Sport. Köln 1994.

KOMI, P. V.; HÄKKINEN, K.: Maximalkraft und Schnellkraft. In: DIRIX et al. (Hrsg.): Olympia-Buch der Sportmedizin. Köln 1989, 157–167.

LEHNINGER, P.: Biochemie. Weinheim, New York 1979.

MADER, A. et al.: Simulative Berechnungen der dynamischen Änderung von Phosphorylierungspotential, Laktatbildung und Laktatverteilung beim Sprint. In: Deutsche Zeitschrift für Sportmedizin (1983) 1, 14–22.

MARTIN, D.; CARL, K.; LEHNERTZ, K.: Handbuch Trainingslehre. Schorndorf 1991.

MARTIN, D.; NICOLAUS, J.: Die sportliche Leistungsfähigkeit von Kindern und Folgerungen für das Kindertraining. In: Leistungssport 27 (1997) 5, 53–59.

MERSCH, F.: Maximalkraftveränderung im präpuberalen Kindesalter. Diss. FU Berlin 1987.

MÜLLER, K.-J.: Statische und dynamische Muskelkraft. Frankfurt/M. 1987.

NOLTE, V.: Die Rudertechnik. In: Rudersport, Trainerjournal 78, 34 (1982), I–XII.

NOWACKI, P.; BÖHMER, D.: Sportmedizin. Stuttgart 1980.

PACH, M.: Empirische Untersuchung zur Abgrenzung verschiedener Kraftausdauerfähigkeiten. Diss. TU München 1990.

PAMPUS, B.: Die Muskelleistung als Intensitätsparameter im Krafttraining. Kassel 1992.

ROHEN, J. W.: Funktionelle Anatomie des Nervensystems. Stuttgart 1978.

RÜHL, H.; WITTEKOPF, G.: Die Bedeutung der muskulären Anspannungsgeschwindigkeit für die muskuläre Mobilisation. In: Medizin und Sport 24 (1984), 232–234.

SCHMIDT, R. F. (Hrsg.): Grundriß der Neurophysiologie. Berlin – Heidelberg – New York 1983.

SCHMIDTBLEICHER, D.: Maximalkraft und Bewegungsschnelligkeit. Bad Homburg 1980.

SCHMIDTBLEICHER, D.: Strukturanalyse der motorischen Eigenschaft Kraft. In: Lehre der Leichtathletik (1984) 30, 1785–1792.

SCHMIDTBLEICHER, D.: Diagnose des Kraftverhaltens und Trainingssteuerung im Krafttraining. In: Lehre der Leichtathletik (1985) 3, 107–110.

SCHMIDTBLEICHER, D.; GOLLHOFER, A.: Neuromuskuläre Untersuchungen zur Bestimmung individueller Belastungsgrößen für ein Tiefsprungtraining. In: Leistungssport 12 (1982), 298–307.

SCHÜTZ, E.; CASPERS, H.; SPECHMANN, E.: Physiologie. München 1978.

SPITZ, L.; PIETKA, L.: Die Technik des Reißens. Lehrausschuß Bundesverband Deutscher Gewichtheber, Tafel 1, 1980.

STARON, R. A., et al.: Strength and skeletal muscle adaptions heavy-resistance-trained woman after detrained and retraining. In: J. Appl. Physiol. 70 (1991) 2, 631–640.

SWATLAND, H. J.: Analysis of Growth in a Complex Muscle. In: Growth 44 (1980), 139–149.

TIDOW, G.; WIEMANN, K.: Zur Interpretation und Veränderbarkeit von Kraft-Zeit-Kurven bei explosiv-ballistischen Krafteinsätzen. In: Df. Zs. f. Sportmedizin (1993), Hefte 3, 4.

TUSKER, F.: Bestimmung von Kraftparametern eingelenkiger Kraftmessungen. Diss. TU München 1990 (Aachen 1994).

WERCHOSCHANSKI, J. W.: Effektiv trainieren. Berlin 1988.

WILLIAMS, P.; GOLDSPINK, G.: Longitudinal Growth of Striated Muscle Films. In: Journal Cell Science 9 (1971), 751–767.

ZATSIORSKJ, V. M.: Die körperlichen Eigenschaften des Sportlers. In: Sonderheft aus Theorie und Praxis der Körperkultur (1977).

ZATSIORSKJ, V. M.; ARUIN, A.; SELUJANOW, W.: Biomechanik des menschlichen Bewegungsapparates. Berlin 1984.

ZATSIORSKJ, V. M.: Krafttraining. Aachen 1996.

Sachwortverzeichnis

A

Abhärtung 155
Achsen 15, 57
Adoleszenz 78
Aktin 15 ff., 24, 29, 34, 46
Aktionspotential 19
Aktivierung
– neuronale 70
Alles-oder-Nichts-Gesetz 22
Alter 15, 72 ff.
Alternsgang 78
Anatomie (Topographie) 79 ff.
Androgen 77
Anpassung(s)
– reserve 143
– vorgänge, biologische 76, 123 ff., 134
Anpassungsgeschwindigkeit 38 ff.
– der weißen Muskelfasern 71
ATP 46 ff., 158
Aufwärmen 9, 47, 153 ff.
Ausdauer 10, 12, 120 ff., 142
– aerobe 45 ff.
– kraft, aerobe 63, 72
– training 47
Auslaufen 158
Automatisierung 28 ff.

B

Baustoffwechsel 159
Bedingungen
– äußere 12
– Rahmen- 12, 15
– situative 15
Bekleidung 153
Belastungskomponenten (– normative) 107, 128 ff.
Beschleunigung(s) 10, 52, 69 f.
– Weg, Länge des 85
Beweglichkeit, s. Flexibilität
Beweglichkeitsschulung 70, 75
Bewegung(s-)
– ablauf 79, 85, 125
– analyse, funktionell-anatomische 79 ff.
– apparat, passiver 73
– ausführlich, willkürliche 27 ff.
– disziplinspezifische 106
– phasen 65
– richtung 61
– struktur 107
Bodybuilding 8 f., 35, 106 ff., 149

C

Calzium 21, 45, 161
Chondropathia patellae 81
Circuit-Training 122

D

Deadaptation 133
Deckeneffekt 136
Dehnfähigkeit 85, 153
Dehnübungen 35, 125, 153 ff., 158
Dehnungsreflex 45
Dehnungs-Verkürzungs-Zyklus 45, 71, 120
Depolarisation 21 f.
Drehmoment 15, 55 ff., 77
Drehmomentenmeßstuhl 70

E

Ebenen 15
Effekt
– ergotroper 128
Eingangsdiagnosen 124
Einheit
– motorische 22 ff., 115
– sensible 33
Eiweiß 159 f.
Elastizitätsverhalten 71
Elektrolyte 156, 159
Elektrostimulation 152
Elemente
– kontraktile 16 ff.
Energiebereitstellung 15, 34, 45 ff., 115
– aerobe 45 ff.
– anaerobe 37, 45 ff.
Energiestoffwechsel 159
Enzyme 37, 159 f.
Epiphysenfugen 75
Ermüdung(s)
– lokale 72
– muskuläre 50 f.
– widerstandsfähigkeit 71
– zentrale 72
Ernährung 8, 159 ff.
explosiv-ballistisch 108, 118
Explosivkraft(training) 62, 70
extrapyramidal 28, 41 ff.

F

Fähigkeiten
– körperliche 10
– koordinative 12, 69 f., 75 f., 150
– motorisch-konditionelle 10
– psychische 12
– sensomotorische 12
– taktische 12
Fasereinsatz 38 ff.
Fett(e) 159

Figur 9
Fitneß(training) 75, 104, 106, 108 ff.
– programme 162 ff.
Flexibilität 10, 12, 75 f.
Frequenzierung 62 f., 115
FT-Fasern, s. Muskel
Funktionskapazität 143
Funktionsmuskulatur 32 ff., 73, 80 ff.

G

Genußmittel 157
Geräte
– der Elektrotherapie 152
– isokinetische 113
Geschlecht 15, 72 f.
Geschwindigkeit 53, 69
Gestaltwandel
– zweiter 77
Gesundheitserziehung 155
Gewichts-
– schuhe 148
– weste 148 f.
Gleichgewichtsfähigkeit 77
Glykogen 48 ff., 129, 158
Golgi-Organe 26 f., 34 f.

H

Haltefunktion 32
Hantel
– Kugel- 144
– Kurz- 149 f.
– Lang- 150
– Übungs- 150
– Wettkampf- 150
Hebel 55 ff.
Hill'sche Gleichung 53 f.
Hooke'sche Gesetz 147 f.
Hormone 159
Hygiene 155 ff.

I

Impuls(e) 69 f.
– frequenz 27, 32
Inaktivitätsatrophie 35
Information
– Schnell- 124
– Sofort- 124
– Spät- 124
– Synchron- 124
Innervation(s-)
– muster 62 f.
– Reflex- 62
– verhalten 71
– Vor- 62, 71
Intramuskuläres Koordinationstraining 34 ff., 74 ff., 90, 114 ff.

J

Jendrassekische Handgriff 43

K

Kasten 146
Kinder und Jugendliche 72–76, 179 ff.
Körper
– eigener 145
– gewichtsentwicklung 8
– masse 51 f.
– pflege 155
– regionen 79
Kohlenhydrat 159
Kondition 12
Kontrolle, s. Test
Kompensationsadaptation 137 f.
Kontraktion(s-)
– abfolgen 65 f.
– auxotonische 64 ff.
– auxotonisch-exzentrische 65
– auxotonisch-konzentrische 65
– geschwindigkeit 15, 38, 40, 53 f., 114, 118 f.
– isometrische 35, 64 ff.
– isometrisch-exzentrische 66
– isometrisch-konzentrische 66
– isotonische 64
Koordination(s-) 29 f.
– intermuskuläre 15, 29, 74, 76, 118 f.
– intramuskuläre 15, 29, 68, 74 ff., 111, 114 ff.
– verbesserung 28 f.
Kraft
– Absolut- 13, 52, 68
– anstieg 53 f., 115
– arten 66 ff.
– aufgaben 8
– bei Älteren 78
– Definitionen 10 f., 67 ff.
– defizit 33, 68
– diagramm 14
– Erscheinungsformen der 12 ff., 62 ff., 104 ff.
– Explosiv- 70 f.
– formel 10, 51
– Gesamt- 52 ff.
– im Alternsgang 78
– im biologischen Sinne 11
– im physikalischen Sinne 10, 51 ff., 69
– Komponenten der 15
– Reaktiv- 14 f., 62, 66 f., 71
– Relativ- 13, 51 f., 74
– Schnell- 13 ff., 32 ff., 41 ff., 62, 66, 102
– Start- 62, 66, 70
– trainingsmaschinen 150 ff.
– übungen 8, 80 ff., 164 ff.
– übungen, koordinativ-regulative 75, 193 ff.
– verhältnis von Mann und Frau 8, 72 f.
– zeitkurve 20, 30, 33, 43, 67, 70
Kraftausdauer 12, 14, 63, 66 f., 71 f., 76, 78, 108
– dynamische 72
– hochintensive 72, 120 f.
– Maximal- 63, 72
– mittelintensive 72
– statische 72
– submaximale 63, 72, 121
– training 78, 120 ff.
Krafttraining(s-)
– allgemeines, komplexes,

unspezifisches 106, 108 ff., 122
– als Basistraining 8, 109
– als Fitneßtraining 8, 109 ff.
– als Rehabilitations- bzw. Regenerationsmaßnahmen 8, 106
– als sportartspezifische, spezielle, differenzierte Maßnahmen 7 f., 61, 107 f., 111 ff., 123
– Arten und Methoden des 8, 105 ff.
– desmodromisches 112 ff.
– isokinetisches 133
– mit Kindern und Jugendlichen 8, 73 ff.
– Organisationsformen des 109
– Planung, Periodisierung des 8, 133 ff.
– programme 9, 162 ff., 179 ff.
– Steuerung des 8, 124 ff.
– Zielstellung des 7 f., 105 f.
Kreatinphosphat 48, 158

L

Längenwachstum 77
Laktat
– abbau, Halbwertzeiten 49
– bildung 49
Lastarm, Kraftarm 55 ff.
Leistung
– physikalisch 12
– physiologisch 12
– psychologisch 12
– sportliche 11 ff.
– trainingspädagogisch 12
Leistung(sfähigkeit)
– muskuläre 66, 68, 117

M

Magnesium 161
Makrozyklus 138 ff.
Massage 158 f.
Massenzunahme 30, 35
Maximalkraft 13 f., 19 ff., 30, 33, 62 ff., 76 f., 106 ff.
– bestimmung 33, 68
– exzentrische 68
– gradient 70
– training 107, 111 ff.
– trainingsprogramm 174 f.
Medizinball 147
Membranschwelle 22 f.
Metaboliten 47
Mikrozyklus 138 ff.
Mineralien 156, 161
Mitochondrien 47
Motivation 15, 68
Motoneuron 23 ff., 28, 37 f.
Muskel (Muskulatur)
– bereiche 79 ff.
– darstellungen 79 ff.
– dehnung 11
– doppelt gefiederter 30 f.
– einfach gefiederter 30 f.
– elastizität 71
– faseranzahl 15, 68
– faserbündel 16
– fasereinsatz 38 ff.
– faserlänge 68
– faser, Modell der 21
– faserquerschnitt 15, 34 ff., 58, 68, 74 ff.
– fasertypen 25, 30 ff., 37 ff.
– faserumwandlung 43
– faserzelle 16
– formen 30 ff., 59
– funktionen 30 ff.
– Funktions- 30 ff., 36, 73 f., 80 ff.
– Halte- 30 ff., 73 f.
– hypertrophie 9, 34 ff., 74 ff., 105 ff.
– kater 156
– kontraktion, s. Kontraktion
– korsett 83
– krämpfe 161
– längenanpassung 73 f.
– profile 58 f.
– qualität 15
– querschnittsvergrößerung, s. Hypertrophie
– rigor 46, 49
– sektor 8, 58 f.
– spannung (Tonus) 11, 155
– spindelförmiger 30 f., 73
– spindeln 24 ff.
– struktur 16 ff.
– voraktivierung 71
– vordehnung 154
Muskelarbeitsweisen 64 ff., s. auch Kontraktion
– dynamisch-negativ (nachgebend) 65
– dynamisch-positiv (überwindend) 65
Muskelaufbau(training) 8, 34, 75 ff., 84, 89 ff., 104 ff., 159
Muskelleistungs-
– kurve 54 f., 117 f.
– training 55, 118 f.
Myofibrille 16 ff., 24
Myosin 15 ff., 24, 29, 34, 46

N

Nervensystem 27, 157, 160
Neurit 23
Neuron
– motorisches 23 f.
Newton 10
Newton'sche Gesetze 11
Normen 124

P

Pausengestaltung
– aktive 49
Perioden 134 ff.
– Übergangs- 131, 134
– Vorbereitungs- 131, 134
– Wettkampf- 131, 134
Periodisierung 8, 133 ff.
Phase

– puberale 77
– vorpuberale 74
Phasenstruktur 65
Prävention 8 f.
Psyche 12
Pyramidenbahn 27 f.
Pyramidenmethode 77, 115 ff.

Q

Querschnitt
– anatomischer 31
– physiologischer 31
– von Muskelbereichen 58 f.

R

Reaktivkraft 13, 62, 71
– training 108, 120
Reflexivität 71
Reflexzeit 25
Refraktärphase 19
Regel
– goldene R. der Mechanik 56
– kreisprozeß 124
Regeneration(s-) 45 ff.
– maßnahmen 8, 158 ff.
– zeiten 48, 135
Rehabilitation 8 f.
Reiz(e)
– dauer 132
– exitatorische 27, 32, 41
– inhibitorische 27, 32, 41
– intensität 132 f.
– stufenregel 127
Rekrutierung 62 ff., 115 ff.
Renshaw-Zelle 41
Resynthese
– von KP 48
– von Laktat 49
Retikulum
– sarkoplasmatisches 21
Rezeptoren 32 f.

S

Sandsack 149
Sarkomer 16 ff., 35, 46, 73 f.
Sauna 156
Schlaf 156 f.
Schlagmethode 120
Schnelligkeit 10, 12, 36
Schnellkraft 9, 12 ff., 33, 37, 41 ff., 62, 69 ff.
– training 41 ff., 117 ff.
– trainingsprogramm 176
Sensomotorik
– 1. System der 26
Skelettmuskelfaser 15 ff.
– Erregung der 21 ff.
Skelettsystem 73 ff.
Solarium 156
Spannungsfähigkeit
– reaktive 45, 62, 66, 71, 120
Sportarten, -disziplinen 86 f., 104
Startkraft 70
Steuerungselemente 124 ff.
Stiffness 45, 62, 120
Stoffwechselvorgänge 45 ff., 76, 159 ff.
Stretching 25, 155, 158
Superkompensation 129 f.
Synergismus 80
Synergisten 89 ff.

T

Taktik 12
Technik 12, 69, 79, 105
– training 142
– Prinzipien des Techniktrainings 144
Testosteron 73, 76 f.
Tests 33, 124
Tetanus 19
Tiefsprünge 120
Trägheitsgesetz 10 f.
Trainierbarkeit (der Kraft)
– Beginn der 74 ff.
– bei Kindern 74 ff.
– gesteigerte 77 f.
– von Mann und Frau 72 f.
Training
– Basis- 8
– desmodromisches 113
– differenziertes 8, 106 ff.
– exzentrisches 115
– Fitneß- 8 f., 110 ff.
– Gesundheits- 109 ff.
– Grundlagen- 126
– Hochleistungs- 126
– Höchstleistungs- 126
– isokinetisches 113
– isometrisches 113
– komplexes 106 ff.
– Muskelleistungs- 55, 118 f.
– plyometrisches 120
– Präventions- 106
– Pyramiden- 115 ff.
– Reaktivkraft- 108, 120
– Rehabilitations- 8 f., 106
– Satz- 109
– sportartspezifisches, spezielles 8, 106 ff., 122
– Stations- 109
– Zirkel- 109
Trainings-
– alter 15
– arten 105 ff.
– bedingungen 9, 152 ff.
– dauer 132
– durchführung 8, 124
– effekt, langzeitig verzögerter 130, 138 ff.
– einheit 142
– geräte 145 ff.
– häufigkeit 131 f.
– inhalte 125
– methoden 107 ff., s. Trainingsmethoden
– mittel 9, 145 ff.
– perioden 133 ff.
– planung 8, 79 f.
– prinzipien 8, 124 ff., s. Trainingsprinzipien
– steuerung 124 ff.
– stufen (Etappen) 126
– umfang 133
– zustand 15, 124, 142
– ziele 7, 76, 105, 135
Trainingsmethoden 107 ff.
– Anfänger- 108, 110
– der Ausdauerkraft 108, 122

– der submaximalen Kraftausdauer 108, 121 f.
– Fitneß- für Fortgeschrittene 108, 110 f.
– Gesundheits-Fitneß- 108 ff.
– Hypertrophie- 108, 111 f.
– IK- 108, 114 ff.
– Kontrast- 108, 119
– Muskelleistungs- 108, 118 f.
– Negativ- 108, 119
– plyometrische 108, 120 f.
– Pyramiden- 108, 115 f.
– schnelligkeitsorientierte Maximalkraft- 108, 113 f.
– Schnellkraft- 108, 118

Trainingsprinzipien 8, 125 ff.
– zur Auslösung der Anpassung 126 ff., 179
– zur Sicherung der Anpassung 126, 129 ff.
– zur spezifischen Steuerung der Anpassung 126, 142 ff.

U

Überkopfarbeit 75 ff.
Übungen, Übungs-
– auswahl 90
– eingelenkige 75
– Imitations- 123
– Kraft- 79 ff., 164 ff., 177
– mehrgelenkige 75 ff.
– Wettkampf- 123

Untersuchung
– orthopädische 78

V

Vestibularapparat 29
Viskosität 154
Vitamine 156, 159 f.
Voraktivierung, -innervation 71

W

Wachstum 73, 77

Z

Zeitprogramme 120
Zuckungssummation 20
Zugwinkel 15, 58 f.
Zyklisierung 133 ff.